中共中央党校（国家行政学院）
离退休人员科研成果资助出版项目

U0869571

中国经济模式转换的理论和实践探索

——写在一个伟大历史转折时期的论文集

庞永洁 著

人民东方出版传媒
People's Oriental Publishing & Media
東方出版社
The Oriental Press

图书在版编目（CIP）数据

中国经济模式转换的理论和实践探索 ： 写在一个伟大历史转折时期的论文集 / 庞永洁著. -- 北京 ： 东方出版社，2021.1
ISBN 978-7-5207-1440-2

Ⅰ.①中… Ⅱ.①庞… Ⅲ.①中国经济－经济发展模式－文集 Ⅳ.①F120.3-53

中国版本图书馆CIP数据核字（2020）第136911号

中国经济模式转换的理论和实践探索
——写在一个伟大历史转折时期的论文集

ZHONGGUO JINGJI MOSHI ZHUANHUAN DE LILUN HE SHIJIAN TANSUO
XIE ZAI YIGE WEIDA LISHI ZHUANZHE SHIQI DE LUNWENJI

作　　者：庞永洁
责任编辑：王　璐　李小娜
出　　版：东方出版社
发　　行：人民东方出版传媒有限公司
地　　址：北京市东城区朝阳门内大街166号
邮　　编：100010
印　　刷：永清县晔盛亚胶印有限公司
版　　次：2021年1月第1版
印　　次：2024年6月第2次印刷
开　　本：787毫米×1092毫米　1/16
印　　张：24
字　　数：319千字
书　　号：ISBN 978-7-5207-1440-2
定　　价：88.00元
发行电话：（010）85924640

版权所有，违者必究
如有印装质量问题，我社负责调换，请拨打电话：（010）85924640

≪ 作者自序

党的十一届三中全会掀开了中国历史新的一页，我国从此走上了一个伟大的历史转折新时期。

改革开放四十多年来，中国发生了翻天覆地的巨大变化。其变革的深度和广度，其发展的速度和带给全国人民越来越美好的幸福生活，都是举世无双的，震惊世界的。由这一伟大变革而确立的中国特色社会主义制度，如同一轮冉冉升起的红日，谁也不能阻挡她迅猛腾飞的步伐。

这一新的历史时期的开创和发展，正是笔者在中共中央党校经济学部和经济体制改革研究所从事教学科研工作起步和不断成长的时期。以中共中央党校为先声的“实践是检验真理的唯一标准”的大讨论，极大地推动了思想解放。在不断提高思想认识的同时，笔者和大家一起重新回顾和审视了传统社会主义经济理论、经济模式的缺陷和弊端。随着党中央和邓小平同志对我国经济改革、经济发展一系列重大理论突破和新的战略、方针、政策的实施，随着改革开放实践活动的不断深入发展，同时相伴随的在这个改革和发展大潮中，有组织地参加了不同地方、不同情况的实际调研，特别是参加了常州试点城市改革和吉林重点国有企业改革的实际调查和经验总结，更加有力地启示和促进了对建立新型经济体制、经济发展模式认识的提高和思路的扩展，从而在理论探索和对策研究上也在不断地前进和深化。

从20世纪80年代初到新千年开始，在这二十多年间，笔者先后在校内外理论刊物发表论文和调查报告多篇。现从中遴选40篇辑成这本论文集。在编选时，因考虑只按论文发表时间顺序排列，或只按论文内容的理论联系排列，都会有一种“不太理想”的感觉。所以，试着把二者结合起来，希望能够概略地显示出思想认识提高和某一问题理论探索的过程。因此，全书分为探索新旧经济体制模式转轨和探索新旧经济发展模式转轨上下两篇，每一篇大体按文章内容的理论或实践联系排列；而在每篇内或在相互有关联的论文之间大体按时间顺序排列。因受论文选择和编辑水平所限，也难免会有新的遗憾。

在探索新旧经济体制模式转轨上，改革开放初期，在共同研究和编写我国新兴课题《国民经济管理学》的过程中，较早地提出并论述了必须全面进行管理体制改革的理论思考和总体内容。同时，结合对社会主义商品经济理论的探讨和社会主义发展历史经验的总结，逐步深入地批判了传统计划经济体制不适应现阶段国情和生产力发展的种种僵化表现，探讨了新旧体制模式转轨的必然性和必要性，并针对不同阶段改革中出现的问题和客观要求，进一步提出和论证了应当重视和实行的改革方向、道路与对策。特别是在邓小平同志南方谈话之后，更明确、更深入地探索了建立社会主义市场经济体制新模式的大思路和基本框架。同时，也从不同角度、不同层面对新体制所涵盖的所有制改革、国有企业改革、市场体系改革、宏观调控制度改革、分配制度改革等，分别地进行了理论研究和对策研究，相应地提出了有针对性的具体改革思路和对策。其中，结合对所有制改革的探索，多次阐述了生产关系的“具体形式”或“特殊形式”。在党中央关于生产关系实现形式的理论确立后，对如何认识“公有制与市场经济相结合”的问题，进一步分析和论述了二者不仅能够而且必然实现结合的根本问题之所在，阐明了自己的见解，有多家刊物转载。继而，在纪念毛泽东同志诞辰100周年和建党80周年时，以新的视野对毛泽东和邓小平经济改革思想沿革和重大贡献，对共产党领导中国经济变革80年破旧立新的历史经验，进行了较为系统的总结和论述，都先后被评为优秀论文，有的选入纪念文集。

在探索新旧经济发展模式转轨上，改革开放初期，在学习贯彻党的十二大精神时，针对现阶段社会主要矛盾的客观要求，着重提出了应当把消费品生产放在首位，要重视经济效果，建立合理的经济结构和经济管理体制。同时，为保证翻两番战略目标的实现，着重提出了必须走提高经济效益的路子，坚决从高投入、高消耗、低质量、低产出转变为低投入、低消耗、高质量、高产出。随着改革开放的推进，进一步着重从宏观角度，集中和分别地分析和论证了应当按照客观规律，必须正确处理社会生产和社会需求、生产资料生产和消费资料生产、简单再生产和扩大再生产、外延扩大再生产和内涵扩大再生产、经济结构和经济效益、比例和速度、宏观经济和微观经济、生产和流通、生产和生活等各种重要经济关系，从而才能保证我国社会主义经济结构走上合理化，保证现代化经济建设转向平稳、协调、快速、高效的发展轨道。在大力推进社会主义市场经济体制全面深入地向前发展时，针对经济转轨时出现的新矛盾、新问题，进一步探索了如何从传统的二元经济结构向现代的一元经济结构转变、从传统的粗放发展向现代的集约发展转变。在探索中，对我国现阶段二元经济结构内部矛盾在劳动力转移上、在资金积累上、在市场开放上的特殊表现，以及新旧经济发展模式转轨中在产业倾斜上、在生产扩大方式上、在发展目标上产生摩擦而出现的新特点、新问题，进行了分析，提出了自己的看法，进一步提出了实现经济发展模式根本转变的对策和建议。

党中央和邓小平同志确立的社会主义初级阶段的理论，是我们研究和探索两个根本转变的前提和基础。所以，在编辑时，把有关这一问题的一篇论文列为第一题，意在用以作为表达这一思想的代“前言”。再则，党中央和邓小平同志确立的社会主义市场经济理论是我们研究和探索两个根本转变的主要理论依据和指导思想。当时认为这一理论的确立必然引起社会主义经济理论的全面革新，具有重大的理论意义和实践意义。所以，把有关这一问题的一篇论文放在最后一题，意在全书结束时用以表达想要说的这几句话，也算是代“结束语”吧。

这本论文集是伴随改革开放不断深入发展而写作的。它从一个微小的侧面显示了这一伟大历史转折的脚步。同时，也反映了笔者思想认识和理论探索逐步提高的过程。当然，也刻印着笔者许多不成熟、不全面的痕迹，诚恳地希望批评指正。

笔者在党和人民长期培养教育下，伴随改革开放的脚步，成长为一名理论工作者。谨以这本论文集作为倾注心血的礼物，献给中华人民共和国成立七十周年！献给具有伟大历史转折意义的改革开放！

目录

社会主义初级阶段的理论和实践（代前言） 001

上篇：对新旧经济体制模式转轨的探索

论国家计划指导下的市场调节 010
常州市发展经济的调查 020
我国国民经济管理体制的改革 031
对经济体制改革几个理论问题的探讨 041
全面理解社会主义改革 052
毛泽东的经济改革思想及其在新时期的发展 055
加快社会主义市场经济体制建立的总体设想 072
我国所有制结构改革研究 078
——学习《邓小平文选》第三卷有关所有制结构的论述
解放思想　加快所有制改革 087

公有制与市场经济相结合的理论和实践 093
马克思主义所有制理论在中国的新发展 101
转换经营机制是搞活国营大中型企业的关键所在 111
深化企业改革的基本方向 120
——谈谈社会主义的现代企业制度的建立
深化国有企业改革的战略重点 139
领会新精神 认识新突破 掌握新思路 144
——学习十五届四中全会《决定》
建立和完善社会主义市场体系 152
自觉地运用价格杠杆 164
——学习陈云同志1949—1956年经济论著中关于价格问题的论述
加强宏观调控，建立新的宏观管理制度 174
加快政府职能转变 187
论发展横向经济联合 193
深化分配体制改革的基本思路 199
90年代改革的思路和对策 203
共产党领导中国经济变革80年 212

下篇：对新旧经济发展模式转轨的探索

我国社会主要矛盾与现代化经济建设道路 224

基本建设规模一定要和国力相适应 229

努力争取国家财政经济情况根本好转 238

牢固地树立“全国一盘棋”的思想 247

2000 年的奋斗目标 251

走提高经济效益的路子 259

谈谈宏观经济管理中的十个主要关系 263

试论生产资料生产和生活资料生产协调发展 280

正确处理生产和生活关系的重要指导思想 290

——学习《邓小平文选》

以经济建设为中心和实现社会主义现代化 298

社会主义经济发展道路的选择 312

我国经济发展模式的转换和九十年代的经济发展 335

认真学习五中全会精神　加快经济增长方式转变 344

国有企业在两个根本转变中的难点及对策 353

经济规律和经济工作 359

革新和发展社会主义经济理论（代结束语） 371

社会主义初级阶段的理论和实践（代前言）*

中国共产党第十三次全国代表大会的工作报告明确指出，我国正处在社会主义的初级阶段。这是对我国社会现在所处的历史阶段问题所作出的清醒判断和科学回答。这个判断和回答是我们党把马克思主义的基本原理同中国社会主义的实践相结合，经过了长期探索，并付出了代价，才得出来的。它不仅在科学社会主义理论上极大地丰富了马克思主义，而且把建设具有中国特色社会主义的一系列路线、战略、方针、政策科学地置于现实的基础之上。

一、马克思主义的社会主义发展阶段论

马克思主义创始人在理论研究和指导革命实践的过程中，历来重视分析和把握他们所处的社会发展阶段和时代特点，并且对未来社会主义社会、共产主义社会发展的阶段性以及区别这些阶段的特征做了科学预测和阐述。

---

* 本文选自王珏主编的《经济建设和改革的伟大纲领》（天津人民出版社 1987 年版）中由作者撰写的第一课题第一部分。载该书第 1—9 页。

马克思和恩格斯在预见资本主义必然为共产主义所代替时，也预见共产主义的发展同样有一个从低级到高级的历史过程。早在1843年，马克思就指出，对未来社会不能推断和宣布一个“一劳永逸”的决定。到了1875年，他在著名的《哥达纲领批判》中，运用最彻底、最完整、最周密、内容最丰富的发展论，第一次揭示了共产主义发展分为两个阶段：在“刚刚从资本主义社会产生出”的社会，是“共产主义社会第一阶段”；“在它自身基础上已经发展了的”社会，是“共产主义社会高级阶段”①。当科学共产主义进入从理论变为实践的时代，列宁也运用发展论这个最锐利的武器，继承和发展了马克思的共产主义两个阶段的学说。他在1917年写的《国家与革命》等著作中指出：决不能把共产主义“看成是一种僵死的、凝固的、一成不变的东西”②，并进一步把共产主义的历史过程划分为三个阶段：“长久的阵痛”或从资本主义向共产主义的过渡时期；“共产主义社会第一阶段”或初级阶段，即社会主义社会；“共产主义社会高级阶段”，即共产主义社会③。这说明，在消灭资本主义之后，共产主义要有一个逐步过渡、不断完善、不断发展、不断成熟的过程。

社会主义社会是一个相当长的历史时期。在它自身矛盾运动的推动下，从社会主义生产关系产生到转变为共产主义生产关系，会出现从量变到部分质变，从部分质变到全部质变的变化，这就呈现出发展的历史阶段性。

恩格斯在1890年6月评论《人民论坛》关于未来社会产品分配时指出：“在所有参加辩论的人看来，‘社会主义社会’并不是不断改变、不断进步的东西，而是稳定的、一成不变的东西，所以它应当也有个一成不变的分配方式。但是，合理的辩论只能是：（1）设法发现将来由以开始的分配方

---

① 《马克思恩格斯选集》第3卷，人民出版社1972年版，第11、12页。

② 《列宁选集》第3卷，人民出版社1972年版，第257页。

③ 《马克思主义论国家》，人民出版社1964年版，第32页。

式，（2）尽力找出进一步的发展将循以进行的总方向。”[①]这里是从产品分配的角度阐明了社会主义社会是一个不断发展的社会。至于社会主义社会在发展过程中经过几个阶段，马克思和恩格斯都没有“教条式地预料来来”[②]。

列宁在社会主义革命的实践中，不仅科学地找出了从资本主义到社会主义过渡的一系列中间环节，而且还把科学社会主义理论同俄国的具体实践结合起来，科学地划分了社会主义社会的发展阶段。他把马克思主义创始人所预见的社会主义，叫作“发达的社会主义社会”[③]、“完全的社会主义”[④]；把俄国正在着手建设的社会主义，叫作“初级形式的社会主义”[⑤]、“还没有稳固基础的社会主义”[⑥]。这表明，社会主义社会在它自身发展的历史过程中，呈现出两个大的发展阶段：不发达社会主义阶段（或称社会主义低级阶段）和发达社会主义阶段（或称社会主义高级阶段）。列宁关于社会主义两个阶段的理论，是对科学社会主义的一个重大贡献。社会主义的历史实践也证明，已取得社会主义革命胜利的国家，都还处在不发达社会主义的阶段。只有从不发达社会主义阶段进入发达社会主义阶段，才能进一步从社会主义进入到共产主义。

我国的社会主义社会不是在发达的或比较发达的资本主义社会，而是在半封建半殖民地社会的废墟上建立起来的。生产力不是一般的落后，而是很落后，商品经济不是一般的不发达，而是很不发达。这就决定了我们国家开始进入社会主义的阶段不是任何国家进入社会主义都会经历的起始阶段，或如同列宁所说的那种初级阶段，而是基于中国的国情所必须经历的一个很长的初级阶段。长期以来，在“左”的思想指导下，没有真正

① 《马克思恩格斯选集》第 4 卷，人民出版社 1972 年版，第 475 页。
② 《马克思恩格斯全集》第 1 卷，人民出版社 1956 年版，第 416 页。
③ 《列宁全集》第 30 卷，人民出版社 1985 年版，第 299 页。
④ 《列宁选集》第 4 卷，人民出版社 1972 年版，第 486 页。
⑤ 《列宁选集》第 4 卷，人民出版社 1972 年版，第 142 页。
⑥ 《列宁全集》第 30 卷，人民出版社 1985 年版，第 299 页。

认识我国这个特殊的历史阶段的客观必然性，因而犯了一系列超越阶段的错误。自党的十一届三中全会以后，我们在总结历史的经验中才逐渐对这个历史阶段，从马克思主义科学社会主义理论的高度有了清醒的认识和判断。1981 年 6 月 27 日在党的十二届三中全会通过的《中国共产党中央委员会关于建国以来若干历史问题的决议》中，第一次提到“我们的社会主义制度还是处于初级阶段”。1982 年 9 月党的十二大政治报告重申了这一观点。1986 年 9 月党的十二届六中全会通过的《关于社会主义精神文明建设指导方针的决议》又进一步指出：“我国还处在社会主义的初级阶段，不但必须实行按劳分配，发展社会主义的商品经济和竞争，而且在相当长历史时期内，还要在公有制为主体的前提下发展多种经济成分，在共同富裕的目标下鼓励一部分人先富裕起来。”1987 年 5 月 13 日在宣传、理论、新闻、党校干部的会议中，也着重阐述了这个理论思想。经过这一系列的认识过程，到这次党的第十三次全国代表大会上比较完整地成熟地提出了我国社会主义初级阶段的理论。这是对社会主义认识的一个大飞跃，从而把我国的社会主义建设建立在符合我国国情的科学理论的基础上。

二、社会主义起始阶段的历史经验

自从苏联成为世界上第一个社会主义国家以来，特别是第二次世界大战结束后众多社会主义国家出现，如何建设社会主义，就成为摆在人们面前的现实问题。纵观各社会主义国家，各执政党在分析和判断社会主义社会的发展阶段问题上，几乎都出现过重大的失误。这些失误的原因，或者是混淆了过渡时期和社会主义社会的界限，或者是混淆了社会主义初级阶段和高级阶段的界限，或者是脱离本国国情地照抄照搬他国的经验、模式。

斯大林在1936年刚刚实现了农业全盘集体化，就宣布苏联进入社会主义社会。他没有继承列宁关于社会主义发展阶段的思想，而是认为苏联已经基本建成了社会主义社会，下一步就是向共产主义过渡。因此，斯大林就把社会主义固定为集体所有制和全民所有制两种公有制的模式，主张限制商品经济。这里，斯大林在理论上有一个带有根本性的错误，就是把社会主义制度的建立等同于社会主义的建成，混淆了不同的阶段标准，从而造成了超越历史阶段的错误。赫鲁晓夫上台后，改变了斯大林的一些过“左”的做法，但是仍然坚持立刻向共产主义社会过渡的口号。以后的历届苏联领导人都逐步修正了这些脱离现实的提法。一个时期提出苏联现在是发达的社会主义国家，而不再提向共产主义过渡。一个时期又认为苏联现在处于发达社会主义的起点上，连发达的社会主义也不是。后来又进一步进行了修正，指出苏联现在是发展中的社会主义。其他社会主义国家也有类似的情况。

在我国，从中华人民共和国成立以来，有一个众所周知的特点，就是运动不断，甚至搞经济建设也采取群众运动的方式。这些运动，有些是在政治上搞了阶级斗争扩大化，有些是急于变革生产关系，提出要“跑步进入共产主义”，直至最后发生了“一个阶级推翻另一个阶级的政治大革命”的十年内乱，给我们的民族和社会造成了深重的灾难。从理论上讲，这些错误都是出自对我国社会主义社会发展阶段的错误判断。

本来，1956年党的八大对我国社会的发展状况做了比较正确的分析，认为随着社会主义改造的基本完成，我国的无产阶级同资产阶级之间的矛盾已经基本上解决，几千年来阶级剥削制度的历史已经基本上结束，社会主义的社会制度在我国已经基本上建立起来了。国内的主要矛盾，已经是人民对建立先进的工业国的要求同落后的农业国的现实之间的矛盾，已经是人民对于经济文化迅速发展的要求同当前经济文化不能满足人民需要的状况之间的矛盾。当前的主要任务，就是集中力量解决这个矛盾，把我国尽快地从落后的农业国变为先进的工业国。这些论述表明，我们党把过渡时期同社会主义社会做了严格的区分，也明确揭示了社会主要矛盾的转变，并且把社会主义制度的“建立”同社会主义的“建成”做了区别。但是党的八大的这些正确主张却未能认真贯彻。先是由于建国后所取得的伟大成绩而骄傲起来，出现了1958年的“大跃进”，到处刮起了以“高指标”“瞎指挥”“浮夸风”“共产风”为主要标志的盲动蛮干之风。在思想上认为社会主义过渡时期结束后，共产主义社会在我国的实现已经不是遥远的事情了。结果犯了超越历史阶段的错误。

“大跃进”运动的失败，必然会引起党内和社会上的思想冲突和意见分歧，但当时未能对之作出正确的分析，反而认为是“阶级斗争”的表现，再加上对国际上出现的波兰波兹南事件、匈牙利事件教训的错误总结以及抵御20世纪60年代初期国际上反共冷战的反动思潮，修正了急于超越的错误，却又走向了另一个极端，即把社会主义社会整个历史时期，都视为由资本主义向共产主义过渡的时期，认为在这个历史时期无产阶级和资产阶级的矛盾是贯穿始终的主要矛盾，一切工作都要“以阶级斗争为纲”。由此出发，所带来的必然是运动不断，是对社会正常生活秩序的冲击、破坏，对人民群众根本利益要求的漠视和损害，因此被群众形象地称为“乱折腾”。对于这段历史，人们还记忆犹新，我们党在《关于建国以来党的若干历史问题的决议》中做了很好的总结，也正是在这个决议中，根据我国社会生产力的发展水平，第一次把我国社会主义现阶段科学地确定为“初级阶段”。

从社会主义社会发展几十年的过程可以看到：第一，对我们现在处于社会主义发展的什么阶段作出科学判断是不容易的。必须真正从本国国情出发，科学地进行马克思主义分析，才能得出正确结论；第二，任何离开马克思主义基本原理同本国具体实践相结合的原则，教条主义地、主观主义地对所处的社会主义历史阶段作出错误的判断，都会犯超越阶段或混淆阶段的错误，社会主义事业进退成败，在很大程度上取决于对现在所处的社会主义发展阶段的认识；第三，只有对现在社会主义所处的历史阶段作出正确的认识和判断，才能认清现阶段奋斗的总目标和出发点，才能制定出正确的路线和发展战略，从而保证社会主义初级阶段建设事业的顺利发展和创造条件向较发达阶段过渡。

三、社会主义初级阶段理论的伟大意义

社会主义初级阶段这个科学论断，是马克思主义的崭新概念，它的提出是科学社会主义理论的重大突破，为建设有中国特色的社会主义提供了基本理论依据，为我党制定正确的路线、方针、政策提供了科学的基础。因而具有伟大的意义。

第一，它具有伟大的理论意义。从我们前面较为详细地介绍马克思主义关于社会主义发展阶段论学说的发展过程不难看出：列宁坚持了马克思创立的共产主义两个阶段的理论，同时又结合俄国的实际提出了社会主义发展也分为不发达（初级）和发达（高级）两个阶段，这是一个重大发展。我们党从我国实际出发，在坚持马克思、列宁两个阶段理论的基础上，进一步提出了在我国这样一个从半封建半殖民地脱胎出来的社会主义国家，在进入社会主义后，还存在一个既不同于马克思主义创始人设想的在资本主义高度发展的基础上建立的社会主义，也不完全相同于其他社会主义国家起始阶段的社会主义。在社会主义初级阶段，一方面，就以生产资料公有制为基础的社会主义经济制度、人民民主专政的社会主义政治制度和马克思主义在意识形态领域中的指导地位已经确立来说，已经是社会主义社会；另一方面，就这个社会主义阶段的生产方式

发展程度来说，生产力水平还比较低，生产关系和上层建筑都还不成熟不完善。这种特殊阶段的社会主义，不仅马克思恩格斯没有预见到，列宁也没有预见到，但它却活生生地在我国现实生活中存在着。所以，对这个社会主义阶段作出理论概括，极大地丰富了科学社会主义的理论。

第二，具有伟大的实践意义。正确认识我国社会现在处在社会主义初级阶段，是建设有中国特色的社会主义的根本出发点。从社会主义初级阶段的国情、主要特点、主要矛盾、发展趋势出发，就在指导思想上明确了必须集中力量进行现代化建设，必须坚持全面改革，必须坚持对外开放，必须以公有制为主体，大力发展商品经济，必须以安定团结为前提，努力建设民主政治，必须以马克思主义为指导，努力建设精神文明，从而就使我们党的基本路线和发展战略的制定建立在扎扎实实的现实的基础上。同时，正确认识我国现阶段的国情、主要特点、主要矛盾、发展趋势，就能进一步正确理解和自觉执行党的十一届三中全会以来的路线、方针和政策，能够明确识别和有力抵制来自“左”的僵化思想和来自右的资产阶级自由化的干扰、侵袭。

上篇

对新旧经济体制模式转轨的探索

论国家计划指导下的市场调节 *

实行国家计划指导下的市场调节，是我国经济管理的一项根本原则。我们认为，计划调节和市场调节，是在社会主义条件下，共同调节社会总劳动量分配活动的一个过程的两个侧面，其中，计划调节是主导方面。本文试就这一问题谈些肤浅的看法。

一、计划经济和商品经济的统一，是社会主义经济的基本特征，也是实行国家计划指导下市场调节的基本出发点

社会主义经济是在生产资料公有制的基础上建立起来的。历史证明，资本主义私有制的消灭和社会主义公有制的建立，只是改变了商品经济的性质，并没有消除商品经济存在和发展的条件。社会主义经济是一种计划经济和商品经济相统一的有计划的商品经济。

第一，在资本主义私有制消灭之后，虽然实现了生产资料公有制，但还不能立即消除劳动者直接占有生产资料的本质差别。从十月革命开始，

* 本文系作者执笔，与王珏合写。原载《赣江经济》1981 年第 9 期。

首先取得社会主义革命胜利的国家，都是生产力水平较低的落后国家。同不发达的生产力水平相适应，劳动者直接占有生产资料的形式也是多层次的：有社会主义性质的全民所有制经济、集体所有制经济、全民和集体的联合经济；有半社会主义性质的公私合营经济、聚股合营经济；还有家庭经营的个体经济。占绝对优势的全民所有制经济、集体所有制经济以及全民和集体的联合经济，是社会主义经济的主体。少量的受国家计划指导的公私合营、聚股合营以及家庭经营的经济，是社会主义公有制经济的必要补充。在这个经济结构的内部，不仅各种经济成分之间存在着本质差别，而且在全民所有制经济内部，由于所有权是属于代表全体劳动者的国家，使用权和经营管理权属于企业，各个企业之间也存在着重大差别。在这种情况下，一方面，社会主义公有制能够把它们联合成为统一的经济整体，能够在全社会范围内协调相互之间的物质利益；另一方面，劳动联合体和劳动者个人对生产资料不同地直接占有、使用和经营管理，又使它们各自成为统一经济整体中相对独立或独立的经济实体。

第二，社会主义公有制的建立，虽然实现了劳动者联合形式的共同劳动和共同按劳动分配个人消费品，并且每个劳动者的劳动都是社会总劳动的一个组成部分，但还不能立即消除旧的社会分工和不同劳动者劳动能力的本质差别。由于存在着脑力劳动和体力劳动的差别、工业和农业的差别、城市和乡村的差别，每个劳动者基本上终身固定在一种职业上，从事一种劳动。同时，劳动还不得不是劳动者的谋生手段，社会还不得不默认不同等的劳动能力是一种天然特权。在这种情况下，一方面，劳动联合体的劳动者的劳动，具有一定程度的直接的社会性，集体和国家按照劳动者向社会提供劳动的数量和质量，给予相应的劳动报酬；另一方面，劳动联合体和劳动者个人的劳动，同社会劳动之间还存在着差别和矛盾，还必须通过价值这种迂回的形式，才能转化为社会劳动，因此，劳动者所领取的劳动报酬，也必须通过工资这种迂回的形式，才能取得自己所需要的消费品。

第三，社会主义公有制代替资本主义私有制，虽然实现了劳动者共同的利益，但还不能立即消除不同劳动者直接物质利益上的重大差别。在劳动联合体和劳动者个人之间，由于生产资料所有制的形式不同，生产条件不同，每个劳动者的劳动能力不同，与此相适应的物质利益也不同。既有以国家为代表的社会整体的利益，也有以劳动联合体为代表的集体利益，还有劳动者的个人利益。因此，各个劳动联合体和劳动者个人所生产的产品，自然而然地又是和各自的物质利益联系在一起的。在这种情况下，一方面，劳动者共同占有生产资料和联合劳动，国家、集体、个人的根本利益是一致的，这就要求关系国计民生的主要产品，都要按照社会需要统一生产和分配；另一方面，又在根本利益一致的基础上，存在着国家、集体、个人相互之间物质利益的差别和矛盾，这种差别和矛盾，又要求各自的劳动产品不能无偿调拨。

综上所述，在社会主义条件下，由于伴随社会劳动力的解放和生产社会化的提高，而产生的生产资料公有制的统一性，联合劳动一定程度的直接社会性，劳动者根本利益的一致性——劳动者同生产资料结合的这些特点，客观上决定了社会主义经济是计划经济。它正是体现了以公有制为基础的占主导地位的经济联系。因此，劳动联合体和劳动者个人，都要在统一计划指导下为满足人民需要而劳动，都要走共同富裕（允许一部分劳动者先富起来进而带动全体劳动者都富起来）的道路，绝不允许一个集团剥削另一个集团的现象存在；他们在社会主义现代化建设中，展开竞争，促进联合，绝不允许互相封锁，保护落后；他们在创造国家、集体、个人利益的劳动中，互相支援、互相协作，绝不允许损人利己、尔虞我诈，等等。这种新型的人和人的关系，同资本主义、封建主义的人和人的关系是根本对立的，它在本质上是属于共产主义生产关系的类型。

同时，在社会主义条件下，又由于不发达的生产力水平和社会分工所制约的生产资料占有形式的多样性，联合劳动、个人劳动同社会劳动的矛盾性，国家、集体、个人相互之间物质利益的差别性——劳动者同生产资料结合的这些特点，客观上又决定了社会主义经济还是商品经济，是和计划经济相统一的商品经济。不仅个体经济、半社会主义性质的合营经济和集体经济生产的产品是商品，全民所有制的国营经济生产的产品也是商品。不仅国营经济生产的消费资料是商品，生产的生产资料也是商品。

在这个商品经济体系中，等价交换是劳动联合体和劳动者个人之间关系的准则。每个商品生产者都具有法人的资格，都有和公共利益相联系的特殊利益，都有受国家保护的平等权利。但是，这种以生产资料公有制为基础、同计划经济相统一的商品经济，又根本不同于资本主义商品经济和小商品经济，它是一种把劳动力排除在外的、不会产生两极分化的新型商品经济。

上述情况表明，社会主义经济既不是单纯的计划经济，也不是单纯的商品经济，而是计划经济为主导的和商品经济相统一的有计划的商品经济。这是社会主义生产关系本质所决定的。因此，它是社会主义经济的一个基本特征。

二、计划经济规律调节作用和价值规律调节作用的统一，是社会主义社会总劳动量按一定比例分配的客观要求，也是国家计划指导下市场调节活动的基本内容

在社会主义的计划经济和商品经济的统一体中，必然是既有体现计划经济内在联系的计划规律，又有体现商品经济内在联系的价值规律，它们都对国民经济起调节作用。那么，这两个规律调节作用的关系又是怎样的呢？实践证明，它们不是对立的，也不是孤立起作用的，而是相互结合的、统一的。为什么呢？

第一，从统一体中的商品经济方面来看，社会总劳动量按一定比例分配的实现过程，也是市场调节的实现过程。

市场是以社会分工为前提的商品交换的场所。列宁说："哪里有社会分工和商品生产，哪里就有'市场'。"[①]在社会化大生产的商品经济中，社会总劳动量在两大部类各个部分的分配，不仅要求在实物形态上必须建立和保持一定比例的平衡，而且还要求在价值形态上也必须建立和保持一定比例的平衡。两大部类这种实物替换和价值补偿的关系，事实上正是各个生产部门互为市场的关系。一方是生产者，一方是消费者；一方是商品供应者，一方是商品需求者；一方是卖者，一方是买者。这种互为市场的双方，在进行商品交换时，都必须遵循等价的原则。

正因为这样，市场上各种商品价格的变化，反映了生产各种商品所包含的社会劳动量的变化，反映了社会总劳动量按一定比例在各个生产部门分配的变化。如果某一生产部门的商品总量超过了当时社会的需要量，即超过了按一定比例分配的社会劳动所应生产的商品量，该种商品就会在市场上供过于求。这时，这种商品在市场上所代表的社会劳动量已比实际所包含的社会劳动量少，价格就会随之降低；或者，某一生产部门的商品总量不能满足当时社会的需要，即少于按一定比例分配的社会劳动所应生产的产品量，该种商品就会在市场上求过于供。这时，这种商品在市场上所代表的社会劳动量已比实际所包含的社会劳动量多，价格也会随之提高。市场上这种供求矛盾和价格变化，必然会进一步引起该种商品总量的减少或增加，引起社会总劳动量在社会各个生产部门分配比例的改变。事实证明，在社会化大生产的商品经济中，社会总劳动量在两大部类按一定比例分配的实现，是和市场的实现，和价值规律调节作用的实现，结合在一起的。

在社会主义商品经济条件下，由于社会总劳动量还不能直接用劳动时间，而仍旧迂回地用价值来计算，两大部类一定比例的平衡关系，也就仍然是互为市场的关系。市场上价格的变化，仍然反映和引起商品中社会必

---

① 《列宁全集》第 1 卷，人民出版社 1959 年版，第 86 页。

要劳动量的变化。不过，价值规律的这种调节作用是在社会主义基本经济规律的制约下进行的。为了不断满足人民日益增长的物质和文化的需要，客观上不仅要求各种商品要符合各种需要，而且要求每一商品生产都要节约劳动时间，以最少的劳动消耗取得最大的经济效果，这也就要求两大部类的实物替换和价值补偿平衡关系的建立和保持，仍然需要通过市场上价值规律的调节作用来实现。市场调节，就是根据社会主义经济规律的要求，主要是价值规律的要求，利用市场机制，对社会总劳动量在两大部类按一定比例分配的自动调节。

第二，从统一体中的计划经济方面来看，社会总劳动量按一定比例分配的实现过程，又是计划调节的实现过程。

这里所说的计划调节，是社会计划。马克思曾经指出："劳动时间的社会的有计划的分配，调节着各种劳动职能同各种需要的适当的比例。"[①]马克思所提出的这种"社会的有计划"的调节，是在他设想的，用公共生产资料进行劳动的自由人联合体中所实行的。事实也是这样，它只能在社会主义——共产主义社会中出现，不可能在资本主义社会中存在。原因就在于它们的经济基础根本不同。

在资本主义制度下，客观上也存在着社会总劳动量按比例分配的客观要求。但是，由于生产资料为资本家私人所占有，生产什么，生产多少，都是由各个资本家和资本家集团根据能否攫取剩余价值和攫取多少来决定。哪种商品赚钱，就拼命地生产哪种商品。哪个生产部门有利可图，就拼命地往哪个生产部门转移资本。因而尽管个别企业的生产是有计划的，但全社会的生产却处于无政府状态。这样，社会总劳动量按一定比例在国民经济各个部门的分配，只能由市场的价格波动自发地来调节。社会生产两大部类的平衡关系，不能不经常遭到破坏，只能是通过周期性的经济危机，

① 《马克思恩格斯全集》第23卷，人民出版社1972年版，第96页。

以强制的力量来恢复。

在社会主义制度下，社会化的商品生产是建立在生产资料公有制的基础上。劳动人民是生产资料的主人，国家是劳动人民根本利益的代表者。这不仅有必要，而且有可能使国民经济有计划地进行。并且，作为一个规律，它的调节作用同价值规律一样，也是受社会主义基本经济规律所制约。为了不断满足人民日益增长的物质文化生活的需要，客观上就要求社会（或代表社会的国家）经常自觉地直接按照市场上各种需要量，计算各种主要商品的生产总量，并按照各种主要商品的生产总量，统一分配国家所掌握的社会劳动量，以建立和保持两大部类合理比例的平衡关系。同时，还要经常自觉地根据市场上各种商品价格的变化，来检验各种比例关系是否正确，适时地对计划进行调整。由此可见，社会总劳动量在国民经济各部门按一定比例分配的实现，又是自觉的计划调节的实现。计划调节，就是根据社会主义经济规律的要求，主要是计划规律的要求，通过计划机制，对社会总劳动量在两大部类按一定比例分配的自觉控制。

总之，计划规律和价值规律同是在社会主义公有制的基础上、同是在社会主义基本经济规律制约下发生作用的。社会总劳动量按一定比例分配的实现过程，是计划调节的实现过程（这是主导方面），也是市场调节的实现过程（这是非主导方面）。两个规律的调节作用是结合的、统一的。计划调节的实现要依靠市场活动，市场调节的实现要依靠社会统一计划的指导。实行国家计划指导下的市场调节，正是体现了这两个调节有机结合的统一性。

当然，计划调节和市场调节相互之间也存在着矛盾。这种矛盾是统一体两个侧面的矛盾，不能绝对化。如果片面强调计划调节，忽视或否定市场调节的作用，就会不可避免地把国家计划作为主观主义的高度集中的行政手段，把社会主义经济搞成“自然经济”。反之，如果片面地强调市场调节，忽视或否定计划调节的指导作用，也会不可避免地受市场价格自发波动所摆布，出现盲目发展的混乱现象。

三、在当前国民经济调整中，既要加强集中统一的国家计划指导，也要继续发挥市场调节的积极作用

国民经济结构调整和经济体制改革的关系，在一定意义上，也是计划调节和市场调节的关系。计划调节，侧重于宏观经济方面，即侧重于对国民经济综合平衡的自觉控制。市场调节，侧重于微观经济方面，即侧重于对各个商品生产者和消费者相互交换活动的自动调节。因此，在当前国民经济调整中，要正确处理调整和改革的关系，必须进一步贯彻国家计划指导下市场调节的原则。

（一）要加强国家计划的指导

宏观经济是微观经济的全局。在宏观上，国民经济的综合平衡遭到严重破坏，在微观上，各个商品生产者和消费者的相互交换活动也难以正常进行。就这个意义上说，在当前，调整是中心，改革要服从调整，有利于调整。

为了搞好当前国民经济的调整，必须利用计划机制，加强国家计划的指导，加强集中统一。

1. 统一思想，彻底清除“左”的错误。总结我国经济建设的历史经验，在指导思想上，“左”的错误是主体方面的错误。正因为这样，我们每个经济工作者，也在不同时期，受过不同程度“左”的思想影响，犯过这样那样“左”的错误。“左”的思想是以主观超过客观为特征，在根本上，也是同坚持党的领导、坚持社会主义、坚持无产阶级专政、坚持马列主义毛泽东思想的基本原则相违背的。由此可见，只有彻底摆脱“左”的思想束缚，把思想统一到党的实事求是的路线上来，才能在思想上、政治上真正同党中央团结一致。没有这种高度的集中统一，就不能保证调整工作顺利完成。即使调整了，也难保今后不会再重蹈国民经济出现严重比例失调的覆辙。

2. 统一步伐，坚决压缩基本建设。基本建设超过国家财力物力的可能，是“左”的错误在经济上的主要表现之一，也是国民经济比例关系一再发

生产严重失调的症结所在。党的三中全会后虽然把调整放在“八字方针”的第一位，但由于在思想认识上没统一，在压缩基本建设的步伐上也很不一致。预算内有的项目压了，预算外的又上；中央的有的项目压了，地方和企业的又上；新建扩建有的项目压了，以挖潜、革新、改造的名义又上。结果，总的规模不仅没有压下来，反而又增大很多。为了加强当前调整中对基本建设的计划管理，一方面，一定要服从中央统一计划的调整任务，各省（市、自治区）、地、县直至公社都要在调查研究的基础上，根据调整任务实事求是地确定关停并转的项目。该退的一定要退够，并做好下马的一切善后工作。另一方面，一定要服从中央统一计划的基建规模和投资方向的安排。各种渠道用于基本建设的资金，要由国家有关部门统一管理。各地方、各企业不能随便上计划外的项目，各级领导不能随便批准计划外的工程。计划内的工程项目，在建设中要争取取得最好的投资效果。

3. 统一重大措施，加强必要的国家行政干预。经济调整是整个经济建设战略方针的转变。如有一个领域的改革措施不协调，一个方面的经济活动发生混乱，都要影响这一战略方针的彻底贯彻，影响调整工作的全局。要做到“调”而不乱，令行禁止，需要加强全国的统一指挥。特别是在财政、税收、信贷、物资、价格、外贸和外汇等管理制度的重大措施上，在调整期间必须以高度的集中统一为主，加强必要的国家行政干预。凡是违背调整方针的行为和活动，都要以强制的手段予以制止，情节严重者给以经济的或法律的制裁。

（二）要继续发挥市场调节的积极作用

宏观经济是由许许多多微观经济活动组成的。微观经济不活，宏观经济也难以搞活。因此，把宏观经济活动和微观经济活动有机地结合起来，是社会主义经济体制建立和改革的主要方向。可见，我国经济的发展，从根本上讲，不进行改革是没有出路的。就这个意义上说，改革是根本，当前的调整是为全面进行改革创造良好的条件。

为了搞好同调整相适应的改革，应当进一步利用市场调节机制，发挥市场调节的积极作用。

1. 巩固成果，继续抓好扩大企业自主权的试点工作。现在全国已经进行扩大自主权试点的企业有六千多个。一年多来，这些试点单位都大大调动了企业和职工的积极性，改善了经营管理，提高了经济效果，活跃了市场，增加了国家、集体和职工的收益。实践证明，改革的方向是正确的，路子是对头的。但是，也要看到，在改革中还存在着诸如“鞭打快牛”、苦乐不均等问题。这些问题，归根到底是由新体制和旧体制的矛盾所引起的。我们应当在服从当前调整的前提下，巩固现有试点企业的改革成果，合理地解决一些必须解决而又能够解决的矛盾，把扩大企业自主权的改革再提高一步。

2. 合理安排，在调整中继续进行新的改革。经济体制改革，从微观到宏观是多层次多方面的。有些改革同调整有矛盾，如税收体制、价格体制的改革，应当把步子放慢。有些改革对调整直接影响不大，如行业组织的建立、企业内部领导体制的改革，可有领导有步骤地进行新的试点。有些改革能和调整结合进行，如机械工业部门长线比较多，重复生产多，是调整的重点，也可考虑作为打破部门所有制、地区所有制，按照专业化协作原则建立各种经济联合体的改革重点。有些改革有利于调整，如在对外贸易中建立各种出口联合公司，应加快进行。总之，要把改革同调整结合起来进行。

3. 总结经验，为全面深入的体制改革做好准备。经济体制的改革，是我国前所未有的一件大事，一定要积极而又慎重地进行，要花费一定时间充分做好准备。陈云同志指出：改革固然要靠一定的理论研究、经济统计和经济预算，更重要的还是要从试点着手，随时总结经验，也就是要“摸着石头过河”。因此，在调整中，要及时地认真地把试点经验总结好，这是全面进行改革的一项不可缺少的最重要的准备。

常州市发展经济的调查*

常州市是一个工业发展速度较快、经济效益较好的中等城市。建国初期这个市的工业基础薄弱，到 1952 年国民经济恢复时期结束，工业总产值仅有 2.17 亿元，财政收入 2492 万元。1953 年以来，工业总产值和财政收入平均每年分别以 10.7% 和 11.4% 的速度递增，到 1981 年分别达到 41.46 亿元和 5.77 亿元。32 年来，国家预算拨款共 9 亿多元，上缴国家的税收和利润近 68 亿元，相当于国家投资的 7.4 倍。目前，全市拥有人口 48 万，已形成一个以轻纺为主，并有机械、电子、化工、医药、建材等产业的工业城市。工业产品有 500 多种，品种 3000 多个，出口产品 190 多种（1981 年外贸收购额达 4 亿多元），已创出一批面向全国和外贸出口的骨干产品，其中有两个产品获得国家金质奖，9 个产品获得银质奖，63 个产品获得部、省优质、名牌的称号。全市人均国民收入已达 2385 元（折 1428 美元），劳动就业问题已基本上得到解决。

常州市为什么能够把经济发展的速度和效益统一起来，取得很好的成效呢?

---

* 常州是我国最早进行经济体制改革的试点城市。1982 年 4 月由国务院体制改革办公室和经济研究中心组成联合调查组进行调研。作者作为调查组的一员，负责执笔起草调查报告，经多次修改，交领导审查定稿报送国务院后，以联合调查组名义先由《内部参考》1982 年第 47 期刊登，后在《红旗》杂志公开发表，同时也以我和任涛两名作者名义发表在《经济研究参改资料》1982 年第 130 期。本文选于文字比较精简的《红旗》1982 年第 13 期。

一、在国家统一计划指导下，正确地选定产品方向

常州市委从长期领导经济工作的实践中认识到：要多快好省地发展城市经济，持续保持城市经济旺盛的生命力，首要的事，就在于抓产品，使产品真正做到适销对路，有竞争力。他们是怎样抓产品的呢？

（一）根据全国统一计划的要求，首先从有利于发挥地区优势，建立合理的产业结构出发，来确定自己的产品发展方向。常州市手工业历史悠久，1906 年就出现了第一个织布厂。中华人民共和国成立前夕，有小工厂、小作坊 470 家，相应地有一批技术力量。这是其优势之所在。但是，轻纺工业的发展，不仅需要农业提供愈来愈多的原料，而且需要相应地发展为农业和轻纺工业服务的重工业。而恰恰在发展重工业这个问题上，他们在“大跃进”期间走了一段弯路。当时，在缺乏资源和技术的条件下，一下子办起了拥有 7000 多名职工的 6 个钢铁冶炼企业，造成了很大损失。挫折使他们懂得了办工业必须在产品方向对头的基础上建立起合理的产业结构。通过调整，只保留了一个有色金属冶炼厂和一个钢铁冶炼厂，并把重工业的发展重点转向轻纺机械和农业机械。之后，按照为农业、轻工业以及国防、外贸服务的发展方向，又发展了电子、化工、医药、建材等工业，到 1981 年，在常州的整个工业中，轻工业占 58.7%，重工业占 41.3%，形成了以轻纺为主，轻重工业相互促进的产业结构。这对于常州市经济稳定而迅速地发展，起了良好的作用。

（二）大力发展名牌、优质产品。他们在不断的实践中深切地体会到，只有选择具有自己特色的，国内急需、外贸需要的产品，才能打开销路。他们选择一批适销对路的产品，瞄准国内国际的先进水平，组织科学攻关，千方百计地把质量搞上去，创造出名牌、优质产品，并以此为骨干，带动一批协作配套的产品，共同上质量、上水平、上批量，以保证优质、名牌产品的不断提高和扩大。党的十一届三中全会以来，他们先后选定和围绕

国内外畅销的23个骨干产品，做了大量工作，不但使这些产品赢得了市场的信誉，1981年实现的产值和利润分别比1980年增长18.9%和16.8%，而且抓一个带一串，使一大批配套协作的产品和企业也相应地得到了发展。同时，他们还十分重视掌握市场动态，及时开发、设计和研制新产品、新材料、新品种、新花色，使产品不断更新换代。

（三）注意抓提高全市综合生产能力的“卡脖子”产品。这样的产品，只要搞上去一个，就活了一批。常州市开始发展农业机械时，不能生产铸、锻件，严重影响了生产的发展。他们把几个铁匠铺组织起来，逐步建立起一个锻造厂，现在已经成为全省的锻造中心。用同样办法还建立了一个铸钢厂，现在也成了全省的铸钢中心。这两个工艺中心，不仅推动了全市机械工业的发展，还支援了江苏其他地区。

（四）积极发展出口产品。长期以来，他们坚持把发展出口产品作为带动和提高全市工业水平的一条重要途径，要求每个工业部门以及财贸、邮电、交通等单位，都要树立“两个市场”（国内市场、国际市场）的思想，协同动作，共同促进外贸的发展。他们对于那些在国际市场上适销对路、声誉好、换汇高的产品，采取了重点培植的方针。同时，适应国际市场的变化，不断发展新的出口产品。近几年来，每年都有一批新品种、新款式的产品进入国际市场。目前，全市已有140个工厂生产出口产品，占全市工厂总数的1/3，产品190多种，销往90多个国家和地区。

二、按照专业化协作的原则，发展多种形式的经济联合

以骨干产品为中心，充分利用原有工业的物质技术基础，按照生产的内在联系，发展各种经济联合体，迅速形成综合生产能力，这是常州在发展经济中的一条很值得重视的经验。

早在20世纪60年代初，他们就认真学习上海的经验，开始围绕着发展灯芯绒、卡其布、花布、手扶拖拉机等重点产品，以固定协作的形式，分别组织了“一条龙”大协作生产。1970年，又建立了化纤、半导体收音机、塑料、玻璃钢等新的“一条龙”大协作。党的十一届三中全会后，在原有“一条龙”的基础上，各种形式的经济联合体像雨后春笋般地发展起来。现在已组织起21个专业公司、总厂和19个工农、工商、工贸等联合企业，并发展了一些跨地区的经济联合。参加的工业企业有231个，占全市工业企业总数的55.26%；职工8万多人，占工业职工总数的43.42%；产值23.45亿元，占全市工业总产值的56.57%。经济联合体已成为常州市组织和发展经济的主要形式。

常州市的经济联合是怎样发展起来的呢？概括地说就是：他们能够坚定不移地从发展社会化大生产、提高社会经济效益出发，敢于突破地区、部门、行业和所有制的界限，做到统筹安排，集中指导，思想领先，行政干预，互惠互利，形式多样。

（一）统筹安排，集中指导。常州市工业结构的特点是，小型企业多，集体所有制企业多，市属国营企业多。目前，全市418个工业企业中，中央部属企业和省属企业只有27个；93.5%的企业均归市直接管理，其中集体所有制企业占全市工业企业总数的61%。全市只有大型企业6个，中型企业30个，其余382个均为小型企业，占91.4%。这些特点表明，为了进一步发展生产力，必须把广大中小企业和集体所有制企业按专业化协作和经济合理的原则组织起来。他们以重点产品为中心，抓住一个“龙头”工厂，突破行业、部门、地区和所有制的界限，带动一批小型企业，定点协作，配套成龙，组织各种形式的联合体，很快形成新的生产能力。这样，既可以不增加多少投资，又可以带动一批分散的、技术落后的小型企业，从而提高了企业的劳动生产率和生产技术水平。

（二）思想领先，行政干预。企业实行改组联合的过程，也是统一思想和破除各种阻力的过程。首先是思想阻力。发展专业化协作和联合，势必触犯小生产的狭隘思想，如：只愿当主角，不愿当配角；在调整专业化分工时，总想把技术、设备、人员并进来，不想分出去；当产品无销路的时候愿意“有难同当”，当自己的产品打开销路后却不愿“有福共享”，等等。其次，门户之见相当厉害，即使在一个市内，行业、部门之间以及所有制之间的阻力也很大。在这方面，常州市委的领导同志进行了大量的工作，提出了既要“自由恋爱找对象”，又要“上下左右当红娘”的口号，要求各行业、各部门都要支持联合，促进联合，不能阻碍联合。同时，成立了市经济协作办公室，统筹安排和协调各行业、各部门和跨地区的联合。遇到争执不下的重大问题，除做思想工作外，还进行必要的行政干预。

（三）用经济办法推动联合。在组织联合中，他们十分注意调节各企业之间的利益分配问题，坚持互惠互利。用他们的话说，叫作“利益均沾，荣誉共享”。他们从 1967 年开始，首先在拖拉机“一条龙”中实行了内部协作价格。通过协商，使联合体内部那些利润率偏高的企业向利润率偏低的企业适当让一点利，以达到利益均沾、共同发展的目的。

目前，内部协作价格已经在常州市许多经济联合体中推行并不断完善。他们根据企业资金利润率和成本利润率的不同情况，采取了两种不同的让利办法：一种是由利润率高的零部件厂向利润率低的总装厂适当让利；一种是由利润率高的成品厂向利润率低的原材料厂适当让利。这种在保持市场物价稳定，通过内部协作价格调节企业之间的利益分配的办法，对于企业改组联合的发展和巩固，起了很好的作用。

实行内部协作价格实际是利用价格杠杆来调节企业的盈利率，在一定程度上消除了由于价格严重背离价值给企业所带来的消极影响，能够较为准确地反映企业的生产经营状况，帮助我们更客观地评价和考核企业的经营成果，推动企业改善经营管理。

（四）采取灵活多样的形式，不搞一刀切。从经济联合的形式来看，他们从 1962 年开始，组织固定分工、协作生产的“一条龙”。“龙”的类型大体分为三种：一是按照总装产品的主机、辅机、零件、部件的联系组成的，如拖拉机“一条龙”；二是按照产品生产前后道工序的联系组成的，如灯芯绒“一条龙”；三是按照原材料综合利用的联系组成的，如玻璃钢“一条龙”。参加“龙”的企业，都是独立核算，行政隶属关系不变，所有制性质不变。从 1978 年底开始，又组织了专业公司和总厂。现在已有塑料、服装等 9 家公司和自行车、家具等 12 家总厂，参加的工业企业共 122 个，占全市工业企业总数的 29%。已建立起来的公司和总厂，有的基本上成为企业性质的，实行了统一管理、统一缴税和两级核算，如自行车总厂；而更多的则是把较为紧密的联合同松散的联合结合起来，称之为“龙加公司”，如拖拉机公司，除包括 10 个工厂、1 个研究所外，还同 59 个工厂建立了固定协作关系；此外，还在市区内组织了一批全民与集体合营、集体与集体合营、工商联营、工贸联营、工商贸联营等多种形式的经济联合体。

从跨地区的经济联合来看，他们首先以市区内的经济联合为基础向郊区伸展，近几年来已办了 14 个工农合营工厂。其次，向邻县伸展。近几年同武进县的 7 个县属和社队企业实行了联营或合营。同时，还通过输出或输入技术和资金，以及补偿贸易等形式，发展了同上海、无锡、苏州、山西、浙江等省市和地区的经济联系。

三、把企业的改组联合和技术改造紧密结合起来

常州市的实践证明：企业的改组联合，给技术改造和设备更新提供了有利条件；反过来，技术改造和设备更新又促进了经济联合体的巩固和提高。因此，改组联合的过程也是不断进行技术改造和变革生产条件的过程。

（一）主要靠不断的技术改造、设备更新和填平补齐，扩大现有企业的

生产能力。多年来，他们充分利用老企业的物质技术基础，坚持不懈地进行技术改造，走了一条“利用—改造—再利用—再改造”的路子。例如，拖拉机厂和柴油机厂，是一个经济联合体的两个主机厂，起初是小农具厂、小机修厂，各有二三十台旧机床，在联合的基础上，二十年来，拖拉机厂先后完成技术革新1200多项，更新各种关键性专用设备170多台（占全厂设备的35%），建成自动、半自动生产流水线13条；柴油机厂先后完成技术革新2500多项，更新各种关键性专用设备550多台（占全厂设备的72%），建成自动、半自动生产流水线20多条。现在，常州拖拉机厂和常州柴油机厂的技术面貌已焕然一新，成为全市技术改造的先进典型。

（二）组织起来，加强协作，进行技术攻关。他们从发展城市工业的实践中逐步认识到，把科学技术的作用更好地发挥出来，为经济建设服务，就能形成真正强大的生产力。为此，他们搞了两个“三结合”：一是实行技术人员、工人、干部三结合，现在全市已有90多个企业建立了研究所或科研攻关小组，参加的技术人员，工人、干部有1500多名；二是实行企业同科研单位、使用单位相结合，组成从科研到实际应用的“一条鞭”。他们在市内打破了企业、行业之间的界限，组织各种形式的科研部门、设计部门、生产部门的联合体，在市外组织跨地区的联合体。近几年来，全市许多经济联合体先后与外地130多个大专院校、科研单位建立了科研协作关系，共同搞新技术的研究和应用，已取得了一批重要成果。在市内外“三结合”的推动下，科学教育也有了新的发展。除从无锡迁来一所化工学院外，还开办了电视大学和职业大学，新建和扩建了15所中等专业学校和技工学校。全市已拥有工程技术人员6500多人。

（三）把引进国外先进技术同老企业的技术改造紧密地结合起来。党的三中全会以来，他们针对生产发展中的薄弱环节和国内暂时不能解决的关键技术、关键设备，有选择地从国外引进，已经取得了积极的经济效果。三年多来，先后引进了26个项目，其中已有22个项目投入生产。1981年新增产值达 2.21 亿元，税利 4483 万元。如果 26 个项目全部投产，预计可增加产值 3.8 亿元，税利 7800 万元，外汇 4000 万美元。

四、以提高经济效益为中心搞好经营管理

经营管理水平的高低同技术水平一样，直接决定着经济效益和经济发展的速度。在过去的一个长时期里，领导经济的主要精力是放在抓生产方面，对经营管理过问得比较少。党的三中全会以后，他们自觉地把抓经营管理提到了重要的议事日程上来。现在，抓经营管理的思想，已经程度不同地深入到各级领导干部和广大职工中去，在干部配备上，注意配好主管经营、生产、技术、财务的干部。正因为这样，经营管理的路子也就愈走愈宽。

（一）经营管理的重点在经营，而经营的灵魂是要使产品在市场上有竞争力。为了搞活经营，有的经济主管部门和部分企业，加强了对市场的调查和预测，了解和研究同行业同类产品的产供销和各项经济技术指标的状况，以及用户的需要。通过调查，为改进产品质量、做好用户的服务工作、明确产品发展方向和开拓新的市场提出依据。这样，不但加强了企业生产的计划性和产销衔接，而且把企业的生产经营搞活了。例如，常州拖拉机公司 1980 年在全国同类产品都处于滞销的情况下，组织力量积极进行市场调查，掌握市场动态，并在全国建立了 96 个销售点，初步形成了比较固定的销售网络和经济信息反馈系统。因而 1980 年产品销量不仅没有减少，反而比 1979 年增长 15.4%，1981 年又比 1980 年增长了 13.9%。为了搞活经营，机电行业的不少企业，既搞制造，又搞安装、修配和各种现场服务，深受用户欢迎。由于注意了经营，1981 年全市机电行业的主要产品产量已经超过了历史最高水平的 1978 年。

（二）在搞活经营的同时，把企业的管理工作也带上去了。他们为了做到产品适销对路和提高产品的竞争力，在企业整顿方面做了大量的工作。去年下半年以来，他们结合推行和完善经济责任制，进一步加强了企业整顿工作。首先，加强了基础管理工作，建立健全了原始记录、统计、计量、检验、图纸、工艺、工装和技术标准等。其次，逐步推行全面质量管理。有的重点企业建立起质量保证体系，即组织保证系统、制造过程的质量控制系统、工作质量保证系统、厂内外质量信息反馈系统、职工政治思想教育保证系统。有了这 5 个上下左右有机结合的责任系统，其责任又同职工的经济利益密切挂钩，这就有力地保证了企业产品质量的稳步提高。再次，健全企业内部的经济核算制。厂一级建立了经济核算管理机构，各车间配有专职核算员，企业和车间按照厂内结算价格实行两级核算，自计盈亏。如常州齿轮厂把经济技术指标分解成 211 个小指标，下达到车间、班组和部门，通过结算，计算盈亏，并把经济核算与奖金挂钩，取得了良好的效果。1981 年产值比上年增长了 8.75%，资金利用率增长了 14.9%，资金周转周期加速了 30 天，各项经济技术指标都创造了本厂历史的最好水平。

（三）在现行经济体制下，他们根据国家总的方针政策，从有利于搞活经济，算大账、算活账着眼，还采取了一些灵活变通的办法，统筹安排全市的财力、物力，以保证重点，解决实际经济工作中遇到的一些突出矛盾。例如，在资金的筹集和使用方面，一是在全市统一规划下，对企业的各项生产基金，有计划地实行有偿调剂使用。早在七十年代初，从节约投资，加快速度，提高经济效益出发，就逐步把企业的更新改造资金、大修理资金和科技三项费用捆在一起，并由市里适当集中，按照统一计划，实行有偿调剂使用，或集中用于增添设备，或集中用于修缮厂房。这种集小溪成大流，把钢用在刀刃上的做法，既保了重点，抢了时间，提高了投资效益，又使每个企业都能有机会轮流获得集中使用这笔资金的好处。二是在信贷方面，他们对短期内能见成效的技术改造项目和产品适销对路、有还款能力的企业，在统一信贷计划内，灵活地调剂各种信贷资金的使用。还款的方法也适当灵活，对能单独计算经济效果的项目，坚持用该项目投产后的新增利润还贷款；对不能单独计算经济效果的项目，可用超计划利润或超上年利润基数部分还贷款。这样，企业能还得起，大部分都能增产增收，全市还贷款有效率在 80% 以上。又如，在生产资料方面，来自国家统一计划渠道的和组织工业企业以超计划产品对外协作换来的物资，市里都有灵活调剂使用的权力，实行时间、品种规格、物资数量的统一调度。这对于搞活流通，保证企业计划内的生产需要，完成国家计划，起了很好的作用。例如，1981 年的一段时间，全市煤炭紧张，由于实行了全市范围内的统一调度，才保证了企业生产的正常进行。

五、重视培养人才和职工队伍的建设

党的十一届三中全会以来，常州市委不断地加强了各级领导班子的建设。他们重视从年富力强、政治素质好、有事业心的技术业务人员和优秀职工中培养提拔干部，并保持各类干部的相对稳定。现在，市级机关和各局主管生产、经营、技术的领导干部以及主要业务、技术科室的负责干部中，大多数同志都经历了相当长时间的实际工作锻炼；工交战线的基层领导干部有 3/4 来自生产第一线。他们熟悉生产情况，在组织工业生产方面有一定的经验。同时，对这些干部还采取市内轮训和选送大专院校深造等办法，不断提高他们的科学技术和管理水平。据统计：5 个工业局所属的 570 名领导干部，较好地懂生产技术、会经营管理的占 50%；有技术职称的专业技术干部占 20.2%。常州市委还十分重视搞好党风和改进工作作风，使其成为保证经济持续而健康发展的精神力量。

在职工队伍建设方面，他们在对职工进行技术业务培训的同时，不断地加强政治思想教育工作。他们强调在职工中树立五个基本观点：一是树立全局观点，正确处理好局部利益和整体利益、眼前利益和长远利益的关系；二是树立自力更生、艰苦奋斗的观点，正确处理争取国家支持和自己动手的关系；三是树立建设高度的物质文明和建设高度的精神文明密不可分的观点，正确处理提高经济效益和振奋职工革命精神的关系；四是树立把国家利益摆在首位的观点，正确处理国家、集体和个人三者利益之间的关系；五是树立物质鼓励和精神鼓励相结合的观点，正确处理坚持按劳分配和提倡共产主义劳动态度的关系。他们还很注意发扬调查研究，实事求是，团结协作，公平信实，坚持真理，修正错误，学习先进，敢于创新的新风尚。同时，他们还坚持办好职工业余教育，办好技术讲座，开展岗位练兵，组织操作表演。提倡干什么学什么，缺什么补什么，广泛开展一专多能、多面手的技术活动，以不断提高职工队伍的技术水平和熟练程度。目前，全市有 278 个工厂举办了职工业余学校，入学人数达 5.78 万多人，占职工总数的 26%。他们这样做，不仅有力地推动了经济建设事业的发展，更重要的是使广大职工振奋了革命精神，增长了知识和才干，磨炼了意志，逐步形成了一支政治素质和业务技术较好，守纪律、讲文明、有干劲、求实效的职工队伍。这对于社会主义现代化建设事业和保障社会主义社会的发展前途，有极其深远的意义。

我国国民经济管理体制的改革 *

一、我国国民经济管理体制改革的方向

我国国民经济管理体制，是在社会主义改造过程中仿照国外社会主义集中统一的模式逐步建立起来的。它对国民经济的恢复和第一个五年计划的实现起了推动作用。但在实践中，这种体制的弊端越来越明显地表现出来，主要是国营经济范围过宽，经济决策权过分集中，主要用行政办法管理经济，忽视市场机制和经济杠杆的作用，城乡分割，条块分割，吃“大锅饭”，搞平均主义等。所有这些，都妨碍我国现代化建设沿着速度比较实在、经济效益比较好、人民可以得到更多实惠的新道路发展。

我国国民经济管理体制建立以来，曾经进行了几次变革。在 1958 年开始的“大跃进”时期，把绝大部分中央直属工业企业下放给地方管理，同时不适当地扩大了地方在计划、基本建设、物资、劳动等方面的权力。在“左”的思想的影响下，盲目改革，造成了很大的混乱。1961 年至 1963 年，为适应经济调整的需要，收回了下放给地方的权力，加强了“条条”的管

* 本文选自共同编写的《国民经济管理学》（山东人民出版社 1983 年版）中由作者撰写的第十一章第二节。载该书第 259—269 页，这一科研成果获 1980—1983 年优秀图书一等奖和 1986 年全国畅销书奖。

理，对国民经济调整起了重要作用。十年动乱期间，在1970年前后，又将大部分中央直属工业企业，包括大庆、鞍钢这样的大型骨干企业在内，统统下放地方管理，并减少了中央统配物资，等等。由于经济的改革是在政治的动乱中进行的，造成的后果比“大跃进”时期更为严重。上述几次变革，主要是围绕中央和地方的行政管理办法转来转去，没有分析过去经济管理体制存在的主要弊端，这就出现了人们常说的“一统就死、一死就放、一放就乱、一乱又统”的不良循环现象。

党的十一届三中全会以来，经济管理体制的改革，适应了经济规律的客观要求。它主要表现在:（1）根据现阶段生产力的水平和发展的要求，在所有制上进行拨乱反正，建立了多种经济形式和管理形式的结构；（2）明确了计划经济为主、市场调节为辅的原则，把大的方面用计划管住，小的方面放开，主要通过工商行政管理和运用经济杠杆加以制约；（3）从企业扩权试点发展到广泛推行经济责任制，把公有制的优越性和劳动者的积极性结合起来；（4）进一步贯彻了按劳分配原则，打破“大锅饭”和“铁饭碗”；（5）按照经济的内在联系开始调整企业组织结构，建立了一批全国的和地方的经济联合体。此外，还实行了财政、外贸的分级管理，进行了劳动、税收、银行等体制的初步改革。总之，这一阶段的改革，方向是正确的，成绩是显著的，对调动各方面的积极性，搞活经济，发展生产，提高经济效益，起了很大的促进作用。同时，也为寻求建立具有中国特色的经济模式，探索了道路。

经济模式，是指各个国家依据社会制度的不同，在管理国民经济和企业经济以及处理二者相互关系中，所采取的不同类型的道路和方法。社会主义生产关系的发展并不存在一套固定的模式。我们的任务是要根据我国生产力发展的要求，在每一阶段上创造出与之相适应和便于继续前进的生产关系的具体形式。

因此，我国国民经济管理体制的改革，要从中国的实际出发，走自己的道路。主要标志是：第一，要看是否有利于建立具有中国特色的社会主义；第二，要看是否有利于国家的兴旺发达；第三，要看是否有利于人民的富裕、幸福。这三条从根本上决定了我国国民经济管理体制改革的方向和目标，也是贯彻改革全过程的指导思想。

为建立具有中国特色的国民经济管理体制，改革的总方针是：从实际出发，全面而系统地改，坚决而有秩序地改。全面而系统地改，就是一切部门、一切地区、一切单位，都要进行有效的改革，破除陈旧的妨碍我们前进的老框框、老套套、老作风，研究新情况，解决新问题，总结新经验，创立新章法。坚决而有秩序地改，就是要认识大规模的改革是一件艰巨复杂的事情，需要深思熟虑，实事求是。因此，改革要有秩序、有步骤地进行，并且经过典型试验，这样来保证我们不致来回折腾和产生混乱。

当前，我们国家正遵循改革的总方向、总方针进行一系列改革。我们一定要按照十二大精神，为全国开创社会主义现代化建设的新局面，坚定不移地把改革进行到底。

二、我国国民经济管理体制改革的设想

为了坚决而有秩序地进行全面的系统的改革，首先要在总结经验的基础上，制定出一个国民经济管理体制改革的总体规划来。在总体规划指导下，逐步地建立起一个具有中国特色的经济管理体制。改革的主要设想是：

（一）建立和不断完善以国营经济为主导的多种经济形式并存的所有制结构

建立合理的所有制结构，是建立合理的国民经济管理体制的基础。生产关系一定要适合生产力的状况，这是马克思主义的一条基本原理。过去

在“左”的思想指导下，不顾我国现阶段生产力的发展状况，盲目地追求“大”和“公”，实行“穷过渡”，严重地违背了马克思主义的基本原理和我国的实际情况。

我国在生产资料私有制的社会主义改造基本完成之后，社会生产力发展水平仍然比较低；全国的经济发展也不平衡，既有现代化的大生产，也有落后的小生产，既有机械化、自动化、半机械化半自动化操作，也有大量的手工劳动。同这种多层次的生产力水平相适应，应当建立多种所有制形式和多种经营方式的经济结构。

国营经济是社会主义全民所有制经济，是我国社会主义公有制的主要形式。它是保证劳动群众集体所有制经济沿着社会主义方向前进、个体经济为社会主义服务、整个国民经济发展符合社会主义生产目的决定性条件。国营经济的改革，应根据生产力水平和具体情况，有步骤地稳妥地进行，可以把一些原属国家所有的小型工业企业、零售商业、饮食业、服务业等，改为国家所有、集体经营，或改为集体所有、集体经营。通过改革，要更好地发挥国营经济在国民经济中的领导作用和主导作用。

劳动群众的合作经济，是社会主义集体所有制经济，是社会主义公有制的重要形式。在农村，以农业生产为主的包括供销、信用等在内的各种合作经济，是这个部门的主要经济形式。联产承包生产责任制的建立，是农村集体所有制经济中经营方式的重大变革。在城镇，各种合作经济的建立，也和农村一样，对于我国生产力水平的适应性较强。因此，在发挥国营经济主导作用的同时，要大力发展合作经济，尤其是一度被削弱的城镇合作经济。这是繁荣城乡经济、满足社会和人民需要、扩大劳动就业的有效途径，是国民经济发展的一项长远方针。随着生产力的发展，在城乡合作经济和各种形式的经济责任制的不断完善的过程中，还会涌现出一些新的联合形式，诸如农村中的加工、贮藏、运输、技术、信息、信贷等各种在生产过程的前后进行服务活动的经济联合和农工商联合体等，这是发展合作经济的必然趋势，应积极地因地制宜地扶植。

个体经济是我国社会主义公有制经济的补充。在当前的生产力水平状况下，有些细小的生产和经营活动是国营经济和集体经济难于安排的，但又是满足人民生活需要不可缺少的。这就决定了必须允许个体经济存在和在一定范围内的发展。同时在生产资料公有制占绝对优势的条件下，个体经济必须依附公有制经济，接受国家计划的指导。当然，个体经济也有一定的盲目性，需要加强国家政策引导和行政管理。

（二）建立和不断完善计划经济为主、市场调节为辅的经济管理体制

在社会主义经济中，由于以国营经济为主导的社会主义公有制占绝对优势，既有必要也有可能对国民经济活动的主要部分、主体部分实行计划管理，以保证社会再生产按一定比例协调地发展；同时，由于多种经济形式并存，有必要也有可能对国民经济活动的次要部分、从属部分实行市场调节，以活跃经济生活。因此，计划经济为主、市场调节为辅是社会主义经济管理的基本原则，也是经济管理体制改革的一个根本依据。

要贯彻计划经济为主、市场调节为辅的原则，就需要把过分集中的指令性计划的管理形式，改革为指令性计划、指导性计划和市场调节有机结合的形式。其中指令性计划起着主导作用，是计划管理的重要组成部分。无论是指令性计划或指导性计划，都要自觉地利用价值规律。这就要求改革税收、信贷、价格等管理体制，充分发挥各种经济杠杆在计划管理中的指导、调节、监督和控制作用。市场调节既是必要的补充，又有一定盲目性，因此，既要敢于放开，又要注意加强宏观控制和引导。这三种计划管理的形式，不能互相取代，更不能主辅颠倒，但在不同时期，根据整个国民经济发展的需要，各自作用的范围可以有所不同。在改革工作的步骤上，首先要把实行指令性计划的骨干企业和重要工农业产品的生产和分配管好，把实行市场调节的小企业和小商品放活。至于中间指导性计划那一块，由

于情况比较复杂，通过更多的试点，摸索经验，逐步解决。

要贯彻计划经济为主、市场调节为辅的原则，还需要建立健全以五年计划为主要环节，长、中、短期计划相结合，经济、科技、社会发展计划相结合的计划体系。计划的科学性是正确制订和实行计划的关键。为此，应建立起灵敏的经济信息系统和咨询机构，为计划的制订和修订提供准确的信息和多种可供比较的方案。同时，还应建立严格的计划编制、审批、修改的法定程序和责任制，一定要保证计划决策过程的民主化和可行性研究，任何单位和个人都无权擅自确定和改变计划项目。

（三）建立和不断完善以中心城市为依托的各种经济区，形成经济网络

现在的经济生活中，城乡分割、条块分割、生产重复、运输浪费、流通堵塞、领导多头、互相牵制等现象，都同割断以城市为中心的经济发展的自然联系有关。

在商品生产和商品交换发展的漫长历史中，在全国自然形成了以工商业比较集中的城市为依托、联系四面八方的若干个经济中心。这些经济中心对经济的发展起着重要的领导、调节和推动作用：（1）它们多是工业生产的中心，先进的生产技术、管理经验一般是先在这里产生，再向其他地方推广；（2）它们又多是商品集散的贸易中心，按照商品自然的合理的流向，像一个总枢纽一样调节着商品的流通；（3）它们一般的还是金融中心，行情中心、预测中心、咨询中心，自然地吸引着各地观测和掌握这里的经济活动，同时也影响和指导各地经济活动的开展；（4）它们具有天然的开放性，产、供、销活动总是和周围城市、农村的产、供、销活动密切联系，总是要求按照最合理最有效的方式组织经济运转。这些特点说明，在体制改革中要充分发挥中心城市的作用。

要发挥中心城市的作用，就要扩大城市对企业管理的权限。企业由谁管，是“条条”和“块块”矛盾的一个重要方面。“条条”统得过多，会影响地方和企业的积极性；地方管得过多，会削弱社会主义经济必要的集中

统一。这就需要找到一个集权和分权的适度线和连接点。实践证明，在中央合理集权的前提下，地方分权是必要的，但地方管理企业的权限主要应给中心城市，而不是掌握在省、专区这些行政机构的手中。全国性的公司和少数大型骨干企业应该由行业主管部门直接管理，大量的企业应该逐步改由城市负责管理。对属于城市管理的企业，行业主管部门要从全局出发，负责抓好发展规划、经济政策、技术政策、技术标准、新技术的推广、新产品的开发等工作。对属于行业主管部门管理的企业，所在城市要负责组织好生产协作工作。至于在同一个城市范围内的企业，不管属于哪个行业，它们的铸锻、热处理、电镀、机修等部分，以及各种生活服务设施，要由所在城市负责，逐步统一组织专业化生产和社会化服务，独立经营，独立核算。企业的联合，也要从中心城市入手，按照全国企业合理布局的规划，根据专业化协作的客观要求，逐步地组织各种形式的经济联合体，并辅之以各种行业组织。

要发挥中心城市的作用，还要以城市为依托，带动周围农村，统一组织生产和流通，逐步形成各种规模、各种类型、各有特点的经济区：（1）大经济区，以特大城市为依托，把历史上和地理上经济联系密切，工农业经济类型大体相同的城市和广大农村联为一体，如以上海为依托的包括许多大中城市在内的长江三角洲经济区；（2）经济区，以大、中城市为依托，在经济上把产供销联系密切的周围各县和农村联为一体，如江苏省，以南京、无锡、苏州、常州、镇江、南通、徐州等各个大中城市为中心形成各有特点的经济区；（3）小经济区，以小城镇为中心，在经济上把周围农村联为一体。这样，全国就以城市为网点，把大、中、小经济区有机地联结起来，形成统一的合理运转的经济网络。以外贸为主的港口中心城市和经济特区，是全国经济网络的一个组成部分。

（四）建立以国营商业为主导、多种经济形式的多渠道、少环节、开放性的商品流通市场

社会主义既然还存在着商品生产，就必须在国家计划指导下按照商品生产本身固有的联系和发展的要求组织流通。同商品生产中多种经济形式相适应，在流通领域中也要建立多种经济形式。毫无疑问，国营商业应该在流通中起主导作用，同时，也应该注意发挥集体商业和个体商贩的积极作用，注意发挥生产企业在自销商品方面应有的作用。供销社要恢复合作商业的性质，加强群众性、民主性、灵活性，使它的经营活力同农民的经济利益联系起来，从技术、物资、资金、信息等方面全面组织、全面协调农业的经济活动。在广大农村和牧区，为了发展流通，建立流动购销专业户是一种好形式。

要鼓励各种经济形式的商业企业，按照社会主义的原则，采用多种多样的经营方式。如农工商联营、工商联营、商贸联营、委托经营、租赁经营、承包经营、代购代销、贸易货栈、代运代销等等。千方百计地搞活流通，促进生产，方便群众。

商品流通渠道，连接着生产和消费两个环节，沟通着各部门、各地区、各生产单位的物资交流。要坚决打破地区封锁，克服城乡堵塞，积极开辟各种渠道，减少环节，真正形成统一的社会主义商品流通市场。商品的批发经营，要按照经济区和商品的合理流向，设置批发机构。结合行政管理体制的改革，要把三级批发改为两级批发。同一城镇中，同类商品，原则上只设一套批发机构。随着工农业产品的数量和品种的日益增多，批发机构之间的分工应当逐步划细。商品流通规模较大的城镇，可以建立独立经营的储运公司，综合经营各类商品的仓储和运输业务。

为了配合生产和流通体制的改革，积极发挥经济杠杆的作用，价格体系的改革势在必行。在改革中，一定要坚持有利于生产发展，有利于人民生活安定的原则。价格体系改革的方向，应根据工农业产品在国民经济中的重要程度，分别实行：（1）国家统一规定价格；（2）浮动价格；（3）工商企业协议价格；（4）集市贸易价格。在保证国家统一规定价格占主导地位的前提下，允许价格浮动、协商定价和自由定价，是发展商品生产，开展市场竞争，提高经济效益，改进企业经营管理必不可少的条件，也是建立合理的国民经济管理体制必不可少的条件。

（五）建立以经济方法管理为主的经济机构

经济管理机构，是贯彻执行党的路线、方针、政策，组织管理国民经济和企业经营活动，调动各种积极因素的组织保证。要建立一个符合我国社会主义经济发展需要的经济管理机构，需要改变主要依靠行政方法管理经济的做法，把经济方法和行政方法结合起来，以经济方法为主来管理经济，实行党、政、经合理分工。党是社会主义事业的领导核心，必须加强和改善党的领导作用。各级党委对经济工作的领导作用，主要是通过抓大政方针，抓政治思想工作，抓组织保证来实现的。国家政府机构是通过各级人民代表大会建立起来的行政组织，具有集中统一指挥的权力。但这种集中统一，主要是通过贯彻党的路线、方针、政策，通过制定和颁布法令、条例、规划、计划，通过运用价格、税收、信贷、外汇各种经济杠杆，进行指导和调节，而不能代替各种经济组织内部的管理活动。对于各种经济组织内部经济活动的管理职能，除按规定发挥各经济组织的自主权以外，应交由各级经济管理委员会负责。各级经济管理委员会的主要任务是：监督检查经济单位贯彻执行党和国家的路线、方针、政策、法令、条例、规划、计划的情况，制定经济发展的具体计划和经济技术政策，指导、协调或审定经济单位的经济活动，组织重大经济建设、技术改造、科研项目的进行，提供国内外经济情报，组织经验交流，培训专业人才，进行工作指导等。

为此，在改革现行经济管理机构中，首先，在中央一级，应将一些职能重复、互相扯皮的经济管理部门进行调整改组：有些委、部、室应当取消；有些委、部、室应当合并；有些部应改为总公司；有些部应改为经济管理委员会的规划、指导、咨询机构。必设的委、部、室也要精简人员，提高工作效率。通过调整改组，使行政指挥机构大大减少，经济管理委员会及其职能机构相应增加。其次，省、地、县各级的厅、局、处、科也要相应地调整和改组，相应地设立经济管理委员会及其职能机构。最后，各种形式的公司和联合体，要设立各级董事会和管理委员会。各级经济管理委员会都要在党的领导下，积极发挥对经济活动的计划、组织、指挥、调节、监督作用。

对经济体制改革几个理论问题的探讨 *

我国经济体制的改革，是实现四个现代化的重要保证，也是建设具有中国特色的社会主义的重要组成部分。邓小平同志指出："如果现在再不实行改革，我们的现代化事业和社会主义事业就会被葬送。"① 这段话深刻地阐明了我国经济体制改革的重要意义。

实践证明，我国原有的经济体制存在着许多弊病。这就需要在社会主义自身的基础上不断地自我改进和完善，以便创造出使生产关系更加适应生产力、上层建筑更加适应经济基础的具体形式，形成适合我国国情的新的经济体制。

近几年来，我国经济体制改革的各种试验，已取得明显的成效，改革的基本方向和原则已逐步确立。同时也出现了一些新问题。从理论上研究解决这些新问题，进一步探讨、论证改革的正确道路和合理的模式，是为体制改革全面展开进行准备的一项不可缺少的工作。我们试就这个问题谈几点初步的看法。

---

* 本文系作者执笔，与王珏合写。原载《理论月刊》1984 年第 3 期。

① 《邓小平文选》(1975—1982)，人民出版社 1983 年版，第 140 页。

一

生产资料社会主义公有制是社会主义生产关系的基础，而所有制结构是经济体制的重要内容之一。我们要建立具有中国特色的社会主义，首先，就需要在经济体制上建立具有中国特色的生产资料所有制结构及其管理方式。

我们知道，一定的生产资料所有制结构，是由一定的生产力发展状况决定的。有什么样的性质和发展水平的生产力，就有什么样的生产资料所有制形式及其结构与它相适应。“手推磨产生的是封建主为首的社会，蒸汽磨产生的是工业资本家为首的社会。”[①]正是根据社会发展的这一客观规律，马克思主义创始人设想在科学技术高度发达的资本主义社会化大生产的基础上，必然发生变革，产生全社会集中占有一切生产资料的社会主义社会。

可是，“历史走着奇怪的道路；领导伟大的世界运动的光荣落到了落后国家的身上”[②]。由于资本主义发展到帝国主义阶段，无产阶级革命最先是在不太发达的资本主义国家，甚至是在半殖民地、半封建的落后国家取得胜利的。特别是我国，从旧社会继承来的生产力水平很低又很不平衡，既然不能自由地选择生产力，那么，在生产力水平很低的国家建立新的社会主义所有制关系方面，就不能不遇到马克思主义创始人所未曾预见到、也不可能预见到的新情况。

（一）在社会主义社会中，事实上存在着劳动者同生产资料结合的多种形式。就我国现阶段来说，主要的形式之一是国营经济，由国家代表全体劳动人民直接占有生产资料，在性质上是社会主义全民所有的公有制；二是合作经济，其中包括生产资料集体所有的农业合作经济和劳动者集资兴办的工商业合作经济，而最大量的是前者，它由部分劳动者共同直接占有生产资料，在性质上是社会主义集体所有的公有制；三是个体经济，是一

① 《马克思恩格斯选集》第 1 卷，人民出版社 1972 年版，第 108 页。

② 《列宁全集》第 28 卷，人民出版社 1990 年版，315 页。

定范围的劳动者个人占有生产资料，在性质上是非社会主义的劳动者个体所有制。此外，还有一定数量的同国外资本合营的国家资本主义经济，等等。事实表明，在今后相当长的时期内，既不可能建立排除非公有制经济成分的纯粹的公有制，更不可能建立单一的全民所有制，而是全民所有制为主导、全民所有和集体所有两种公有制经济形式并存，社会主义公有制经济占绝对统治地位，社会主义经济形式和一定范围内的非社会主义经济形式并存。这是我国现阶段生产资料所有制结构的一个重要特点。

（二）在社会主义经济中，事实上也存在着多种生产经营方式。我国现阶段社会主义经济形式的多样性，反映了生产力水平比较低和发展不平衡。这种状况也表现在公有制经济内部生产关系结构存在着两个层次。在全民所有制经济中，国家代表全体劳动者直接占有生产资料，有计划地统一管理全社会范围的经济活动，这是第一个层次；同时，国营企业的劳动者又是在特定的企业范围内同生产资料直接结合（特别是在企业扩大自主权以后，每个企业都会有一部分自有资金和利用自有资金添置的生产资料），并直接进行经营管理，这是第二个层次。在这两个层次中，对生产资料的直接占有是以第一个层次为主，而对经济活动的直接经营管理则是以第二个层次为主。在集体所有制的合作经济中，除了集体直接经营者外，也存在两个层次。例如在农村集体经济中，劳动者在本集体范围内共同直接占有生产资料，统一进行经营管理，这是第一个层次；同时，劳动者又是在各个以家庭为主要形式的承包单位同生产资料直接结合（而且每个承包单位也都有自己的生产资料），直接进行经营管理，这是第二个层次。同样，在这两个层次中，对生产资料的占有是以第一个层次为主，对经济活动的直接经营管理则是以第二个层次为主。在公有制经济内部生产关系的结构存在着这样两个层次这一点，反映了在全民所有制经济中还带有一定程度的集体经济的因素，在集体经济中还带有一定程度的个体经济的因素。劳动者和公有的生产资料直接结合的生产关系结构存在着两个不同的层次，国营经济中的集体因素和集体经济中的个体因素一定程度地存在，表现在生产经营方式上，必然出现国家所有国家经营，国家所有集体经营，集体所有集体经营，集体所有家庭或个人承包经营等等多种经营方式。这是现阶段社会主义公有制内部生产关系结构和经营方式的一个重要特点。

综上所述，在我国现阶段生产力发展状况的基础上，建立与之相适应的多种经济形式、多种生产经营方式合理配置的经济体制，是经济体制改革的一项重要内容。为此，在改革中应当是：

第一，在坚持国营经济居主导地位、公有制经济占绝对优势的前提下，允许多种经济形式同时并存，合理配置，共同发展。这里所说的“前提”很重要。马克思曾经指出：“在一切社会形式中都有一种一定的生产支配着其他一切生产的地位和影响，因而它的关系也支配着其他一切关系的地位和影响。这是一种普照的光，一切其他色彩都隐没其中，它使它们的特点变了样。”[①]社会主义全民所有制的国营经济，正是社会主义社会中这种“普照的光”，只有坚持国营经济在多种经济形式中居主导地位，才能保障劳动群众的集体所有制经济沿着社会主义方向前进，才能使劳动者个体经济和其他非社会主义经济，在社会主义经济的领导和制约下，作为社会主义经济的必要补充。当然，坚持国营经济的主导地位，并不是要像过去那样，国营经济越多越好，甚至独家经营，而是适应生产力发展的需要，对现代化水平比较高的大中型骨干企业，一定要坚持全民所有的性质，绝不允许改变或削弱。但有一些不适宜搞国营的工业、建筑业、运输业、商业和服务业等小型企业，应当调整为集体所有，并在这些部门积极发展集体所有制的或劳动者集资经营的合作经济，还要适当发展一些对公有制经济起拾遗补缺作用的个体经济。此外，在国家政策法律规定的范围内，也要发展一些同国外资本的合营经济。总之，要使多种经济形式在各自合法存在的范围内都得到应有的发展。

---

① 《马克思恩格斯选集》第 2 卷，人民出版社 1972 年版，第 109 页。

第二，在一定时期不改变所有制性质的前提下，建立由不同经济形式并以不同方式组成的各种联合体。在进行企业改组和联合中，遇到的主要障碍是条条块块的分割和封锁。针对这种情况，应以城市为中心，有计划有步骤地按照主要产品生产的内在联系，先把不同部门、不同地区、不同所有制的企业组织成松散的专业化协作的联合体，进而发展为企业性的专业公司或总厂。在建立专业公司或总厂以后，仍然可以和一些不同所有制的企业保持外部的协作关系，并进而以大中城市为依托，建立不同水平、不同范围、不同特点的经济区。这些灵活多样的企业组织结构和各具特色的经济区，是打破城乡分割，条块分割，建立社会主义统一市场的必要步骤，也是建立和发展不同形式的乃至全国性的经济联合体的必要步骤。

第三，在坚持生产资料公有制和社会主义方向的前提下，不同的国营和集体企业为了扩大自主权和实行民主管理，可以采取不同的生产经营方式。从国营工业和交通企业来看，对关系国计民生的大型骨干企业，坚持国有国营，实行纳税后不完全的自负盈亏；对大多数中型企业，在向国家纳税后，要自负盈亏；有些小型企业也可实行国家所有集体经营或租赁给职工分散经营。从国营商业企业来看，除对大型企业同样实行国有国营、纳税后不完全的自负盈亏外，一般性企业可以采取国家所有集体经营、租赁经营、委托经营、承包经营、代购代销、贸易货栈、代运代销等多种形式。至于集体所有制企业，更应根据独立经营自负盈亏的原则分别采用不同的生产经营方式。但各种生产经营方式的发展，都要以不改变生产资料公有制的性质为界限。

二

经济体制的另一项重要内容是经济管理体制。对改革经济管理体制必要性的认识，主要来源于对社会主义计划经济特点的认识。计划经济是社会主义的经济制度和管理方式，它体现了社会主义生产关系的本质特点。但是，我国现阶段的社会主义计划经济，是存在商品关系（或商品生产）的计划经济，所以，如何正确处理计划调节和市场调节的关系，是经济体制改革的一个根本性问题。邓小平同志不久前指出：计划经济为主、市场调节为辅，这个原则要坚持，相应地要解决集中统一和适当分散的关系。这是我们从理论上和实践上探讨建立具有中国特色的社会主义的一个重要指导思想。

众所周知，马克思主义创始人所设想的计划经济，是在高度发达的社会化大生产和全社会占有一切生产资料条件下的计划经济，从而每个劳动者的劳动都直接成为社会总劳动的一部分。因此，产品中所包含的劳动量不必再用第三种产品来表现，而是直接用劳动的自然尺度——时间来表现。同样，社会总劳动的按比例分配，可以在全社会进行直接的有计划的调节，而不需要著名的“价值”来插手。这就是说，在这样的计划经济中，全社会的生产资料和劳动力都是由社会经济中心直接地有计划地分配的。任何种类的商品经济都不存在了，从而价值规律和商品交换的市场也就不存在了。当然也谈不上价值规律和市场机制的调节作用了。但当今的社会主义实践证明，马克思主义创始人所设想的那种以劳动和产品的直接分配为特征的计划经济，实际上是共产主义高级阶段才能实现的计划经济，我们可以称之为产品关系（或产品生产）的计划经济。

正因为如此，虽然我国现阶段实行的计划经济，也是以社会化大生产和生产资料公有制为前提，但这两个前提条件都没达到马克思主义创始人所设想的那样的高度。这就不能不使计划经济的存在和发展有了新的特点。

在社会主义现阶段，由于劳动者同生产资料结合的形式的多样性，以及联合劳动者的劳动还具有为个人劳动的性质，从而使各个联合劳动组织（企业）的局部劳动一般还不能直接成为社会劳动的组成部分。由于这些条件，不仅必然导致社会主义商品生产和商品交换即商品经济的存在，并且还必须大力发展它。这样，计划经济就不能离开商品生产而独立存在，只能成为商品关系的计划经济。这是现阶段社会主义计划经济存在和发展的一个新特点。

由于存在着商品经济，不是不需要再借助于“价值”了，而是价值规律在生产和流通领域和计划规律一起，在社会主义基本经济规律制约下，共同调节社会总劳动量的分配。这也是现阶段社会主义计划经济存在和发展的一个新特点。

由于存在着价值规律的调节作用，在多种经济形式和多样性商品经济活动的条件下，不可能对整个社会的生产和流通都实行单一的计划调节，还必须在计划调节为主的条件下，发挥市场调节的辅助作用。并且，在有计划的生产和流通中，也必须利用价值规律的一定调节作用。在国家不作计划的那部分产品的生产和流通中，虽然是由价值规律通过市场自发来调节，但它也受国家计划的影响。这是现阶段社会主义计划经济存在和发展的又一个新特点。

概括起来说，现阶段社会主义计划经济是商品关系的计划经济。它一方面体现了以生产资料公有制为基础的社会主义经济所特有的运动方式，它和资本主义市场经济有根本不同的性质；另一方面，在经济活动的内容和形式上，和共产主义高级阶段的计划经济也有原则差异。因此，我们在进行经济体制改革中必须看到，现阶段的社会主义计划经济既区别于资本主义市场经济，又区别于共产主义高级阶段的产品计划经济。从这一基本情况出发，来建立合理的以计划管理为重要环节的经济管理体制。

第一，正确处理实行计划经济和发展商品生产的关系。当我们讲社会主义实行计划经济时，已经包含发展商品生产在内了。社会主义经济的计划性和商品生产的发展是一致的。因为，社会主义计划经济和社会主义商品生产作为经济关系都是在社会主义公有制基础上存在和发展的。从经济发展的历史看，同计划经济相对立的是盲目竞争和无政府状态的资本主义市场经济，而不是社会主义的商品经济；同社会主义商品经济相对立的是自然经济和产品经济，而不是计划经济。那种把社会主义商品经济从性质上看作是旧社会的残余而不是看作社会主义生产关系组成部分的观点是不对的。不能设想，现阶段计划经济可以在压制、削弱甚至取消商品生产和商品交换的情况下得到发展。我国过去经济体制的主要弊病之一就在于过分强调直接计划控制，忽视商品生产的发展和排斥市场调节的作用。因此，我们在进行计划体制的改革中，应使计划经济的管理，不是违背而是如何更好地适应商品生产发展的要求，不是有损于而是有利于商品生产的发展。

第二，正确处理指令性计划、指导性计划和市场调节的关系。指令性计划是社会主义全民所有制在生产的组织和管理上的重要体现，是计划经济的重要标志，我们坚持计划经济，就必须坚持指令性计划。但是，计划的指令性质来源于社会主义经济的统一性和劳动人民根本利益的一致性，然而在统一性中的差别性和一致性下的矛盾性还明显存在的情况下，在商品经济和价值规律还存在的条件下，就不能什么都搞指令性计划。我们应当把指令性计划调整到适当的范围，同时，要适当扩大指导性计划的调节范围。指导性计划主要是通过自觉地运用价格、税收、信贷等经济杠杆来保证国家计划的实现。这种形式是间接的计划形式，或者也可以说，它本身就是计划调节和市场调节有机结合、综合作用的形式。此外，对在一定范围内的市场“自发”调节，既要积极利用，也要在国家计划指导下加强管理。我们从这里可以看到，上述三种经济调节方式，对调节社会总劳动量按比例地分配，各有其应有的作用，不能互相代替，也不能主辅倒置。但总的来看，无论哪一种经济调节形式，都不能离开价值规律和经济手段，不仅指导性计划和市场调节的实现，主要靠价值规律和经济手段，就是指令性计划的实现，也必须自觉运用价值规律和经济手段来保证。如果没有经济手段作保证，下达的指令性指标也会丧失其指令性质。

第三，正确处理集中和分散的关系。社会主义经济就公有制的统一性和根本利益的一致性来说，可以说是集中型的经济。同时，现阶段社会主义计划经济又是同商品经济和市场调节相联系的，这又要求在对人、财、物的管理上和经济活动的安排上，应有适当的分散。可见，必要的集中和适当的分散，都是社会主义经济的固有要求。根据这种客观的要求，对国民经济中的重大问题、重大项目、重大方面，一句话，对宏观经济的控制，一定要集中到中央。至于大量的小问题、小项目和小的方面，一句话，微观经济的活动不仅不需要而且也不可能都集中到中央。因此，我们在强调集中时，不能忽视适当的分散，在强调适当的分散时，又不能忽视必要的集中。不论是必要的集中，还是适当的分散，其形式和手段都不能是单一的，而应该是多种多样的。近几年来，在财力、物力上都出现了不适当的分散的现象，影响了重点建设，影响了社会主义事业的发展。这是违背社会主义经济必要的集中统一原则的。为了保证社会主义经济不断发展，必须保证国家能够集中必要的财力、物力用于重点建设，在当前主要是用于发展能源、交通等重点建设，这是今后一个时期内经济建设的主要环节。我们只有抓好这个主要环节，才能巩固和发展当前这样好的经济形势，并为今后的经济振兴创造条件。

三

社会主义分配关系是以生产资料公有制为基础的社会主义生产关系的重要方面和表现。经济体制改革是否奏效，最终也必然从分配方面表现出来。体制改革就其经济实质来说，就是调整国家、集体、个人之间以及各自内部的经济利益关系。正确地调节和处理各方面的物质利益关系，并建立相应的管理制度，是进行经济体制改革的一个重大课题。

马克思主义认为，任何一个社会形态的产品分配，都是由生产条件的分配决定的。“分配的结构完全决定于生产的结构，分配本身就是生产的产物，不仅就对象说是如此，而且就形式说也是如此。”[①] 这就是说，谁占有

① 《马克思恩格斯选集》第 2 卷，人民出版社 1972 年版，第 98 页。

生产资料，谁就占有生产的成果。有什么样的生产方式，就有什么样的分配方式。按劳分配是社会主义阶段一种特殊的分配方式。这种特殊分配方式在国营经济中，因受劳动者和生产资料结合的两个层次所制约，也表现为两个分配层次：由于劳动者共同占有生产资料的全民性和劳动的社会性，要求国家必须统一规定按“劳”分配的社会标准和统一控制一定时期的消费总额，这是第一个层次；由于劳动者和生产资料在企业直接结合的差别性和劳动的局部性，又要求企业在遵守国家统一规定的前提下，有权自行确定具体的分配形式和调节不同劳动者之间分配数量的差别，这是第二个层次。这两个层次也是紧密联系、相辅相成的。

根据对社会主义分配关系的分析，我们要建立具有中国特色的分配结构和分配方式，在经济体制改革中，应当解决好以下几个问题。

第一，要坚持和不断完善利改税的分配形式。在过去的全民所有制的产品分配中，只看到国家是生产资料的占有者，而忽视企业是相对独立的生产经营者，对企业按行政系统进行管理，实行统收统支，这是造成“吃大锅饭”、条块分割的主要原因之一。近几年来在对企业管理体制进行改革的过程中，有些地方和单位又出现了只顾局部利益、个人利益，不顾国家利益、整体利益的情况，出现了资金分散，固定资产投资失控，奖金发放失控的问题。要彻底清除国家和企业的各种不正常关系，现在看来，实行利改税是解决问题的一把钥匙。改革的第一步（先对盈利的大中型企业按照统一的 55% 税率征收所得税）在去年六月一日开始实行，已初见成效，但还存在一些问题。我们必须随着条件的成熟，逐步完善税收制度，以便实现第二步改革，使企业在交税之后，自负盈亏。这样，既保证在新增加的利润分配中，国家以税收的形式得到大头，又保证企业得中头，个人得小头，并且还可以使企业从条块束缚中解脱出来，有利于提高企业素质，促进联合。

第二，要进一步巩固和发展同农村家庭联产承包责任制相联系的分配形式。适应我国现阶段农村生产力发展水平和劳动者同生产资料结合方式而产生的多种多样的家庭联产承包责任制，是一种较好的经营方式和分配形式。从分配方面来看，它把劳动者的劳动成果同劳动报酬直接地结合起来，把按劳分配同社会产品的分配有机地结合起来，把国家利益、集体利益、个人利益恰当地结合起来，取得了明显的成效。为了进一步巩固和发展农村家庭联产承包责任制的分配关系：（1）提倡把国家利益放在第一位，通过适当增加一点农业税和减少价格补贴的办法，增加一些国家用于重点建设的财政收入是必要的；（2）在家庭联产承包责任制中贯彻按劳分配原则的关键是“包”字，要进一步处理好在承包上的矛盾，一方面，要真正体现多劳多得，保护农民对土地投资的收益，鼓励社员增加积累和扩大再生产，并免除他们的一切不合理负担，另一方面，也不能损害国家利益和集体利益；（3）随着家庭联产承包向新的合作联合方向发展，按劳分配形式也必须同新的合作联合相适应。但是，在巩固和发展家庭联产承包责任制中，正如决不能简单地把这种分配形式搬到国营企业中来一样，也不能简单地把适应国营企业的分配形式搬到农村中。因为，两者的经济条件不同，简单地照搬，只能有损于经济体制改革的健康发展。

第三，工资制度应在等级工资制的基础上朝着基本工资和职务工资、浮动工资相结合的方向改革。我国现行的工资制度，有许多弊病，应当改革，这是毫无疑问的。但对如何改革，有不同的意见。从我国现阶段全民所有制经济中客观上存在着按劳分配的两个层次来看，既要有国家控制的统一性，也要有企业自行调节的灵活性。因此，在统一确定合理的工资等级、工资标准、工资水平的基础上，实行基本工资和职务工资、浮动工资相结合应当是改革的方向。

以上是我们对我国经济体制改革中的几个理论问题的初步认识，还有待于在改革的实践中进一步探讨。

全面理解社会主义改革*

什么是社会主义改革？怎样全面准确地理解社会主义条件下的改革？这是当代社会主义实践中一个迫切需要回答的重大理论问题。

一、社会主义改革是社会生产力发展的客观要求

马克思主义认为，生产力状况决定生产关系状况，进而通过经济基础决定上层建筑状况，是社会发展的客观规律。在社会主义社会中，以联合劳动者共同占有为基础的新型生产关系，以及维护这种生产关系的新型上层建筑，不仅极大地解放了被旧的社会制度束缚的生产力，而且为生产力的迅速发展开辟了广阔的道路。这是社会主义制度优越性的根本所在。但由于社会主义社会是刚刚从资本主义社会脱胎出来的，同时社会主义社会生产力也是不断从低到高地发展，因而社会主义的生产关系和上层建筑，在同生产力和经济基础相适应的同时，也会不断出现矛盾。这种矛盾主要表现在新建立的生产关系和上层建筑的实现形式的某些部分、某些环节，

* 原载《中国青年报》1990年3月21日第4版。

同生产力和经济基础的发展不相适应。在我国，“一大二公”的单一所有制形式，高度集中统一的管理体制，党政不分，政企不分等等，都脱离了我国生产力水平低、多层次的实际状况，因而不利于生产力的发展，使社会主义内在的活力和生机难以很好地发挥出来。这就需要对经济体制和政治体制，以及与之相联系的运行机制进行改革。可见，社会主义改革归根到底是社会生产力的现实水平和进一步发展的客观要求。

改革是为了发展生产力。因此，在改革过程中，在考虑各项改革措施时，都要以有利于发展生产力为出发点。首先是要从生产力的现实水平出发。我国生产力发展水平很不平衡，各个地区、各个企业，差别相当大。同样是工厂，在规模、技术力量和水平、管理水平等方面，差距很大。采取改革措施一定要从自己的实际出发，不能简单照搬先进国家、先进地区、先进单位的做法，否则，是不利于生产力发展的。当前的改革，还要考虑到今后生产力进一步发展的要求，不能急功近利，搞短期行为。这些，都是近几年改革中已经出现的经验教训。

二、社会主义改革是社会主义制度的自我完善

社会主义生产关系和上层建筑的调整和改革，同以往的变革不同，它不是一个阶级去推翻另一个阶级，而是当家做主的劳动人民在共产党领导下的自觉行动。改革不是改变社会主义根本制度，而是调整生产关系和上层建筑中不适应生产力发展的部分和环节。在社会主义制度下，改革是千百万劳动人民自己的事情。真正认识到这一点，他们在改革中就必然会自觉地贡献自己的智慧和力量，自觉地排除各种干扰，使改革不可逆转地推向前进。这种自我完善和发展，是社会主义内在的根本性质所决定的。这是社会主义制度优越性的又一表现，也是资本主义制度所无法比拟的。

三、社会主义改革是立足国情、不断总结经验的实践活动

社会主义生产关系和上层建筑实现形式的调整和改革，虽然是客观的要求，是掌握自己命运的劳动者的自觉行动，但由于各个社会主义国家的生产力发展起点不同，经济的、政治的、文化的条件不同，历史的、现实的因素不同，这就要求所进行的改革一定要立足于本国国情，遵循马克思主义的基本原理，根据实际情况来决定改革的道路和模式。对别国的经验和模式是要学习和借鉴，但千万不能照抄照搬。同时，社会主义改革是前人所未做过的事情，对改革的规律也不是一下子能认识清楚的。在改革的过程中，会遇到这种那种困难，出现某些失误，也会遇到这种那种阻力，出现风浪。这就要求一定要坚持党的领导，坚持社会主义方向，不断总结实践经验，及时纠正缺点错误，坚定信心，依靠群众，才能保证改革的成功。我国自党的十一届三中全会以来，从本国国情出发所进行的一系列改革，已打破了旧体制的格局，建立了新体制的框架，取得了举世瞩目的成就。现在我们正按照十三届六中全会的精神认真总结经验，治理经济环境，整顿经济秩序，为深化改革创造新的条件。这说明，社会主义改革不是脱离国情的盲目行动，而是马克思主义普遍真理同具体实践相结合的伟大创举。

毛泽东的经济改革思想及其在新时期的发展 *

崇尚变革，是毛泽东的一贯思想。在毛泽东100周年诞辰之际，对他的经济改革思想加以发掘和研究，并结合党的十一届三中全会以来改革的实践，进一步探索这一思想在新的历史时期的继承和发展，对加快和深化我国当前经济体制改革具有重要的现实指导意义，同时也是对毛泽东百年诞辰的最好纪念。

一

社会主义制度建立起来之后，如何使新的制度不断完善、不断发展？还要不要进行社会变革？变革什么？如何变革？这种变革与旧社会的变革有什么不同？这一系列问题都是当时面临的新课题。毛泽东针对这些新的历史课题，一方面创造性地探索着中国实现社会主义工业化的道路；另一方面又创造性地探索着中国进行社会主义改革的道路，并在理论上和实践上为进行新的社会变革作出了新的贡献。

* 本文系作者撰写的一篇纪念毛泽东百年诞辰论文，经中央党校推荐，在全国研讨会上由专家评议组复评后选入大会论文集，原载《毛泽东百周年纪念——全国毛泽东生平和思想研讨会论文集》(下)，中央文献出版社1994年版，第135—331页。

第一，创立了社会主义社会基本矛盾的学说，为实现社会主义制度自我完善的变革奠定了科学基础。

历史唯物主义认为，生产力和生产关系、经济基础和上层建筑的矛盾是人类社会的基本矛盾，社会基本矛盾的运动是推动人类社会发展的根本动力。根据这一原理，毛泽东创造性地揭示和论证了社会主义社会基本矛盾运动的状况，进一步发展了这一科学原理。

列宁在分析社会发展动力时，曾经谈到在社会主义条件下对抗消失了，矛盾还存在。但在他领导建立了世界上第一个社会主义国家之后，没有能够来得及对这个问题作进一步的阐述。斯大林在一个很长时期里认为，社会主义社会的生产关系与生产力之间处于“完全适合”的状态中，直到他去世的前一年，才吞吞吐吐地谈到社会主义生产关系和生产力之间存在矛盾，甚至承认如果实行的政策不正确，“生产关系就可能变成生产力进一步发展的极严重的阻碍者”①。这可以说是斯大林认识上很不容易的转变，但他并没有把这个矛盾当作全面性的问题提出来，也没有相应地正确解决这个问题。

毛泽东依据历史唯物主义的基本原理，从社会主义实践出发，把推动社会主义社会发展的内在矛盾的研究推上了新的高度。他在《关于正确处理人民内部矛盾的问题》一文中，明确指出：“在社会主义社会中，基本的矛盾仍然是生产关系和生产力之间的矛盾，上层建筑和经济基础之间的矛盾。”②从矛盾的状况上看，“社会主义生产关系已经建立起来，它是和生产力的发展相适应的；但是，它又还很不完善，这些不完善的方面和生产力的发展又是相矛盾的”③。同时，上层建筑与经济基础之间也是存在着这种既相适应又相矛盾的状况。从矛盾的性质上看，“它不是对抗性的矛盾，它可

① 《斯大林选集》下卷，人民出版社 1979 年版，第 590 页。
② 《毛泽东著作选读》下册，人民出版社 1986 年版，第 767 页。
③ 《毛泽东著作选读》下册，人民出版社 1986 年版，第 768 页。

以经过社会主义制度本身，不断地得到解决”[①]。所以，这个矛盾一直推动社会主义社会的发展，即使将来全世界的帝国主义都被打倒了，阶级消灭了，“那个时候还有生产关系同生产力的矛盾，上层建筑同经济基础的矛盾”[②]。社会制度还要改革，还会用“革命”这个词，只不过那时革命的性质不同于阶级斗争时代革命的性质罢了。毛泽东关于社会主义社会矛盾的论述，在马克思主义学说史上第一次揭示了这个矛盾在新的历史条件下的状况、性质和运动规律，深刻阐明了社会主义社会发展的内在动力以及必然引起社会变革的基本条件和表现形式，正确指出了通过制度本身加以解决的方向和途径，这为社会主义改革奠定了坚实的理论基础。社会主义发展的实践证明，毛泽东提出和建立的这一新的学说是完全正确的，仍然是我们今天进行经济体制改革和政治体制改革的科学依据和锐利武器。

第二，在经济领域多方面探索了改革生产关系不适应生产力发展某些方面、某些环节的途径。

毛泽东在论述生产力和生产关系的辩证关系时，既强调生产力的决定作用，又强调生产关系的反作用。他指出：“社会主义革命的目的是为了解放生产力。”[③]当社会主义生产关系适应生产力状况时，就能容许生产力以旧社会所没有的速度高速发展；当它的某些方面、某些环节不适应生产力状况时，就会阻碍生产力的发展，影响社会主义制度优越性的发挥，这时候就需要进行变革。因此，新的生产关系建立起来之后也有一个如何适应社会生产力发展的管理制度问题。他说：“我注意得较多的是制度方面的问题，生产关系方面的问题。”[④]而且在实践中较早地觉察到照搬苏联模式不利于生产力发展，一再指出：“那些搬得不对的，不适合我们这块土地的东

① 《毛泽东著作选读》下册，人民出版社 1986 年版，第 767 页。
② 《毛泽东选集》第 5 卷，人民出版社 1977 年版，第 318—319 页。
③ 《毛泽东著作选读》下册，人民出版社 1986 年版，第 717 页。
④ 《毛泽东著作选读》下册，人民出版社 1986 年版，第 829 页。

西，必须改过来。”[①] 并从多方面进行了改革的探索。

1. 初步探索了社会主义生产资料所有制的变革。马克思主义认为，生产资料所有制是生产关系的基础、社会制度的基础。为建立和巩固社会主义制度，毛泽东十分重视社会主义公有制的建立、巩固和发展。他指出：“党在过渡时期的总路线的实质，就是使生产资料的社会主义所有制成为我国国家和社会的唯一的经济基础。”[②] 只有坚持公有制，才能坚持社会主义；破坏了公有制的统治地位，也就破坏了社会主义经济基础。对于社会主义公有制的形式，毛泽东沿袭了斯大林的观点，认为只有全民和集体两种。

在社会主义条件下所有制形式如何变革？毛泽东从两方面作了探讨。在强调生产力对生产关系的决定作用时，从我国生产力水平还比较低的状况出发，认为在社会主义公有制经济占优势的前提下可以允许非社会主义经济成分存在。他在 1956 年 12 月的一次讲话中提出：“可以搞国营，也可以搞私营。可以消灭了资本主义，又搞资本主义。”[③] 甚至具体提出，让地下工厂成为地上的，可以开夫妻店，也可以开私营大厂，还可以吸引华侨投资，20 年、100 年不要没收。可是，由于形势发生变化，这些想法没有能够落实。为了加快公有制发展，也提倡有条件地加快从小集体向大集体、从集体向全民过渡，在农村合作化刚实现时，他在《中国农村的社会主义高潮》一书按语中指出：“这种小社仍然束缚生产力的发展，不能停留太久，应当逐步合并。”[④] 主张办大社，不久又倡导“人民公社好”“一大二公”。并在读苏联《政治经济学（教科书）》社会主义部分的谈话中认为：若干年后，人民公社的所有制变为全民所有制以后，全国就成为单一的全民所有制。之后，在短短一两年时间中，农村

---

① 《毛泽东选集》第 5 卷，人民出版社 1977 年版，第 321 页。

② 《毛泽东著作选读》下册，人民出版社 1986 年版，第 705 页。

③ 《党的文献》1988 年第 6 期，第 29 页。

④ 《毛泽东选集》第 5 卷，人民出版社 1977 年版，第 257 页。

普遍实现了“公社化”，城市的许多集体企业也转为全民企业，使生产关系的变革超越了生产力的发展水平，超越了社会发展阶段，严重地挫伤了劳动者的积极性。

2. 初步探索了社会主义人与人关系的变革。马克思主义认为，生产资料所有制贯穿于生产、分配、交换、消费全过程，并与之相应地结成了一定的人与人之间的关系。毛泽东在探讨社会主义生产关系如何完善和发展时，认为：“所有制问题基本解决以后，最重要的问题是管理问题。这方面是大有文章可作的。人们在生产中的相互关系，是改变还是不改变，对于推进还是阻碍生产力的发展，都有直接的影响。”[①] 从这个观点出发，他在调查研究的基础上，科学地创立了正确处理人民内部矛盾的学说，为马克思主义理论宝库增添了新的财富，也为社会主义改革提供了新的思想。

人们相互关系的矛盾，在旧经济体制下突出地表现在中央和地方、国家和企业的权力、责任和利益的划分上。中央和地方的关系，实质上是社会主义联合劳动者在宏观经济活动中的中央管理层次和地方管理层次之间相互关系的表现。毛泽东强调处理好这一关系，“对于我们这样的大国大党是一个十分重要的问题”[②]，并针对现行经济体制中权力过分集中的弊病指出：“我们不能象苏联那样，把什么都集中到中央，把地方卡得死死的，一点机动权也没有。”[③] 统得过多，势必压抑地方的积极性。改革的方向是：“在巩固中央统一领导的前提下，扩大一点地方的权力，给地方更多的独立性，让地方办更多的事情。”[④] 这样，发挥中央和地方两个积极性比发挥一个积极性好得多。国家与企业的关系，实质上是社会主义联合劳动者在国家

---

① 《党的文献》1992 年第 1 期，第 10 页。

② 《毛泽东著作选读》下册，人民出版社 1986 年版，第 730 页。

③ 《毛泽东著作选读》下册，人民出版社 1986 年版，第 729 页。

④ 《毛泽东著作选读》下册，人民出版社 1986 年版，第 729 页。

所处的宏观层次和企业所处的微观层次之间相互关系的表现。毛泽东针对苏联现行经济体制中的弊端指出："把什么东西统统都集中在中央或省市，不给工厂一点权力，一点机动的余地，一点利益，恐怕不妥。"[①] 应当使"各个生产单位都要有一个与统一性相联系的独立性，才会发展得更加活泼"[②]。这不仅需要给地方一定的权责利，也需要给企业一定的权责利。为了探索这一改革，在1958年到1960年期间和1964年到1976年期间，先后两次向地方下放了计划、物资、财政等管理权限，并将除极少数外的中央直属企业（包括大中型国营企业），都下放给地方管理。同时也赋予了企业有限的计划、劳动和人事自主权，也允许有少许的留利。但由于这两次放权仅限于行政性的权利划分，没有触及经济体制的根本性问题，反而削弱了宏观调控能力，导致了管理混乱，结果两次又都把下放的权力和下放的企业收了上来，始终未找到一条理顺关系的出路。这可以说是在旧经济体制框架内试图进行改革的两次不成功的尝试。

3. 初步探索了社会主义分配关系的变革。马克思主义认为："消费资料的任何一种分配，都不过是生产条件本身分配的结果。"[③] 毛泽东在探索社会主义分配关系的完善和发展时，认为根本的方针是兼顾国家利益、集体利益和个人利益，必须把方方面面的利益都纳入到"统筹兼顾"的大格局中去考虑。他首先强调的是搞好积累与消费的分配。针对过分集中的苏联经济体制形成利益分配过分向国家和集体倾斜的弊病，他提出国家积累、集体积累，都要有适当比例，不能过多。从农业收入分配来看，苏联采取"义务交售制"和高"剪刀差"的缴纳"贡赋"的方法，"把农民生产的东西拿走太多，给的代价又极低。他们这样来积累资金，使农民的生产积极

① 《毛泽东著作选读》下册，人民出版社1986年版，第727页。
② 《毛泽东著作选读》下册，人民出版社1986年版，第727页。
③ 《马克思恩格斯选集》第3卷，人民出版社1972年版，第13页。

性受到极大的损害”[①]。所以，要引以为戒，进行改革。要合理确定积累和消费的比例关系，相互兼顾，不能只顾一头。

在劳动者个人收入分配上，毛泽东从他提倡的价值观出发，既强调关心人民生活，坚持贯彻按劳分配的原则，主张“在正常年景下，从增加生产中逐年增加个人收入”[②]，个人收入要有一定的差距，提出“随着整个国民经济的发展，工资也需要适当调整”[③]。同时，又提倡差距要小，主张缩小国家职工上下两方面的差距，缩小军队干部同军队以外干部的差距，但也提出不能搞完全的平均主义。

第三，在一些方面发展了社会主义商品经济理论，探索了社会主义生产关系活动形式与商品经济的关系。

社会主义生产关系采取何种活动形式和运行方式才有利于生产力发展和社会主义制度完善，是一个选择社会主义经济模式必然首先回答的问题。传统的观念认为，以生产资料公有制为基础的社会主义生产关系同商品经济是不相容的。列宁、斯大林根据不同的历史条件作了突破，都对社会主义商品经济理论做出了重大贡献。毛泽东在这个问题的探索上，虽然也受传统观念的束缚，但接受了列宁、斯大林的看法，并且比他们向前推进了一步。他在关于斯大林《苏联社会主义经济问题》一书的评语中，尖锐地批判了有些号称马克思主义的经济学家主张现在就消灭商品生产、实行产品调拨的观点是错误的，并且也指出斯大林把两种公有制的存在看作是商品生产的前提条件是“不完整”的，商品生产的命运最终和生产力的水平有密切关系，即使过渡到单一的社会主义全民所有制，如果产品还不很丰富，某些范围内的商品生产和商品交换仍然可能存在。同时还针对斯大林认为商品生产只限于个人消费品领域的观

① 《毛泽东著作选读》下册，人民出版社 1986 年版，第 727—728 页。
② 《毛泽东著作选读》下册，人民出版社 1986 年版，第 775 页。
③ 《毛泽东著作选读》下册，人民出版社 1986 年版，第 726 页。

点，明确表示：这看来是很不妥当的，生产资料有一部分也是商品。他反驳说：农业产品是商品，工业产品不是商品，那如何实行交换呢？又具体指出拖拉机等生产资料是属于商品的，斯大林不卖拖拉机等生产资料给集体农庄，我们卖给人民公社。这开始认识到社会主义全民所有制经济活动也必然表现为商品经济形式。这些开拓性的认识，显示了毛泽东对社会主义商品经济的探索在一些方面超过了前人，为我们正确认识社会主义经济的活动形式和运行方式，选择正确的社会主义经济模式，提供了富有启发的可贵思想。然而他在对待社会主义公有制同商品经济关系方面还没能够完全突破传统观念。

综上所述，毛泽东的经济改革思想，可以说包括两方面的内容：一方面，是改革带有旧制度“痕迹”的东西，这方面的改革较多地采用了激进的变革方式；另一方面，是改革传统体制中不适合中国国情的部分，这方面的改革则是在保持原有模式的框架中进行个别环节的调整。对这两方面的改革，毛泽东都提出了一些有价值的宝贵思想。

二

党的十一届三中全会实现了伟大的历史性转折，开创了我国社会主义事业发展的新时期。改革开放是这个新时期最鲜明的特点。

邓小平是我国社会主义改革开放和现代化建设的总设计师。他在指引我国开展波澜壮阔的经济体制改革中，继承了毛泽东探索改革思想的科学内容，又以伟大的胆略、深邃的目光和大无畏的创新精神，彻底地突破了传统观念的束缚，从理论和实践上极大地丰富和发展了社会主义改革的思想，构成了建设有中国特色社会主义理论的重要组成部分。我国当前经济体制的伟大变革及其成就，正是毛泽东思想新发展的重要体现。

邓小平在分析新的历史条件下社会主义社会基本矛盾时指出："关于基本矛盾，我想现在还是按照毛泽东同志在《关于正确处理人民内部矛盾的问题》一文中的提法比较好。"同时又进一步说明："指出这些基本矛盾，并不就完全解决了问题，还需要就此作深入的具体的研究。"[①]邓小平正是在继承和发展毛泽东探索社会主义生产关系变革的基础上，把这一思想提高到新的历史高度，全面系统地建立了社会主义经济体制改革的科学理论。

第一，社会主义经济改革的目的是解放和发展生产力。邓小平经济改革思想的核心，是改革必须紧紧围绕着社会生产力如何更快更好地发展。这个思想深刻地反映了社会主义社会的本质特点和主要矛盾的内在要求。邓小平从分析社会主义社会基本矛盾入手，正确指出："我们的生产力发展水平很低，远远不能满足人民和国家的需要，这就是我们目前时期的主要矛盾，解决这个主要矛盾就是我们的中心任务。"[②]从社会主义生产关系同生产力的发展规律中深刻地揭示出目前时期的主要矛盾，是积历史经验所得出的科学结论，也是对科学社会主义理论的一大贡献。抓住主要矛盾，也就从理论和实践上明确了社会主义的根本任务是发展生产力。只有生产力极大地发展了，社会主义才能表现出勃勃生机，社会主义生产关系的优越性才能充分地显示出来，社会主义制度也才能永远立于不败之地。为了实现这个根本任务，邓小平在我国刚一跨入新的历史时期就果断地提出了必须"正确地改革同生产力迅速发展不相适应的生产关系和上层建筑"[③]。从此揭开了我国经济体制改革的新的一页。

改革和发展的关系具体体现了生产关系与生产力之间既矛盾又统一的辩证关系。经济发展是经济改革的出发点和落脚点，是改革的目的；经济

---

① 《邓小平关于建设有中国特色社会主义的论述专题摘编》，中央文献出版社 1992 年版，第 52—53 页。

② 《邓小平文选》(1975—1982 年)，人民出版社 1983 年版，第 168 页。

③ 《邓小平文选》(1975—1982 年)，人民出版社 1983 年版，第 131 页。

改革是经济发展的手段和动力，是为生产力发展开辟新的道路。当旧的经济模式已成了生产力发展的障碍时，就必须进行改革，以促进生产力发展。“所以改革也是解放生产力。过去，只讲在社会主义条件下发展生产力，没有讲还要通过改革解放生产力，不完全。应该把解放生产力和发展生产力两个讲全了。”① 要讲全了，就要既重视生产力的发展，又重视通过改革为生产力发展开辟道路。“改革是中国发展生产力的必由之路。”② 任何偏离改革、否定改革的意图，都是违背生产力发展要求、背离人民根本利益的，都必将受到历史的惩罚。

社会生产力是生产关系变革的决定因素，也是衡量经济体制改革得失成败的根本标准。邓小平在视察南方的讲话中，针对当前经济体制改革的不同认识明确指出：“判断的标准，应当主要看是否有利于发展社会主义社会的生产力，是否有利于增强社会主义国家的综合国力，是否有利于提高人民的生活水平。”③ 这是完全符合马克思的历史唯物主义原理的。生产关系及其经济体制是否适应生产力的发展状况，不仅决定要不要改革，而且决定如何改革。凡是适应和符合社会生产力发展要求的改革取向，改革的路线、方针、政策，才是正确的，按照这种改革的取向和路线、方针、政策去改，进行得才能顺利，成效才能大；否则，就会出现失误，使改革受挫，如果出现大的失误或方向性错误，就会使改革遭受重大损失，甚至走到邪路上去。

第二，社会主义经济改革的基本内容是生产关系的实现形式。明确社会主义的根本任务是发展生产力，是进行社会主义改革的根本前提和依据。从这个根本前提和依据出发，以党的十一届三中全会为开端，明确了

---

① 《邓小平关于建设有中国特色社会主义的论述专题摘编》，中央文献出版社 1992 年版，第 85—86 页。

② 《建设有中国特色的社会主义》（增订本），人民出版社 1987 年版，第 114 页。

③ 《邓小平关于建设有中国特色社会主义的论述专题摘编》，中央文献出版社 1992 年版，第 60—61 页。

必须改革生产关系和上层建筑不适应生产力发展的一系列相互联系的环节和方面。在此基础上，邓小平进一步揭示了社会主义生产关系改革的各个环节和方面的总体表现，更加明确地指出："必须对我国的经济体制进行改革"[①]，这个"改革是中国的第二次革命"[②]。这就清楚地阐明了经济改革的基本内容和深刻意义。经济体制处于生产关系与生产力相联系的中介环节和中间层次。生产关系是否同生产力发展相适应，首先表现为经济体制是否同生产力发展相适应。

那么，经济体制是怎样形成的呢？它同生产关系又是什么关系呢？不回答这个问题，仍然不能正确把握改革的内容和目标。邓小平在我国的实践中回答了这个问题。早在 1962 年他就指出："在生产关系上不能完全采取一种固定不变的形式，看哪种形式能够调动群众的积极性就采用哪种形式。"[③] 在进行改革开放以后，邓小平多次明确说明，社会主义没有固定不变的模式，我们进行改革就是改革那种照搬别国的模式，建立符合我国国情的模式。这在理论上和实践上又进一步明确了改革旧的经济体制也就是改革生产关系旧的实现形式、旧的模式。这个思想的确立，是对社会主义经济改革的认识的一个新的飞跃。

因此，我们进行经济体制改革，改变的是不适应生产力发展的生产关系实现形式，并不改变社会主义生产关系的根本性质。邓小平把这一科学认识高度地概括为："改革是社会主义制度的自我完善。"[④] 这一方面说明，随着生产力发展，要在坚持社会主义根本制度的前提下不断完善和发展社会主义生产关系；另一方面说明，社会主义生产关系的完善和发展，是自觉的行动，是自觉地实现从旧经济体制向新经济体制转变的"第二次革命"。

① 《邓小平关于建设有中国特色社会主义的论述专题摘编》，中央文献出版社 1992 年版，第 83 页。
② 《邓小平关于建设有中国特色社会主义的论述专题摘编》，中央文献出版社 1992 年版，第 82 页。
③ 《邓小平文选》(1938—1965)，人民出版社 1989 年版，第 305 页。
④ 《建设有中国特色的社会主义》(增订本)，人民出版社 1987 年版，第 121 页。

改革的这种性质及其社会变革的意义，是任何私有制社会也不可能有的。

第三，社会主义经济改革的目标是建立社会主义市场经济体制。党的十四大确立的社会主义市场经济体制的改革目标，是总结我国十四年改革实践经验所得出的科学结论，是邓小平关于建立社会主义的新经济体制思想的最新最高概括。邓小平在我国实行改革开放不久就提出："社会主义为什么不可以搞市场经济，这个不能说是资本主义。"①这个思想的提出，表明了要进行改革必须在理论上和实践上同传统观念、传统模式彻底决裂。但由于这个决裂是一场深刻的革命，需要人们认识有一个不断提高的过程，也需要对新模式框架的探索有一个实践的过程。在社会主义条件下发展市场经济，首先遇到的障碍是传统经济体制下的所有制结构和分配结构与之相矛盾。我国农村改革以及随之掀起的城市改革的开展，都首先触及这两方面实现形式的改变。邓小平分析了这种改变的必然趋势，指出了改革的方向。他说："我们允许个体经济发展，还允许中外合资经营和外资独营的企业发展，但是始终以社会主义公有制为主体。"②同时又指出："我们提倡按劳分配，对有特别贡献的个人和单位给予精神奖励和物质奖励；也提倡一部分人和一部分地方由于多劳多得，先富裕起来。"③进而再达到共同富裕。这种变革的新趋势，从生产关系的基本实现形式上，为新的经济体制模式的形成奠定了基础。随着改革的深入，在建设有中国特色的社会主义理论的指引下，党的十二届三中全会通过总结实践经验和理论探讨的成果，明确指出社会主义经济是公有制基础上的有计划商品经济。邓小平把写明这一重大突破性科学认识的全会决定，称为"马克思主义基本原理和中国社会主义实践相结合的政治经济学"，从而为社会主义改革奠定了重要的理论基石，也为确立社会主义市场经济理论和明确改革的目标迈出了具有决

① 《邓小平关于建设有中国特色社会主义的论述专题摘编》，中央文献出版社 1992 年版，第 95 页。

② 《建设有中国特色的社会主义》（增订本），人民出版社 1987 年版，第 99 页。

③ 《邓小平文选》（1975—1982 年），人民出版社 1983 年版，第 222 页。

定性意义的一步。认识到社会主义经济是商品经济，也就进一步明确了建立新的经济体制必须以企业成为商品生产者和经营者为中心环节，同时要逐步培育社会主义市场体系和建立以间接手段为主的宏观调控体系。这三个层次改革的开展，为市场经济的城乡发展创造了新的条件。

社会主义商品经济的发展推动了改革进一步深入。对如何认识计划与市场的关系，以及二者各自与社会制度的关系，又成了深入探索新经济体制目标模式的关键问题。党的十三大进一步提出了社会主义有计划商品经济体制应该是计划与市场内在统一的体制，在实际上确立了改革的市场取向，为建立社会主义市场经济的目标模式又迈出了重要的一步。但由于人们长期受传统计划经济观念的束缚，一些人总是难以很快摆脱市场经济即是资本主义的羁绊，往往在改革形势处于新的转折关头，就又提出姓“资”姓“社”的问题，反对改革的市场经济取向。邓小平在改革不断深化的发展过程中，针对遇到的思想障碍和实际问题，一再阐明“社会主义和市场经济之间不存在根本矛盾”①，“必须从理论上要搞懂，资本主义与社会主义的区分不是计划、市场这样的内容”②。特别是在党的十四大召开前夕去南方视察时，精辟地分析了国内外新形势，发表了具有历史意义的重要讲话，更加深刻地指出：“计划经济不等于社会主义，资本主义也有计划；市场经济不等于资本主义，社会主义也有市场。计划和市场都是经济手段。”③有力地回答了多少年来经常困扰和束缚我们思想的这个重大问题，进一步明确了选择计划经济还是市场经济的实质不是坚持不坚持、改变不改变社会主义制度的问题，而是以何者为资源配置的基础方式和主要手段能促使经济更快更好地发展。历史的经验和当代经济发展的客观要求表明，社会主义国家只有使市场在宏观调控下对资源配置起基础性作用，才能在新体制中

① 《邓小平关于建设有中国特色社会主义的论述专题摘编》，中央文献出版社 1992 年版，第 96 页。
② 《邓小平关于建设有中国特色社会主义的论述专题摘编》，中央文献出版社 1992 年版，第 97 页。
③ 《邓小平关于建设有中国特色社会主义的论述专题摘编》，中央文献出版社 1992 年版，第 98 页。

真正把计划和市场有机地结合起来，从而充分体现出社会主义基本制度与市场经济体制内在统一的优越性，促使国民经济高效益、高速度地向前发展。这一思想科学地奠定了社会主义市场经济的理论基础，是马克思主义毛泽东思想的又一重大发展，为加快新体制的建立和现代化事业的发展提供了新的最锐利的武器。

三

毛泽东探索社会主义经济改革的思想和实践，为推动我国社会主义事业的发展做了开创性的尝试，留下了珍贵的精神遗产。邓小平继承了毛泽东这一思想，在深刻总结社会主义历史经验的基础上全面系统地丰富了社会主义改革的内容，并领导我们在新的历史时期，开展了前所未有的波澜壮阔的经济体制改革，在短短十四年多的时间里，已取得举世瞩目的伟大成就，为社会主义事业的发展开辟了一条具有世界意义的崭新道路。

当前，摆在我们面前的经济改革任务是，认真贯彻党的十四大的精神，加快建立社会主义市场经济体制的改革步伐。为了实现这一历史性任务，需要更加深入地学习研究毛泽东和邓小平的经济改革思想，更加坚定不移地沿着党的十一届三中全会以来已开辟的改革道路前进。

首先，要加强社会主义市场经济理论的学习、宣传和深入探索。毛泽东和邓小平在我国社会主义实践中，创造性地探索和建立了社会主义改革的理论，指引了我国经济改革的开展。他们所提出和创立的社会主义社会基本矛盾的思想，社会主义商品经济和市场经济的思想，社会生产力标准的思想，已成为我们今天进行改革的牢固的理论基石。可见，理论的创新指导着改革实践的发展，而改革实践的发展又在呼唤着理论的不断创新。社会主义市场经济是一个崭新的理论。党的十四大以来，人们对社会主义市场经济的认识有了很大提高，从而有力地推动了全国市场经济的新发展。

但是也必须看到，在当前新旧体制转轨中，遇到的难点和出现的误区，说到底是理论深化不够，特别是对社会主义市场经济的实质，对从传统计划经济体制向社会主义市场经济体制转变的症结所在，对发展市场经济与加强宏观调控的关系等等，认识不清，理解片面，致使在实践中把市场经济等同于市场，等同于炒地皮、炒股票、炒外汇，等同于放任自流、任意妄为、想怎么捞钱就怎么捞钱的经济，那就势必出现混乱和失误。因此，为了更自觉地驾驭经济发展的形势，加快建立社会主义市场经济新体制，必须更有针对性地加强社会主义市场经济基本理论的教育和研究。特别是在深入贯彻党的十四大精神中，要认真学习和领会《邓小平文选》关于建立新体制的科学思想，及时了解、分析新情况，科学回答、解决新问题，使理论真正成为正确引导改革行动、发展市场经济的思想准绳和决策指南。

其次，要加快社会主义市场经济体制的建立在新阶段向深层次发展。当前经济生活中出现的新矛盾、新问题，甚至有些已发展到相当严重的地步。究其根源，仍在于旧体制没有在深层次根本改变，新体制尚未在深层次有效形成。这就极其尖锐地提出：必须加快从旧体制向新体制转变。要加快新旧两种体制的转变，首要的是明确建立新体制的总体思路。根据党的十四大精神和十四年来改革的探索，我们认为社会主义市场经济体制目标模式的大框架主要包括：形成以公有制为主体，包括个体经济、私营经济、外资经济以及混合经济等多种形式，长期共同发展、平等竞争的新的所有制结构；形成以股份公司为主要形式的产权关系明确、利益关系清楚、经营机制健全、自主决策、自负盈亏的现代企业制度；形成开放统一、平等竞争、规范有序、价格合理灵活、资源配置优化，并使国内市场同国际市场相对接的现代市场体系和市场制度；形成以经济政策和经济杠杆为主要调控手段，以实现总量平衡、结构优化、社会分配公平为目标的现代宏观调控体系和调控制度；形成以按劳分配为主体，其他分配方式为补充，效率和公平相统一，个人创收和社会保障相结合，一部分人先富和共同富裕相一致的新的分配结构。上述社会主义市场经济体制模式的基本框架，是实现的目标，也是改革的基本内容和途径。由于建立社会主义市场经济体制是一项艰巨复杂的社会系统工程，在实施总体规划中：一要把改革中遇到的难点和出现的新问题，放到新旧体制转轨中的深层次矛盾来认识、来解决，要用深化改革的新思路、新办法清除前进中的障碍，防止以传统体制的老办法，“一刀切”地去处理；二是把生产关系实现形式每一方面、每一环节的改革都放在大系统中加以全面安排，统一部署，从深层次中抓住重点、热点、难点，配套进行，防止顾此失彼，相互脱节，相互冲突；三要把一切改革活动都落实到发展社会生产力上，正确处理经济发展和经济改革的关系，坚持以发展生产力作为衡量一切工作最根本的是非标准。

最后，加强党和政府在建立社会主义市场经济体制中深入、全面、统一的领导。社会主义改革是社会主义制度的自我完善和发展。这种自我完善和发展突出地表现在党和政府的领导核心能够按照客观的要求，自觉地有领导有计划地进行经济体制和政治体制改革，并且能够把实现改革的目标、路线、方针、政策和各阶段的任务，变成全国人民的自觉行动。这就要求，在领导改革中，必须认真掌握邓小平关于建设有中国特色社会主义的理论，坚持从中国实际出发，不断地总结实践经验和积极吸取世界各国人民的智慧结晶，创造性地运用和发展马克思主义、毛泽东思想，科学地制定规划、方案、政策、法规，保证社会主义改革目标的实现。在当前形势下，针对新体制建立中搞活国有大中型企业的主要难点和宏观调控滞后的缺陷，按照改革的总体设想，在着重进行市场主体塑造的同时，结合市场体系和市场机制的完善，必须采取强有力的措施加强新的宏观调控体系和调控制度的建立。要通过深化金融、财政、投资、计划体制的改革，加快形成主要运用经济手段、法律手段，辅之必要行政手段的调控方式，从宏观上保证总量平衡和结构优化，指导和监督社会主义市场经济有秩序地正常运行，积极促进新旧体制转变。新旧体制转变的核心是人、财、物等各种资源配置的基础方式转变，它必然涉及权力和利益的重新调整和分配。面对这场伟大变革的新关口，如果留恋和把持传统体制下既得的权力和利益，就会阻挠企业自主权的落实和新的利益关系形成；如果以庸人的眼光看待这一变化，会丧心病狂地以权谋私，搞权钱交易，成为改革的蠹虫。体制转轨的时间拖得愈长，腐败现象可能愈严重。因此，必须加快改革的步伐，并在加快改革中加强党的建设，加强各级政府的建设，形成坚强的领导核心。要提高从旧体制向新体制转变的自觉性，做改革的促进派，不要成为改革的绊脚石。要坚决清除腐败，增强战斗力，大力加强党和政府对改革和建设深入、全面和统一的领导。只有这样，才能指挥我国具有伟大历史意义的“第二次革命”从胜利走向胜利。

加快社会主义市场经济体制建立的总体设想*

中国经济体制改革基本方略和新经济体制目标模式的选择，是一个几经争鸣和探索的问题。似乎已经取得共识，但在苏联、东欧等国家发生巨大变化之后，又引发人们的重视和再思索。有的认为，总结十多年改革和苏东改革的经验教训，从总体上看中国改革的基本方略是正确的，但在某个发展阶段上改革具有方向性的错误，误将“过时”的某种西方经济学观点吸入到中国，并将其视为改革的理论基础，致使改革偏离正确的轨道；有的人担心继续沿着市场取向改革下去，是否会重蹈苏东之覆辙；也有的人认为目前所处的新旧体制僵持阶段不易拖得过长，当务之急是要不失时机地加大力度，加快改革的步伐。改革将向何方走？选择怎样的改革方略？众说纷纭。

我们认为，回顾十多年改革所走过的道路，可以说，中国改革的基本方略没有错误，更没有误入歧途，应坚定不移地沿着党的十一届三中全会以来所确定的基本方向进行下去。目前中国经济运行中出现的矛盾和问题，不是市场取向改革走过头的结果，而是市场取向改革进程过缓，进一步全

---

* 本文选自王珏、庞永洁主编《建立社会主义市场经济新体制大思路》（中共中央党校出版社 1992 年版）的“结束语”。由作者具体主持撰写并统稿。载该书第 215—220 页。这一研究课题是北京市哲学社会科学“七五”规划科研项目。

面推进改革的时机没有抓住的结果。改革应该跳出“放权让利”的行政权力分配的框架，以创立现代企业制度为基础工程，着眼于制度建设，尽快使社会主义市场经济的新体制基本框架建立起来。

针对我国经济目前存在的生产要素市场不发达，大中型国有企业缺乏活力，间接宏观调控体系未能建立起来等问题，应抓住搞活大中型企业这个中心环节，大力转换经营机制，使其真正成为自主经营、自负盈亏、自我发展、自我约束的商品生产和经营者，从而促进市场体系的全面发育和建立，在此基础上着力推动宏观调控体系的进一步完善，并努力加快政府机构职能的转变。同时鉴于目前的实际情况，推进改革必须采取“逐步过渡，先易后难，先外围后攻坚，内外结合、分阶段完成”的战略，这是符合现实的选择。

“逐步过渡”就是在进一步完善企业承包责任制的同时，通过利税分流、税后承包等方式对国有企业进行制度性的改造。一方面，清楚地界定中央政府与地方政府的事权与财权，明确二者的职能分工，以有利于政府职能的转变；另一方面，通过利税分流划清税利的界限，并随之划清各种税和利的作用范围，使资产所有者收益与国家行政费用有清楚的区别，以利于政府财产所有者职能和社会管理者职能的分解，强化对企业行为的产权约束，为企业法人所有权的形成创造条件，为政府脱离直接生产领域作好铺垫。同时，大力提倡组建股份企业集团，通过企业集团的股份化达到三重目的：第一重目的，实现资源合理配置，冲破部门和地方的所有制壁垒；第二重目的，界定出国家、地方、企业财产的边界，使企业摆脱政府的直接干预；第三重目的，便于实行有效的调控，有利于产业政策的落实。同时，还要相应地清理各种公司，按照规范股份企业的法律规定，将符合改革方向的公司逐渐转为控股公司或股份公司，对行政性的公司坚决关闭。

“先易后难”就是指抓住时机，先将部分较易实行的改革措施推出台。

主要体现在三个方面：（1）对部分新建企业与企业集团，可率先进行折股或以股份的形式集资，以国有资产增量的股份制为先导，逐步推开国有资产存量的股份制；（2）利用市场疲软的有利时机，有计划地推出价格调放改革措施，调整不合理的比价和差价，争取在较短的时间内为企业改革创造一个良好的环境；（3）配合企业改革，逐步建立社会保障制度，以促进劳动力市场的形成，实现劳动力的合理流动，鼓励工业企业的富余职工向第三产业转移。

“先外围后攻坚”就是选择商品经济有一定发展基础的地区和企业，即沿海地区、特区、开发区和集体企业、乡镇企业，率先推行股份合作制或股份制，进一步扩大生产要素市场和在有条件的城市培育股票市场，先允许非主导产业、非重要产业的国有企业的部分股票上市。与此同时，中央政府颁布各种管理市场的法规，建立各种管理机构，摸索市场管理和调控的经验，为国有企业的产权改革创造外部运行环境和基础。

“内外配合”就是以国有大中型企业的产权改造、创立新型企业制度为核心工程，配套进行市场体系的培育，创立双区域双层次宏观调控体系，转变政府职能，进一步推进农村改革等，形成改革的系统工程。

“分阶段完成”就是根据抓住时机、加快改革的指导思想，一步一步地向前推进。大体分作三个阶段，即：市场初步发育阶段；市场体系初具规模阶段；市场体系发育成熟阶段。三个阶段改革的重点不同，相互衔接，循序渐进，逐步向创立以新企业制度为标志的社会主义市场经济新体制推进。具体步骤如下：

（一）市场初步发育阶段。重点是塑造市场主体，初步形成市场体系。（1）通过组建跨地区、跨行业的企业股份集团，以冲破传统的财产地方和部门所有制的封闭格局，使资源能在更广阔的领域内得到合理的配置，并按照《企业法》规定，把截留和收回的各种权利归还给企业，切实落实两权分离，使企业更大程度上从传统的行政隶属关系转化为资产隶属关系，向企业法人所有权方向迈进。（2）通过利税分流，税后承包，划清中央政府与地方政府财政和税收的关系。同时，加强企业的产权管理，组建和完善各级国有资产管理委员会，认真进行国有资产的清查、评估和登记，为部分企业由承包制过渡到股份制创造条件。（3）对已经实行股份制的企业，要加强规范化管理，健全董事会，尤其是使公有股份真正做到有人负责，保证公有财产在运营中得到增值和扩大。对已组建的股票市场，要寻找到一种符合中国特色的股市管理办法。在开放的城市和地区，允许具有一定经济规模和技术水平的股份企业的股票，到国家批准的股票市场上市。允许新建企业以股份方式组建，使其从建立之始就成为规范化的股份有限公司。鼓励职工购买本企业或其他企业的股票，通过这种方式吸收社会上的闲散资金，用于企业的扩建和改造。政府应及时颁布公司法、商法、中小企业法以及股市管理法等各种法规，维护市场正常运行，规范企业的经济行为。（4）要把组建劳动力市场和发展社会保障体系同时推开。一方面，建立各种职业介绍所、职业培训中心，为劳动力流动提供必要的咨询和培训；另一方面，可以在某些经济发达地区和缺乏必要社会保障的农村，以国家、企业（或集体）、个人分别承担的方式，筹集养老基金和失业救济基金，率先建立社会保障制度，为劳动力在区域间流动，为农业剩余劳动力的转移创造条件。（5）加快政府社会管理者职能与财产所有者职能的分解。在建立多层次的国有产权管理机构后，逐步地建立和形成国有资产监督系统。同时组建专业控股公司、投资公司、投资银行、保险公司、养老金协会等经济组织，逐步形成国有资产投资和经营系统，为深化国有产权的改革创造各种条件。政府应尽快改革银行系统，并将宏观调控的职能向主要运用经济杠杆的方向转化，以便建立间接调控体系。

（二）市场体系初具规模阶段。建立全国性的股票市场、债券市场、劳动力市场和社会保障体系，进一步完善间接宏观调控体系、国有资产管理机构和国有资产经营体系，形成新体制的基本框架。（1）对生产非短缺物资并能自负盈亏的部分非竞争性国有企业和承担综合平衡特殊义务的国有企业，视生产经营和市场发育情况再适当减少指令性计划，同时放宽这两类企业产品价格浮动的上限。对于竞争性企业可加快以股份制为核心的产权改造。将评估后的国有资产划拨给不同的国有资产经营组织，制定经营国有资产的目标和规则，保证经营活动合理进行。继续扩大国有资产增量部分股份制，职工在本企业购买的优先股股票可上市转为普通股，也可以继续保持优先股。目前企业中的自有资金少部分可以作为企业职工集体股，转给养老金协会或职工信托投资公司，本息都用来购买职工养老保险，根据劳动年限按比例发给。（2）对非竞争性国有企业的调控主要是通过经济杠杆和经济组织来进行。政府首先建立以产业政策制定为核心的调节体系，各职能部门转化为政策制定部门，负责各种政策的研究和制定。在政府与企业之间建立相互沟通的组织，即各种行业协会，通过这些组织向上传递企业的意见和要求，向下传达政府的意图。同时，利用灵活的经济杠杆来调节企业行为，核心是完善金融机构和功能，彻底改革税制。（3）全国性的社会保障制度开始运行。企业成为单一目标的经济组织，其他社会职能得到转移。职工流动有了经济保障，劳动力市场正常运转。（4）建立和加强经济法规和经济运行所必需的其他基础设施建设。既要建立和加强硬件的基础设施，如通信、计算机网络、银行、交通等等；又要建立和加强软件的基础设施，如规范的会计、审计、统计、税收等等，以保证社会经济活动能够有秩序地进行。

（三）市场体系发育成熟阶段。新的企业制度和市场体系已经建立起来，间接调控开始正常运转。（1）国有资产的存量在国有资产管理委员会的控制下由经营公司掌握，根据市场规则和要求上市运营。（2）政府根据产业政策的要求，对不同产业的国有企业，根据实际需要分别选择股份有限责任公司、股份有限公司和国有国营公司等企业制度，以此为基础来保证宏观经济的运行，形成一套适合商品经济运行的国有资产流动和调节机制，使国有资产不断运动，不断增值，不断推动产业结构合理化。（3）与国有资产流动机制相衔接，建立完善的宏观调控体系，健全价格、税收和信贷的调控功能，通过各种不同的财政政策和货币政策的搭配，保证产业政策的实施，使整个国民经济在良性循环的轨道上运转起来。（4）健全各种市场法规和监督机构，依法管理和监督市场，充分发挥市场机制的调节作用，防止和严惩各种非正常寻租寻利行为，从外部规范企业的经济行为。

经过上述三个阶段的体制改革，使社会主义市场经济新体制基本建立起来，使中国经济在新体制下高效益高速度地向前发展，从而为实现四个现代化提供牢固的制度保障。

我国所有制结构改革研究 *

——学习《邓小平文选》第三卷有关所有制结构的论述

市场经济和所有制结构之间的关系，是一个十分重要的理论问题和实践问题。《邓小平文选》第三卷对这个问题有许多重要论述，我们应当认真学习领会。根据邓小平同志对解决这一问题的指导思想和党中央确定的方针，在实践中经过近十五年的改革，我国所有制结构已发生重大变化。现在结合学习邓小平同志的有关论述和党的十四届三中全会精神，着重探讨这个变化的新格局、新特点和进一步深化改革的新思路。

一、我国所有制结构发展的新格局

长期以来，我国在传统经济体制下，并受“左”的思想影响，所有制结构越来越单一化，严重地挫伤了劳动者的积极性。党的十一届三中全会后，在建立新经济体制的改革中，首先遇到的突出矛盾是生产关系的所有

* 原载《江汉论坛》1994 年第 3 期。刊出后，由中央文献出版社收入大型文献丛书《中国改革开放二十年·经济体制改革理论卷》。

制形式及其结构同生产力发展水平极不适应。我国现阶段还处在社会主义初级阶段，生产力水平低，表现为多层次性和不平衡性，与之相联系的商品经济也是很不发达的。这决定了在坚持公有制占统治地位的前提下，必须把单一化的所有制结构改革为多元化的所有制结构。

党的十一届三中全会后，党中央、国务院在邓小平同志领导下，首先针对农村改革发展的这种必然趋势，一再指出：一定范围的劳动者个体经济是公有制经济的必要补充。随着改革开放的深入发展，邓小平同志在1979年11月同美国不列颠全书出版公司副主席吉布尼谈话时，又针对发展生产力的客观要求和建立新体制的必然趋向，首次发表了“社会主义也可以搞市场经济”的科学论断，并进一步指出：“这是社会主义的市场经济。虽然方法上基本上和资本主义社会的相似，但也有不同，是全民所有制之间的关系，当然也有同集体所有制之间的关系，也有同外国资本主义的关系。”[①]这不仅说明了社会主义基本制度与社会主义市场经济体制相结合的特点，也说明了社会主义市场经济发展与多种经济成分的关系。当改革从农村转向城市后，邓小平同志在1985年3月全国科技工作会议上讲话时指出：“我们允许个体经济发展，还允许中外合资经营和外资独营的企业发展，但是始终以社会主义公有制为主体。”[②]不久，又在《改革是中国发展生产力必由之路》一文中再次说明，要坚持以公有制为主体，“同时，发展一点个体经济，吸取外国的资金和技术，欢迎中外合资合作，甚至欢迎外国独资到中国办工厂，这些都是对社会主义经济的补充”[③]。这就更加清楚地阐明了我国新的所有制结构所包含的内容以及各种经济成分的地位和作用。之后，又在1985年10月会见美国高级企业家代表团时，再次从社会主义也要利用市场经济方法发展社会生产力的高度强调指出：“我们吸收外资，

① 《邓小平文选》第2卷，人民出版社1994年版，第236页。
② 《邓小平文选》第3卷，人民出版社1993年版，第110页。
③ 《邓小平文选》第3卷，人民出版社1993年版，第138页。

允许个体经济发展，不会影响以公有制经济为主体这一基本点。相反地，吸收外资也好，允许个体经济的存在和发展也好，归根到底，是要更有力地发展生产力，加强公有制经济。”① 随着改革的不断深入，多种经济成分和市场经济都有了新的发展，但也不断遇到阻力。到 1992 年初，邓小平同志在视察南方时，根据特区经济发展的事实，有力地驳斥了反对发展多种经济成分的错误观点。他说：“只要我们头脑清醒，就不怕。我们有优势，有国营大中型企业，有乡镇企业，更重要的是政权在我们手里。有的人认为，多一分外资，就多一分资本主义，‘三资企业’多了，就是资本主义的东西多了，就是发展了资本主义。这些人连基本常识都没有。”②

这一系列论述说明，建立以公有制为主体，多种经济成分共同发展的所有制结构，从根本上说是生产力发展水平所决定的，同时也是建立社会主义市场经济体制的客观要求。第一，多元化的所有制结构是市场配置资源的必要前提。市场配置资源活动是以商品交换为前提，而商品交换是以不同所有者存在为前提。有不同的所有者，才表明有社会分工，才对商品的占有有你我之分，才需要交换，才需要有市场。所以适应生产力的发展水平，实行生产资料所有制多种形式并存，共同发展，在客观上为市场经济的发展提供了必要的前提。我国自改革以来，由于发展了以公有制为主体的多种经济成分，所以才促使市场经济有了今天这样的发展。第二，多元化的所有制结构是市场配置资源活动的必然要求。市场配置资源的活动，也是资源在不同所有者之间转移的活动。马克思在《资本论》中说：“商品不能自己到市场去，不能自己去交换。因此，我们必须找寻它的监护人，商品所有者。”③ 没有不同的所有者，资源就难以通过市场按等价交换的原则进行配置。所以，要发展市场经济，首先要明确商品的所有者，明确产权

① 《邓小平文选》第 3 卷，人民出版社 1993 年版，第 149 页。
② 《邓小平文选》第 3 卷，人民出版社 1993 年版，第 373 页。
③ 《马克思恩格斯全集》第 23 卷，人民出版社 1972 年版，第 102 页。

主体。否则，商品不能到市场上去交换，市场也没办法去配置资源。第三，多元化的所有制结构是市场优化配置资源的必要条件。市场之所以能优化配置资源，能把短缺资源配置到经济效益最好的环节上去，就在于市场机制特别是价格信号能充分发挥导向作用。但市场机制之所以能发挥这种作用，是与各个商品背后追求效益最大化的所有者相联系的。如果不是该商品的所有者，不是企业法人财产的所有者，就不可能从产权关系上去追求效益最大化。不追求效益最大化，就不可能参与市场竞争，从而不可能对市场信号作出积极的灵敏的反应，也不可能认真比较如何购置生产要素，如何销售商品，才能使经济效益最大化。这样，也就不能通过市场把资源配置到效益最好的环节上去。由此可见，以公有制为主体的经济成分多元化，既符合现阶段生产力的发展水平，又是社会主义市场经济发展的必然要求。所以，改革所有制结构，使之形成与社会主义市场经济发展相适应的新形式，是邓小平同志经济思想的重要内容，是建立社会主义市场经济体制的重要组成部分。我们应当从这一高度来认识这一改革的重要意义。

二、我国所有制结构改革的新特点

近十五年来，我国在从旧经济体制向新经济体制转轨中，按照市场取向，在所有制结构的改革方面取得一定成就，发生了重大变化，出现了一系列新特点。

第一个特点，从各种所有制所占的比重来看，全民所有制经济的比重在缩小，集体经济和其他经济成分的比重在增大。从 1980 年到 1991 年，在工业总产值中，全民所有制经济的比重由 75.6% 下降到 48.4%，集体经济的比重由 23.3% 上升到 39.2%，非公有制的各种经济成分的比重由 0.5% 上升到 13.4%。从 1991 年到 1992 年非公有制经济成分又有新的较大发展。

到 1992 年底，全国个体工商户发展到 153.9 万户，从业人员超过 2467.7 万人。私营企业发展到 13.9 万户，从业人员达到 231.8 万人。二者的工业总产值已有 1174.3 亿元，占全国工业总产值的 4.1%。同时间，同外商的合资企业、合作企业以及外商独资企业也增加到 89910 个，投入外资金额共计 1063.64 亿美元，实际使用外资金额 311.54 亿美元。1992 年，个体经济增长 8.3%，私营经济增长 9.9%，外资经济的增长超过了过去总和的一倍以上。1993 年来，仍然继续保持较大的增长势头。据有关部门预测，到 2000 年，全民、集体和其他经济成分将形成“三分天下”的格局。这一特点表明，市场经济的发展，必然促使适应不同层次生产力水平的各种经济成分迅速发展。适应市场经济运行活动越强的发展得越快；否则，会慢。所以，一方面，由于现阶段高层次的生产力社会化领域不大，与之相适应的生产资料社会化占有方式也不能占太大比重。但这种生产社会化代表了现代生产力的发展方向，与之相适应的掌握国民经济命脉的生产资料公有制也必然起主导作用。另一方面，现阶段较低层次的生产社会化领域还比较宽阔，与之相适应的集体所有制经济和其他经济成分也必然随之迅速发展，比重也会逐渐上升。总之，公有制经济无论在社会总资产的比重上还是在经济发展方向上都必须占据优势和发挥主导作用，保持主体地位，其他经济成分的比重将有很大提高，但仍处于辅助地位。这是生产资料所有制结构适应社会主义市场经济发展的必然趋势。

第二个特点，从各种所有制利用市场配置资源的成效来看，集体经济和其他经济成分都进入市场，效益较高，国有经济特别是大中型企业大多数都未完全进入市场，效益较差。目前，在多种经济成分发展中，乡镇企业、集体企业和其他经济成分的企业，资产增值较快，活力较大。改革以来，乡镇工业产值已增长到占全国工业产值的 1/3，外资企业出口额年递增达到 50%。相比之下，国有大中型企业活力虽有增强，但一直显得不足。从 1984 年到 1992 年，全国独立核算的工业企业亏损额从 34.24 亿元猛增到 441.57 亿元，亏损面由 10.7% 上升到 17%。大中型国有企业的亏损状况更为严重，明亏和暗亏的占到 2/3。这种状况，固然有政策上、管理上的原因，但最根本的是企业制度和经营机制不符合市场经济发展要求的问题。乡镇企业和其他经济成分的企业从开始创建就同市场配置资源紧密联系在一起，集体经济也彻底摆脱了传统计划经济的束缚。它们都建立了面向市场的经营机制，能够在市场竞争中求生存，求发展，而国有经济特别是大中型企业受旧体制束缚较严重，摆脱起来困难重重，特别是产权制度改革和政府职能转变滞后，这是建立现代企业制度的主要难点。因此，如何使国有企业在市场竞争中具有其他公有制形式和其他经济成分同样的甚至更大的活力，是一个适应市场经济发展迫切需要解决的根本性问题。

第三个特点，从各种所有制相互混合的联结关系来看，公有制中有些已引入了私有经济，私有经济中也加入了公有经济。改革以来，在对外开放中，为吸取外资，除外商企业外，还采取了同国外资本合资经营和合作经营的方式。这两种企业既有社会主义公有制经济成分，又有外国私人资本主义经济成分。这是所有制结构的一种新因素。随着改革的深入发展，在国内经济中也出现了一批公有经济和私有经济在企业内部结合的联合经济、合作经济、国有民营经济以及股份制经济。到 1990 年，在全国工业中，各类公私混合型企业有 59.66 万户，生产资金 82.33 亿元，总产值 539 亿元，分别占工业总户数的 7.5%，资金的 0.52%，产值的 2.3%。近三年来，又有新的发展，势头越来越大，特别是聚公有和私有为一体的股份公司在不断增多。这一特点表明，在社会主义市场经济中，各种经济成分的企业都处于平等竞争的地位，相互之间发生交互融通的各种经济联系，为了加强共同竞争的能力和提高规模效益，形成一种我中有你、你中有我的混合经济，而且在今后较长时期所占比重会越来越大。这种新的财产所有结构将对国有经济的企业制度的改革、市场经济的发展、分配结构的调整产生深刻的影响。

三、加快我国所有制结构改革的新思路

党的十四届三中全会通过的《关于建立社会主义市场经济体制若干问题的决定》，是我国改革开放的一个新的里程碑。决定中再次强调要“坚持以公有制为主体，多种经济成分共同发展的方针”，并在理论上和实施措施上有许多新的突破和发展。第一次明确了公有制的主体地位主要表现在价值形态的社会总资产中占优势，指出：“随着产权的流动和重组，财产混合所有经济单位越来越多，将会形成新的财产所有结构。”因此，我们必须认真学习和领会邓小平同志关于坚持以公有制为主体、多种经济成分共同发展的思想，认真学习和贯彻党的十四届三中全会精神，以新的思路、新的对策把这一改革推上一个新的高度。

第一，要从促进经济发展上新台阶的高度，加快所有制结构改革的步伐。多元化的所有制结构是我国社会生产力和市场经济发展的客观要求。从 1978 年到 1992 年来，我国国民生产总值和国民收入年平均以 9% 和 8.8% 的速度增长，很大成分是乡镇企业、集体企业以及各种非公有制企业的年产值都以超高速度增长。我们要在二十世纪末胜利实现翻两番的第二步发展战略，也必须依靠以公有制为主体的各种经济成分都能持续、快速、健康地发展。目前，个体、私营、外资等非公有制经济成分的发展在各地很不平衡。总的来看，南部、东部快一些、多一些；北部、西部慢一些、少一些。因此，必须进一步解放思想，抓住时机，积极鼓励各种非公有制经济发展。外资经济的发展，既要积极创造条件不断扩大，又要根据双方的需要和实际的可能；对个体经济、私营经济的发展，应当胆子再大一些，手再放开一些，步子迈得快一些。除国家法令法规明令禁止个体工商户和私营企业经营的行业和商品外，其他行业和商品都要鼓励积极参与经营。就全国来说，必须坚持以公有制为主体，其他经济成分为辅助，但就不同地区、不同产业来说，要根据实际情况，有的这种经济成分多些，有的那

种经济成分多些，不必一律。

第二，要从建立社会主义市场经济体制总格局的高度，加快所有制结构改革的步伐。改革以来，乡镇企业、集体企业进入市场迅猛发展的事实，证明公有制以新的实现形式是可以同市场结合在一起的。个体企业、私营企业、“三资”企业在市场经济中建立的富有活力的运行方式和经营机制，为国有企业特别是大中型企业提供了可资借鉴的财产组织形式和经营形式。多种经济成分的发展，也促进了各类市场的发展和各种经济手段调控活动的发展。所以，建立新的所有制结构，有利于市场主体形成，有利于市场体系培育，也有利于宏观调控体系的完善。因此，要重新认识，发展多种经济成分，不仅仅是解决一些人就业、多筹集一些资金的问题，也不单单是一个地区、一个行业加快发展的问题，而是构造社会主义市场经济体制总框架不可缺少的支柱。这就要求，在微观基础上，要重点推进国有企业特别是大中型企业明晰产权关系，转换经营机制，建立现代企业制度，同时也要对现有集体企业、乡镇企业进行产权制度和经营机制创新，引导个体企业、私营企业、“三资”企业向不同形式的规范化的股份制发展。对它们，有些可改组为股份合作企业或有限责任公司，有条件的可组建股份有限公司或企业集团。有些是公有与私有混合型的，有些是私有独资或合资、合作型的。在市场体系上，公有经济要控制主要生产要素市场和批发市场，同时要鼓励其他经济成分参与经营商品市场、金融市场、技术市场、信息市场以及二级房地产市场等。在宏观调控上，要从以所有制为依据制定政策转变为以产业发展需要为依据制定政策，要把强有力的调控建立在各种所有制经济平等参与竞争的基础上，培育市场，保护竞争，对各种所有制企业的创办、经营形式改变、停业、税收、信贷等各方面的管理一视同仁。这样，才能更好地加速我国社会主义市场经济体制总体框架的建立和发展。

第三，要从效率优先，兼顾公平，逐步实现共同富裕的高度，加快所有制结构改革的步伐。以公有制为主体、多种经济成分共同发展，是实现以按劳分配为主体、多种分配方式并存的前提和基础。通过建立新的所有制结构和现代企业制度，形成富有活力的各个市场主体，会促进市场优化配置资源，促进国民经济持续、快速、健康发展，才能从根本上保证社会的物质和文化需要不断得到满足。通过建立新的分配结构、分配制度，才能充分调动出资者、经营者、生产者各方面的积极性，调动全社会成员的积极性，不断提高劳动生产率，使一部分地区、一部分人先富起来，使社会商品总量和价值总量不断增多，同时鼓励先富带动和帮助后富，并在国家宏观调控和支持下，实现共同富裕。所以，只有适应生产力发展水平和市场经济发展要求，采取多种方式的劳动者与生产资料的社会结合和分配制度，才能调动一切积极因素，高效率、高效益地发展社会生产力。只有在高效率的基础上创造出越来越多的社会财富，才能真正实现共同富裕的社会公正和公平。因此，在收入分配上，初次分配一定要以效率优先为原则，按劳分配为主，多劳多得，允许属于个人的资本等生产要素参与收益分配。不论哪种经济成分，只要是通过诚实劳动和合法经营所得，都要予以鼓励和保护。一定要合理拉开收入差距，彻底打破“大锅饭”。在再分配中，主要通过实行收入调节政策，运用经济杠杆，合理地调节收入差距，该征个人所得税的征个人所得税，该征遗产税和赠与税的征遗产税和赠与税。同时，建立多层次的社会保障体系，以社会保险、社会救济、社会福利等手段，保障生活需要，保持社会稳定，并用铁的法律手段，打击违法敛财和盗窃国库的各类犯罪分子。防止两极分化，实现共同富裕，是社会主义的本质特征，也是社会主义制度优越性的表现。

解放思想　加快所有制改革 *

我国改革正处在关键时期。党的十五大在经济改革理论和实践上一系列新突破、新决策，特别是在公有制实现形式上的新突破，必将在思想领域出现一次新的大解放，主要涉及以下三个敏感性的问题。

其一，公有制和市场经济的关系问题。近二十年来的改革，已突破了把二者看作是不能兼容的传统观念，使人们的思想来了个大解放。随着制度创新实践的发展，在公有制与市场经济关系的更深层次上又遇到了新的障碍。主要是，有些人认为国有经济改革为股份制经济削弱了公有制；国有资产流动使劳动者丧失了共同占有的生产资料，是搞私有化。这种观念错误的实质在于：公有制的资本组织形式和经营方式改变等不等于公有制性质改变？这是思想解放面临的新课题。党的十五大深刻地分析了这种形势，明确指出："一切反映社会化生产规律的经营方式和组织形式都可以大胆利用。股份制是现代企业的一种资本组织形式，……资本主义可以用，社会主义也可以用。"这就告诉我们，国有经济的企业是采取独资形式还是采取股份制形式，是公有法人组成股份公司还是同非公有法人、自然人组成股份公司，只是公有制在资本组织和经营活动上的实现形式改变。形式

* 原载《理论前沿》1998 年第 12 期。

变了，劳动者共同占有生产资料的性质并没有改变。传统观念不仅把市场经济与社会制度等同起来，而且也把市场经济中所有制实现形式与所有制等同起来。事实上，所有制与所有制实现形式虽有联系，但不是同一层次的问题。所有制表明财产归谁所有，它决定生产关系的根本性质。所有制实现形式只表明财产（资本）的组织形式和经营方式是什么样的，它反映的是社会化生产规律的客观要求，并不反映生产关系的根本性质。因此，一种所有制可以有多种实现形式，不同的所有制也可以有相同的一种实现形式。我们进行公有制改革，改革的是与市场经济不相适应的旧的实现形式，重新塑造的是与市场经济相适应的新的实现形式。在我国现阶段市场经济条件下，公有制只有采取包括股份公司制、股份合作制在内的以及与非公有制混合多种资本组织形式的经营方式，才能适应社会化生产规律的要求，才能富有市场竞争力。这种改制，恰恰是巩固和发展公有制，而不是削弱公有制，更不是搞私有化。

其二，公有制与劳动者私有制的关系问题。近二十年来的改革，已突破了把二者看作是“两个阶级、两条道路”斗争的传统观念，认识到社会主义在相当长历史时期特别是在初级阶段，不仅不能而且不允许搞单一的公有制。在这种思想解放的推动下，改革开放以来，各地根据实际情况，大胆调整了所有制结构，多种经济成分在实践中成为新的经济增长点。但随着改革深入发展，在公有制与个体私有制共同发展的更深层次的关系上，也遇到了新的障碍。主要表现在：一是在国有企业进行公司制改革中，把向全体职工募股说成是向私有制倒退；二是国有小企业在改为股份合作制企业时，把资产存量经评估划股卖给全体职工，看作是公有制的瓦解；三是有困难的国有企业在建立多层次社会保障制度时，把经评估的资产存量划出适当部分作为有一定工龄职工的养老保险金，说成是私分公有财产。这个问题的关键在于：在公有制外部可以允许和鼓励劳动者个人私有制发展，再进一步，在公有制内部允不允许劳动者个人私有成分存在和发展？

与此相适应，劳动者的按劳分配与按生产要素分配允不允许在公有制内部同时存在？党的十五大突破了这些新的禁区，指出："公有制不仅包括国有经济和集体经济，还包括混合经济所有制经济中的国有成分和集体成分。""把按劳分配和按生产要素分配结合起来。"我们必须重新认识这种混合经济成分存在的意义。实际上，在公有制经济中都包含着劳动力属于劳动者个人所有的成分，由于公有成分占支配地位，它仍然是公有经济。在国有企业进行改革中，职工作为资本所有者，在公有股份公司中持股，不仅有利于财产组织形式社会化，而且在联合劳动中能更好地体现企业主人翁精神，激发生产积极性。在规范的股份合作制企业中，就劳动合作和劳动者资本合作的性质来说，是社会主义集体经济的一种新的组织形式。中小型国有企业改为股份合作制企业，虽然联合劳动者同生产资料直接结合的形式变了，但共同占有的性质没变，仍然是公有制。用"三个有利于"的标准来衡量，国有经济和集体经济没有高级、低级之分，谁适合生产力发展谁就是较好的占有方式和实现形式。把不适应生产力发展要求的国有企业转变为适应生产力发展要求的集体企业，不是退步而是进步。在建立现代企业制度的配套改革中，把国有资产存量经过评估的一部分，划给职工个人作为养老保险金可以不可以呢？从根本原则来说，国有资产不允许无偿地划分给个人，但考虑到过去我国国有经济长期对职工实行低工资制度和国家统一分配的劳动保障制度，把用于个人生活消费的必要价值的一部分也留作积累，用于国家建设投资。这无论从理论上看还是从实际上看，现存的国有资产的一部分，是由劳动者生活费用中用作积累的那部分形成的。基于这种情况，在当前重建各种社会保障制度时，从经过评估的国有资产存量中，划出适当部分作为工龄较长职工的养老等社会保障基金，对那些缴纳社会保障基金有困难的企业来说，是可以考虑的。总之，在对待公有制与劳动者个人私有制的关系上，不仅在外部需要共同发展，而且应当进一步使这两种所有制向混合所有制经济或带有混合所有制经济特点的方向发展。

其三，公有制和资本主义私有制的关系问题。近二十年来的改革，已突破了把二者看作始终存在不可调和的对抗性斗争、只有消灭资本主义私有制才能建立社会主义、允许资本主义经济存在就是走资本主义道路的传统观念，认识到在社会主义相当长的历史时期特别是在初级阶段，在坚持公有制为主体的前提下，不仅要积极鼓励和引导个体私有制经济发展，而且要积极引导资本主义经济发展。这个禁区的突破，确实给了思想以极大的解放。但随着改革的深入，在公有制与资本主义私有制关系向更深层发展上，传统观念又设置了新的禁区。主要表现在：一些国有企业可不可以让外资企业或国内私营企业兼并、购买？在进行股份改革中允不允许他们对一般竞争性国有大中型企业控股？一些人总觉得让资本主义企业兼并、购买或控股难以接受，甚至强烈指责这是瓦解公有制，搞私有化。党的十五大从理论上进一步明确了包括资本主义经济在内的“非公有制经济是我国社会主义市场经济的重要组成部分”。这个新的科学论断同非公有制经济也是社会主义初级阶段基本经济制度重要组成部分的论断一样，是认识上的一个大飞跃。这一新的飞跃表明，在社会主义相当长的历史时期，不仅要大力发展公有制经济，也要积极发展非公有制经济，要形成与现阶段生产力水平相适应的所有制结构和国有经济布局。这就要求，在进行所有制结构调整的同时，也要对国有经济进行战略性调整。在调整中，一些国有中小型企业，甚至也有某些大型企业，被兼并或破产、拍卖，可以说是市场选择的必然结果。其中有的被国内私营企业或外资企业兼并、收购、控股也是正常的。这种调整，一则说明，在社会主义市场经济中，企业能否生存和发展，决定权在市场；二则说明，国有企业被兼并联合或控股，但它在这种混合所有制经济中依然存在，并没有丧失。这也不是倒退，是公有制经济发展壮大的一种新形式。

上述情况表明，我们今后在改革和发展的思路上应有新的反思。

——社会主义公有制能不能“纯而又纯”？总结社会主义历史经验和我国改革开放以来实践经验证明，在相当长历史时期特别是在初级阶段，就整个社会来说，不能“纯而又纯”，要以公有制为主体，多种所有制经济共同发展，这是生产力水平决定的。就公有制内部来说，也不全是“纯而又纯”，除了关系国家经济命脉的特殊产业、特殊产品生产企业，可以是纯粹国有制的、公有制的，而更多的行业和企业是混合所有制经济的。在这方面的新思想解放，对进一步完善和发展所有制结构，对于开拓公有制多种实现形式的思路，是重要的基础。

——社会主义的经济基础是不是一定是清一色公有制的生产关系？马克思主义认为，一定的社会经济基础是由一定的社会生产力水平决定的。在社会主义初级阶段，由于生产力水平还比较落后，存在着多层次性和不平衡性，客观上要求建立以公有制为主体、多种所有制经济共同发展的所有制结构。这也必然形成公有制的生产关系占支配地位、多种所有制的生产关系相互联系的经济基础。我们一定要从适应生产力发展的高度来看待社会主义市场经济的所有制结构，来看待社会主义初级阶段基本经济制度的确立；同时，一定要从社会主义市场经济所有制构成的高度，从社会主义初级阶段基本制度确立的高度，来看待公有制和非公有制经济关系以及公有制和混合所有制经济关系。

——在社会主义制度下能不能利用私有制经济、利用资本主义经济促进社会主义经济发展？改革开放以来，根据现阶段生产力的发展要求，我们在实践中认识到，在社会主义相当长历史时期，不能消灭私有制，不能消灭资本主义经济，要在坚持公有制为主体的前提下共同发展。现在需要进一步提高境界，在共同发展社会主义市场经济中，要利用私有制来发展公有制，利用资本主义来发展社会主义，不仅要在外部利用，还要敢于在公有制内部利用。我认为，在发展多种所有制经济中，在发展混合所有制经济中，坚持公有制的主体地位，坚持国有经济的主导作用，就是要我们学会这种本领。当然，这种利用要有原则，要有艺术，要有度，就是要很好地掌握控制力。利用得好，结果不是社会主义公有制被资本主义私有制融合，而是由社会主义公有制融合私有制，融合资本主义。当然这要相当长的时间。但这很有意义。我们不是提出多种所有制经济共同发展，到什么时候是一站，到什么时候过渡到共产主义吗？我认为公有制在混合所有制经济中融合私有制，融合资本主义经济，就是过渡到共产主义的一条途径。

公有制与市场经济相结合的理论和实践 *

创立公有制与市场经济相结合的理论，是邓小平对马克思主义的重大贡献。这一理论是指导我国改革和发展的重要指导思想。当前对公有制特别是对国有经济改革仍有不同看法，实质上是对公有制要不要同市场经济相结合存在不同看法。因此，深入学习和领会邓小平这一崭新的科学思想，具有极为重要的理论意义和实践意义。

一、理论上的重大突破

公有制是社会主义生产关系的基础。这种社会化占有方式同社会化大生产相适应，是社会主义制度优越性根本之所在。毫无疑问，要建立社会主义，必须建立公有制经济；要坚持和不断完善社会主义，也必须坚持和不断完善公有制特别是起主导作用的全民所有制经济，即社会主义国有经济。但是社会主义制度能否巩固和发展，优越性能否充分发挥，根本问题

* 原载《中国党政干部论坛》1997年第9期。刊出后，被评为优秀论文，相继入选《中国改革发展文库》和中央文献出版社大型文献丛书《中国改革开放二十年＜经济体制改革理论卷＞》。

在于公有制特别是国有经济的产权关系是否同现阶段生产力发展状况相适应，所采取的实现形式是否同现阶段生产力所决定的经济运行方式相统一。

人类历史的实践表明，由十月革命所开创的现实的社会主义，由于同马克思主义创始人对未来社会设想的历史条件不同，不是首先在高度发达的资本主义国家诞生，而是在生产力不发达的比较落后的资本主义国家，甚至是在殖民地、半殖民地半封建国家出现。这决定了不可能也不允许实行全部生产资料归社会直接占有，甚至不可能也不允许实行单一的公有制；劳动者的劳动还必须通过市场上的商品交换以价值形态转化为社会劳动。在这种历史条件下，任何试图抛弃或者消灭商品、价值和市场经济的观念和做法，都必然会犯历史性错误。可是，传统的观念却不顾历史条件的不同，生搬硬套地照抄马克思主义创始人设想的未来社会的模式，因而不可避免地会扭曲社会主义的形象，扼杀社会主义的生命力，甚至会葬送社会主义。这正是由斯大林建立的传统计划经济体制产生一系列难以克服的弊端和成为僵化模式的根源之所在。

在社会主义实践中，公有制所采取的这种传统计划经济体制的实现形式，必然越来越成为生产力发展的障碍。这种不相适应的矛盾也必然反映到人们的认识上。在社会主义经济制度发展的数十年中，曾在不同时期不同国家断断续续地提出了改革的思想，但都未根本上解决公有制实现形式同市场经济运行方式相统一的问题。

邓小平同志总结了国内外社会主义的历史经验，科学地创立了建设有中国特色的社会主义理论，并以党的十一届三中全会为起点，开创了改革开放的新时期，从理论和实践上回答了公有制同市场经济是对立的还是统一的这一具有划时代意义的问题。在我国实行改革开放不久，他就明确指出：“社会主义也可以搞市场经济。”[①]之后，随着改革开放实践的发展，

① 《邓小平文选》第2卷，人民出版社1994年版，第236页。

在每一关键时刻一次又一次地阐明，“社会主义和市场经济不存在根本矛盾”[①]，“计划和市场都是方法”[②]，并明确指出现在不要再提计划经济为主，“绝不能重复回到过去那样，把经济搞得死死的”[③]。直到1992年1月南巡讲话时，更加深刻和精辟地指出：“计划经济不等于社会主义”，“市场经济不等于资本主义”[④]。这一系列科学论述，从根本上解除了把计划经济和市场经济看作属于两种社会制度范畴的思想束缚，深刻地说明了社会主义基本制度和市场经济体制是可以结合在一起的，从而使公有制与市场经济相统一的理论实现了划时代的重大突破，对丰富和发展马克思主义作出了重大贡献。

二、重塑公有制实现形式

任何一种生产关系都有发生、发展的过程。适应社会生产力不断发展的要求，生产关系不仅在内容上要不断完善，而且在实现形式上要不断更新。生产关系与生产关系实现形式是不同层次的问题，二者之间既有联系，又有区别，并不互相等同。因此，在不改变生产关系的前提下，适时地进行生产关系实现形式尤其是所有制实现形式的创新，是解放生产力，发展生产力，不断完善社会主义制度的重要途径和手段。

邓小平同志早在1962年就指出：“在生产关系上不能完全采取一种固定不变的形式，看用哪种形式能够调动群众的积极性就采用哪种形式。”[⑤]生产关系各个方面、各个环节实现形式的总和构成经济体制模式。我国实行

① 《邓小平文选》第3卷，人民出版社1993年版，第148页。
② 《邓小平文选》第3卷，人民出版社1993年版，第203页。
③ 《邓小平文选》第3卷，人民出版社1993年版，第307页。
④ 《邓小平文选》第3卷，人民出版社1993年版，第373页。
⑤ 《邓小平文选》第1卷，人民出版社1994年版，第323页。

改革开放以后，邓小平同志又多次明确说明，社会主义没有固定不变的模式，“必须对我国的经济体制进行改革”[①]。一个社会的经济体制处于生产关系与生产力相联系的中介环节和中间层次。生产关系是否同生产力发展相适应，首先表现为经济体制是否同生产力发展相适应。这一思想是对生产关系认识的一个飞跃。所以，我们进行经济体制改革，改革的是不适应生产力发展的生产关系旧的实现形式，并不改变社会主义生产关系的根本性质。

如何根据生产力发展要求，选择和确立与之相适应的社会主义生产关系实现形式呢？必须根据生产力发展状况及其必然采取的具体活动形态来决定。生产力发展要达到马克思主义创始人对未来社会设想的使商品、价值自然消亡的那样的高度，是整个社会主义历史时期（甚至更长一些）的任务。我国现在还处在社会主义初级阶段，商品经济充分发展依然是我国社会经济发展不可逾越的阶段，客观上要求市场仍然对资源配置起基础性作用。这一状况从根本上决定了我国社会主义生产关系必须采取同社会主义市场经济相结合的实现形式，才能适应社会生产力的发展要求，也才能促进社会主义生产关系不断自我完善和发展。而这一变革又突出地表现在如何选择和确立与市场经济相适应的公有制实现形式上。

因此，重塑公有制实现形式就是题中应有之义。在实践中，重塑公有制实现形式则表现为全面制度创新，即在生产、分配、交换、消费各个领域中改革旧的经济体制及其利益机制关系，建立新的经济体制及其利益机制关系。这种全面制度创新的过程，正是社会主义生产关系自我完善自我发展的过程，也是从传统计划经济体制向社会主义市场经济体制转变的过程。可见，新旧经济体制转变的实质就在于：改变以公有制为基础的社会主义生产关系旧的实现形式，塑造新的实现形式，把公有制与市场经济结合起来。这是科学社会主义进入新的历史时期的重要标志。

---

① 《邓小平文选》第3卷，人民出版社1993年版，第138页。

三、制度创新的深刻意义

党的十一届三中全会以来，我国在实现公有制与市场经济相结合的实践中，积极探索公有制特别是国有经济新的实现形式，开始进行全面制度创新，不断深入地促使传统计划经济体制向社会主义市场经济体制转变。转变的基本点集中表现在以下四个方面：

第一，使企业由作为国家行政机构的附属物向自主经营、自负盈亏、自我发展、自我约束的法人实体和市场竞争主体转变。目标是确立公有制能与市场经济相结合的微观实现形式，从整体上搞活国有经济。目前，我国在这一领域的制度创新已进入以建立股份公司为主要形式的新阶段。首批国有企业建立现代企业制度试点的国务院 100 户和各省、区、市 2598 户，都不同程度地进入实施阶段。在全国先后进行的 115 户企业集团试点、3 户控股公司试点、110 个优化资本结构城市试点，也正在顺利开展。这些试点都已取得了阶段性改革成果和经验。国有企业改革正进入关键性的攻坚阶段。

第二，由国家定价的单一的消费品市场向全国统一、开放、竞争、有序的市场体系转变。目标是确立公有制能与市场经济相结合的交换关系实现形式，形成以市场为中心的经济运行方式。目前我国在这一领域的制度创新已有很大进展。消费品和部分生产资料已由卖方市场转化为买方市场。已建立综合性和专业性生产资料市场 1000 多个。资金市场已开办了 50 多个，设立证券交易公司 1000 多家，上市的股份公司有 500 多户。技术市场已见规模，劳动力市场初步形成，房地产市场也重新启动。随着市场体系的培育和发展，价格机制也发生了重大变化，95% 以上的商品零售价格已由市场定价，市场配置资源的运行方式已基本形成。

第三，由国家直接分配个人收入和社会福利待遇向以按劳分配为主、多种分配方式并存和实行多层次社会保障体系转变。目标是确立公有制能与市场经济相结合的分配关系实现形式，形成效率优先、兼顾公平的分配机制。目前我国在这一领域的制度创新也在不断深入。分配中吃“大锅饭”的平均主义已被打破，劳动者的个人收入已同单位经济效益、岗位技能、劳动成果相联系，一部分地区、一部分人已开始先富起来，并以各种方式带动和帮助后富的地区和人们。市场分配机制已初步形成。多层次的社会保障体系也见雏形。据统计，参加企业职工养老保险社会统筹的在职职工达 8993 万人，离退休人员达 2310 万人，参加企业职工失业保险的在职职工达 8271 万人，分别占各自总数的 79.3%、97.6% 和 72.8%。

第四，在宏观上由以行政手段为主、直接管理企业的方式向以经济手段为主、间接调控企业的方式转变。目标是确立公有制能与市场经济相结合的宏观实现形式，建立健全新的调控体系。改革开放以来，我国在这一领域的制度创新进行了大胆探索，1994 年取得了突破性进展。以分税制为核心的新财政体制，以增值税为主体的新税制，已经基本建立并正常运行，加强了中央银行的独立性，政策性金融和商业性金融初步分开，并顺利实现了汇率并轨。近两年来，这一领域的改革继续深入，新的宏观调控体系框架已初步建立起来。通过适度从紧的宏观调控，我国经济发展 1996 年成功地实现了“软着陆”。

实践告诉我们，经济体制改革的深刻意义就在于：通过确立公有制与市场经济相结合的新的实现形式和经济运行方式，进行全面制度创新，从而实现社会主义生产关系的自我完善和发展，解放生产力，发展生产力，以赋予社会主义新的强大生命力，充分发挥社会主义制度的优越性。就这个意义的深刻性来说，“是第二次革命”①。

由此可见，我们必须正确认识和对待以下问题：

——坚持社会主义当然要坚持公有制，坚持公有制的主体地位。但是，

① 《邓小平关于建设有中国特色社会主义的论述专题摘编》，中央文献出版社 1992 年版，第 84 页。

要分清是什么样的公有制。在存在商品、价值和市场经济的社会主义历史时期，不是空想的而是科学意义的公有制，也不是传统观念的公有制，而是现实中与市场经济相结合的公有制。不顾这一历史事实，仍然以传统观念看待公有制，就不是科学社会主义者，不是马克思主义者。

——坚持以公有制经济为主体不等于坚持以国有经济为主体，国有经济比重下降不等于公有制经济主体地位削弱。适应我国现阶段生产力状况，决定了生产结构必然是多种联合劳动占有方式和多种生产资料占有方式并存和长期共同发展。随着社会经济的发展，尽管国有经济总量不变甚至也在扩大，但由于其他经济成分和其他公有制形式增长较快，国有经济占国内生产总值或国有工业占工业总产值的比重也会下降。这种下降是合乎生产力发展要求的，绝不等于公有制主体地位削弱。即使掌握国民经济命脉的国有经济下降到 30% 左右，公有制经济下降到 60%—70%，公有制经济也仍然占主体地位。进一步看，由于传统体制下国有经济资本结构不合理，比重过大，在实行资本结构优化重组中，一部分国有企业破产或者被优势国有企业所兼并，这并不影响整个国有经济的主导作用。再进一步看，在资本结构重组中，一部分中小型国有企业转为股份合作制或其他形式的集体经济，虽然国有经济的比重下降了，但公有制经济的比重并没有下降，只是联合劳动占有方式变化了。这更不是削弱了公有制主体地位，也不等于联合劳动者丧失了生产资料，也绝不会改变社会主义生产关系性质。再进一步看，即使一部分国有企业主要是小企业由于长期亏损、资不抵债，以拍卖、兼并的形式出售给非公有制经济，在实物形态上、产权形态上国有经济乃至公有制经济总量是减少了，但在价值形态上按照市场评价又全部收回来，把它用于经济效益好的其他国有企业或新建企业，使之成为新的增长因素。这种变更，从一种形式看，从短期看，国有经济乃至公有制经济少了些；从另一种形式看，从长期看，国有经济会更好地发展。如果不怀偏见，这是不言自明之理。

——坚持社会主义公有制必须坚持公有制与市场经济相结合。结合的关键是重塑公有制实现形式。社会发展的历史表明，同一种所有制可以有多种实现形式，不同的所有制也可以采取同一实现形式。一种所有制实现形式的改变，主要是这种所有制内部的产权组织方式和经营管理方式的改变。实现形式变了，所有制性质并不改变。在一个社会中占主体地位的所有制采取什么样的实现形式为好，要由当时的生产力水平及社会经济运行方式来决定。在我国现阶段，根据社会主义市场经济的活动特点和运行规律的要求，公有制经济特别是国有经济必须扬弃与之不相适应的旧的实现形式，塑造与之相适应的新的实现形式，即塑造符合以市场为中心进行资源配置的生产、分配、交换、消费关系的具体实现形式。实践中，这一改革的重点和难点又在于塑造国有经济的微观实现形式。随着现代市场经济的出现和发展，公司制企业成为适应产权组织和资本运营社会化的较好形式，因而实行公司制是国有企业建立现代企业制度的有益探索。这说明，国有企业进行公司制改造，主要是改造成为多元化国有出资人或国有出资人控股的有限责任公司和股份有限公司，实质上是重新塑造一种产权组织和资本运营社会化的微观实现形式，使之适应现代市场经济的发展要求，真正成为自主经营、自负盈亏的市场主体。它改变的是公有制实现形式，不是公有制的性质，不仅不会像一些人担心的那样会导致私有化，而且会增强公有化，增强公有制经济的活力，更充分地体现社会主义公有制的优越性。

马克思主义所有制理论在中国的新发展*

中国人民建立社会主义国家的五十年，也是马克思主义在中国胜利的五十年、新发展的五十年。在庆祝中华人民共和国成立五十年之际，认真回顾和深刻认识马克思主义所有制理论在中国的新发展，具有重要的现实意义。

一、所有制科学内涵的新探索

以生产资料所有制为基础的生产关系是否适应生产力的发展，是决定社会发生发展的根本性因素。马克思主义创始人在揭示社会经济运动规律中所确立的所有制科学内涵及其运动规律的理论，在马克思主义经济理论宝库中占有极其重要的地位。

生产资料所有制所体现的，是物质生产中主客观条件以特殊方式方法相结合的一种占有方式，一种经济关系。它不是一个孤立的生产资料归谁所有的问题，而是生产关系各个环节有机联系的基础内容的表现。它从来没有固定的模式，而是“随着物质生产资料、生产力变化和发展而变化和

* 原载《理论视野》1999 年第 5 期。

改变的”[①]。不同的生产力性质和水平，与之相适应有不同的占有方式或同一占有方式的不同形式。

马克思在研究人类历史发展过程中，科学地揭示了五种占统治地位的所有制形式决定的社会形态相继更替的客观规律。在探索未来社会占统治地位的公有制经济时，曾提出在高度发达的生产力基础上建立单一社会所有制的设想。随着社会实践的发展，当进一步揭示无产阶级夺取政权后国家还不能立即消亡时，及时提出了国家所有制的形式。当考察了德、法、俄这些国家还存在大量农民个体生产者时，又提出了合作制的形式。列宁继承了马克思主义关于所有制理论的这些科学思想，并且结合俄国的实际，进一步提出了“全民的”[②]所有制和“集体企业”[③]的新概念，创造性地论述了从资本主义到社会主义的过渡时期存在多种经济成分以及它们之间的相互关系。这充分说明，任何生产资料所有制都不是单一的、孤立的、凝固不变的，而是多样性的、多层次的、发展变化的。斯大林把第一个社会主义国家创立的两种公有制形式，作为凝固不变的模式，形成了一种越来越僵化的传统观念，严重地阻碍了社会主义所有制理论的探索和发展。

新中国成立后，毛泽东根据马克思列宁主义所有制理论的基本原理和过渡时期的学说，创造性地发展了社会主义改造的思想。他把生产关系的变革同生产力的发展结合起来，领导制定了“一化三改”的总路线，并且把每一种生产关系的变革都适应生产力逐步发展的要求，实行分阶段的多样化的改造方针。社会主义改造基本完成后，在发展社会主义公有制问题上，起初也是照搬斯大林模式。虽然在实践中也觉察到这种模式的某些弊端，提出了走自己的路，也进行了一些改革，但始终未突破传统模式的束缚，特别是在“左”的思想影响下，无论是在实践上还是在理论上，都越

① 《马克思恩格斯选集》第 1 卷，人民出版社 1972 年版，第 345 页。

② 《列宁全集》第 30 卷，人民出版社 1985 年版，第 145 页。

③ 《列宁全集》第 43 卷，人民出版社 2017 年版，第 366 页。

来越凝固化。

邓小平深刻地总结了社会主义发展的历史经验，确立了解放思想、实事求是的思想路线，一再指出不能照抄照搬别国模式，并且在亲自领导制定的十一届六中全会《决议》中明确指出："社会主义生产关系的发展并不存在一套固定的模式，我们的任务是要根据我国生产力发展的要求，在每一个阶段上创造出与之相适应和便于继续前进的生产关系的具体形式。"这一科学见解，极大地解放了人们的思想，有力地推动了我国经济体制改革的开展，并随着改革实践的逐步深入，在社会主义所有制理论的探索中，也逐步深入地实现了一系列创新。本文下面着重对所有制结构、产权关系、公有制实现形式理论的新发展作一论述。

二、所有制结构理论的新贡献

正确认识和确立社会主义初级阶段的所有制结构，是弄清什么是社会主义、怎样建设社会主义的一个根本性问题。

传统观念把单一公有制同社会主义等同起来，把全盘集体化、全盘公有化看作是建成社会主义的标志。我国虽然在过渡时期创造性地发展了对农业、对手工业、对资本主义工商业进行社会主义改造的具体形式和道路，但因受传统观念的影响，急于过渡。三大改造基本完成后，"左"的思想越来越严重。

党的十一届三中全会后，我国的所有制结构改革首先是在矛盾最集中的农村开始的。广大农民创造性地改变了"一大二公"的人民公社所有制，实行了多种形式的家庭联产承包责任制，还萌发了新的个体经济。在农村改革的推动下，城市的所有制改革也逐步展开。在国有企业实行扩权让利的同时，从事工商业的个体户也有了新的发展。1981 年党的十一届六中全会在《决议》中指出："一定范围的劳动者个体经济是公有制经济的必要补充。"党的十二大报告也着重指出发展个体经济有不可替代的作用。实践上、理论上的这一重要突破，为发展多种经济形式起了先导作用。

随着对外开放的实行，邓小平针对新出现的形势指出："吸收外资可以采取补偿贸易的方法，也可以搞合营。"[①] 在这一思想指导下，外商投资的合作企业、合资企业、独资企业不断增多。到了 1984 年，党的十二届三中全会在《决定》中第一次明确阐明外商投资经济也"是对我国社会主义经济必要的有益的补充"。

在出现多种经济形式并存发展的改革实践中，迫切需要对公有制的地位进行更深入的认识和确定。邓小平又针对这种形势，把马克思主义关于占统治地位的生产关系决定社会经济结构性质的原理，同我国现阶段存在多种经济形式的实际结合起来，党的十二届三中全会刚刚结束就提出"公有制为主体"这一新概念。之后，又多次强调社会主义有两个根本原则：一个是公有制占主体，一个是共同富裕。以公有制为主体，既不是搞单一公有制，也不是削弱公有制，而是在确保公有制的统治地位、使其不断发展壮大的前提下，积极促使和引导多种经济形式共同发展。

在理论上和改革方针上明确公有制的主体地位，进一步推动了多种经济形式的发展。私营经济的重新出现也是必然的现象。经过一段的慎重观察和实践检验，在 1987 年初颁布的《把农村改革引向深入》这一党的重要文献中，第一次指出：在社会主义初级阶段，"个体经济和少量私人企业的存在是不可避免的"。不久，在党的十三大报告中，总结了改革以来的新鲜经验，进一步指出："社会主义初级阶段的所有制结构应以公有制为主体……对于城乡合作经济、个体经济和私营经济，都要继续鼓励它们发展。"这一论述全面明确地概括了现阶段所有制结构的内容，标志着这一新

① 《邓小平文选》第 2 卷，人民出版社 1994 年版，第 156 页。

的所有制结构模式及其理论的形成。

党的十四大报告根据邓小平南方讲话精神，进一步指出："一主多辅"的所有制结构是建立社会主义市场经济体制的基础，并把"并存"改为"长期共同发展"，把外商投资的合资企业、合作企业、独资企业统一概括为"外资经济"。在此基础上，十四届三中全会的《决定》又特别指出："随着产权的流动和重组，财产混合所有的经济单位越来越多，将会形成新的财产所有结构。"这些新的提法和论述，进一步完善了社会主义初级阶段所有制结构理论的内容。

党的十五大在深入总结建立社会主义市场经济体制经验的基础上，又作了新的重大突破，进一步指出："公有制为主体、多种所有制经济共同发展，是我国社会主义初级阶段的一项基本经济制度。"同时指出："非公有制经济是社会主义市场经济的重要组成部分。"这一新的科学见解，揭示了这一新型所有制结构模式的深刻内涵，从而把对这一理论的探索推向一个前所未有的高峰，也把非公有制经济发展推上一个新的阶段。截至1997年底，非公有制经济在国民生产总值中所占的比重已上升到24%。

社会主义初级阶段所有制结构理论的确立，是一个重大的理论贡献，同时也为我国经济体制改革和现代化建设胜利进行奠立了一块牢固的理论基石。第一，它在社会主义所有制问题上，突破了传统观念的束缚，把马克思主义的基本原理同我国社会主义初级阶段的实际结合起来，创造性地发展了马克思主义所有制理论，赋予了社会主义生产关系以新的生命力；第二，它在经济体制上彻底突破了单一公有制的模式，第一次建立了公有制为主体、多种所有制经济共同发展的所有制结构，构造了社会主义市场经济体制的基础，给以公有制为基础的社会主义基本经济制度增添了新的色彩；第三，它对社会主义条件下非公有制经济的命运和地位赋予新的内涵，明确了发展多种所有制经济对合理调整和不断完善所有制结构的必要性、稳定性和长期性，为建设有中国特色的社会主义的蓝图勾画了重要一笔；第四，它为我国社会生产力的发展开拓了广阔而又深厚的动力源泉，找到了新的经济增长点，必将推动我国国民经济持续、快速、健康地向前发展。

三、产权关系理论的新丰富

我国所有制改革，既突破了外部结构的单一公有制的传统经济模式，也突破了内部结构的高度集权的传统产权模式，为丰富马克思主义所有制理论谱写了新篇章。

马克思主义创始人在揭示生产资料所有制的本质规定性及其运动规律时，还从法律规定性上揭示了所有制内部各种权利关系的分离与组合，建立了马克思主义产权理论的基础。

产权是指财产权利。它包括以财产所有权为核心的一组权利。马克思在他早期的一些著作，例如在《黑格尔法哲学批判》中，就揭示和论述了各种财产关系以及相应的权利关系。在他的代表作《资本论》中，又多次论证了资本所有权与资本使用权的分离和对立，以及这种分离和对立在生息资本、股份制企业的具体表现，致使产权二重化分离为法律上的所有权与经济上的所有权。列宁继承了马克思关于所有、占有、支配、使用“四权”分离的思想，并结合俄国实际作了具体阐述。

邓小平根据马克思主义产权关系的基本原理，针对我国遇到的这一问题，在党的十一届三中全会前夕就指出：“现在我国的经济管理体制权力过于集中……应该让地方和企业、生产队有更多的经营管理的自主权。”[①]这一重要论述，从理论上和实践上拉开了体制改革的帷幕，也拉开了产权

① 《邓小平文选》第 2 卷，人民出版社 1994 年版，第 145 页。

关系重组的帷幕。三中全会公报根据这一思想明确阐明了改革开放的方针。改革中，亿万农民创造的家庭联产承包责任制，是传统产权关系的一个大突破。继而，在城市国营企业开展了扩大自主权的试点，实行了“两权”分离，明确了公有制内部五种权能，进一步推动了国有经济产权关系的重组。党的十二大报告总结了理顺产权关系的实践经验，肯定了股份制的试行，同时指出：“一些小型全民所有制企业的产权，可以有偿转让给集体或个人。”这是在党的重要文献中第一次使用产权范畴，标志着我国产权关系调整将进一步走上理论化的轨道。

1992年春，邓小平南方讲话又一次极大地解放了人们的思想。党的十四大报告从建立社会主义市场经济体制的高度明确指出：“通过理顺产权关系，实行政企分开，落实企业自主权，使企业真正成为自主经营、自负盈亏、自我发展、自我约束的法人实体和市场竞争的主体，并承担国有资产保值增值的责任。”这一科学论述，阐明了我国产权制度改革的核心问题，开创了把马克思主义产权理论的基本原理同社会主义市场经济相结合的新途径。根据十四大的精神，三中全会的《决定》明确指出，建立现代企业制度是我国国有企业改革的目标，其基本特征是产权清晰、权责明确、政企分开、管理科学，并进一步阐明了产权制度改革的方向和途径，即：明确了出资人产权和企业法人财产权，明确了现代企业按照财产构成可以有多种组织形式，明确了实行公司制是企业制度创新的有益探索，明确了对国有资产要实行国家统一所有、政府分级监管、企业自主经营的管理体制。这标志着社会主义市场经济条件下产权理论的形成，标志着国有企业改革从扩权让利走上制度创新的新阶段。

党的十五大进一步总结了制度创新的经验，在深入探索反映社会化生产规律的财产组织和经营方式的基础上，确立了公有制实现形式理论；在强调全面准确地领会贯彻现代企业制度四个基本特征的前提下，提出对国有大中型企业实行规范的公司制改革；在理顺产权关系上，要求进一步明确国家和企业双方的权益；在实行产权重组中，提出了对国有企业进行战略性改组和对国有经济重新进行战略性布局的方针。这些论述和决定，进一步丰富了社会主义市场经济条件下产权理论的内容。

马克思主义产权理论在我国的新发展，具有重要的现实意义。它揭示了社会主义市场经济条件下公有制内部权能关系的合理结构与运动规律，为进一步认识公有制实现形式，进行制度创新，提供了科学基础；它揭露了旧体制中产权关系的深层次矛盾和弊端，为推动国有企业从扩权让利向制度创新转变提供了理论依据，开创了国有企业改革的新阶段；它破除了产权问题上的传统观念，澄清了产权制度改革不等于公有制性质改变的深刻原因，同时也明确了要建立现代企业制度和社会主义市场经济体制必须进行产权制度改革；它从战略上调整了国有经济和公有制内部结构，确立了新的产权制度，使社会主义生产关系进一步适应生产力发展的要求，为解放生产力、发展生产力开辟了更为广阔的道路。

四、公有制实现形式理论的新创立

社会主义公有制作为联合劳动者同生产资料直接结合的一种经济关系，由于产权组织形式和运营方式不同而表现出多种实现形式。

关于公有制实现问题，马克思主义创始人在当时的历史条件下，为揭示资本主义私有制必然为社会主义公有制所代替的客观规律，曾提出用“剥夺剥夺者”的办法、“赎买”的办法、合作化的办法，建立不同形式的公有制。这是公有制实现最根本的问题。无产阶级在俄国取得政权后，列宁、斯大林从建立社会主义经济基础的角度，强调不断发展和壮大公有制经济。这是公有制实现的又一重要问题，即在不断扩大再生产中不断实现社会主义生产关系扩大再生产。但是，公有制在市场经济运行中如何实现自己，或者说公有制怎样才能同市场经济结合起来，这是前人未提出也不可能提出的新问题，是我国在实行改革开放新的历史条件下迫切需要回答、需要解决的新问题。这也是公有制实现更深层次的问题。

邓小平在改革开放不久，就以深邃的目光、卓越的见解指出："社会主义也可以搞市场经济。"[①] 这一科学论断，为实现公有制与市场经济的结合开辟了崭新道路。尽管这一重大理论突破，当时还受传统观念的束缚，但随着市场取向的改革不断深入发展，逐渐认识到这一结合的关键是公有制采取什么样的实现形式问题。党的十三大报告从实践上和理论上对这一科学探索作了说明，指出股份制"是社会主义企业财产的一种组织方式"。党的十四届三中全会的《决定》进一步指出："现代企业按照财产构成可以有多种组织形式。"党的十五大报告全面总结了我国企业制度改革的实践经验和理论探索的成果，第一次明确提出："公有制实现形式可以而且应当多样化。"这是在公有制更深层次的实现问题上一次重大的理论突破。它是马克思主义所有制理论的一个具有历史意义的新发展，为实现公有制与市场经济结合找到了现实的有效的途径。

实践经验表明，所有制与所有制实现形式不同。所有制体现的是以财产归属关系为核心的占有方式；所有制实现形式体现的是财产权利的组织、运作、经营、管理的具体形式。它们是两个不同的层面。一种所有制或不同时期的同一所有制，可以有多种实现形式；而不同的所有制，也可以采用相同的实现形式。所有制实现形式反映了产权关系的内在结构，也反映了现代生产力的基本特点。产权结构创新的历史表明，所有制实现形式的变化不会改变所有制的根本性质。实际上，任何一种所有制实现形式的变化，大多是为了更好地实现自己的剩余索取权。因此，选择有利于使自己获得最大限度的剩余索取权的实现形式，是任何一种所有制的内在要求。

① 《邓小平文选》第 2 卷，人民出版社 1994 年版，第 236 页。

但是，所有制实现形式的变化，就其特点而言，大多不是直接反映于生产关系，而是反映于现代生产力，反映于社会化生产规律，如专业化分工、集约化经营、规模经济、市场发育程度、科学技术水平等，它们在市场经济中的运动规律和特点，直接影响所有制实现形式的构造。所以，一切反映社会化生产规律的经营方式和组织形式都可以大胆利用。

在我国探索和确立公有制实现形式理论的过程中，广大群众在邓小平理论指引下，从不同的实际情况出发，在吸取历史的和国外的财产组织形式和经营方式有益经验的同时，充分发挥了首创精神。在较为普遍采用的公有制实现形式中，属于企业财产组织形式的主要有：（1）股份制形式；（2）合作制形式；（3）股份合作制形式；（4）国有独资公司形式；（5）企业集团形式；（6）中外合资制形式；（7）中外合作制形式等。属于企业经营方式的主要有：（1）承包经营；（2）租赁经营；（3）授权经营；（4）委托经营；（5）托管经营；（6）以家庭承包为基础的双层经营等。

在已出现的多种多样的公有制实现形式中，股份制是建立现代企业制度的一种主要形式。

确立公有制实现形式的理论，是思想上的一次大解放，是马克思主义所有制理论的一个新发展，是公有制与市场经济相结合的有效途径，从而有力地推动了我国经济体制改革的深入发展，推动了企业制度创新和全面制度创新的深入进行。

转换经营机制是搞活国营大中型企业的关键所在 *

如何增强企业活力，特别是如何增强国营大中型企业的活力，是企业改革的核心问题。从当前国营大中型企业缺乏活力的种种表现的原因来分析，关键在于经营机制转换得不好，同社会主义商品经济发展不相适应。下大气力转换企业经营机制，是当前深化企业改革的一项紧迫任务。

一

我国城市经济体制改革开展以来，相继对国营企业采取了扩权让利、利改税、全面推行承包、小企业租赁、试行股份制、发展横向联合、组织企业集团以及改革领导制度和管理制度等一系列措施，推动了企业经营机制由国家直接管理生产经营活动开始向自主经营、自负盈亏、自我发展、自我约束转换，相应地也条件不一、程度不同地增强了活力，促进了国民经济以前所未有的步伐向前发展。

但是，这种转换是在新旧两种经济体制和两种经济发展模式转轨中进行的，不能不受到转轨中剧烈摩擦的影响，同时，由于在整个经济体制改

* 原载《国有资产管理》1992 年第 5 期。

革中存在着不配套和产权制度改革滞后，一些国营大中型企业遇到了越来越难以摆脱的矛盾和困境，发生了逆运转，产生了一系列抑制和削弱经济运行活力的负效应。

——缺乏自我约束，资产不能保值。国家原有固定资产折旧率长期偏低，50 年代平均为 3.1%，60 年代平均为 3.2%，70 年代平均为 3.5%，80 年代平均为 4.5%。所提取的折旧基金还不包括重置价格因素，仅此因素估计每年少提取折旧基金 500 亿元以上。同时，已提取的折旧基金又通过收缴能源交通重点建设基金和预算调节基金用于重点建设和预算平衡，企业留下的很少数额，还往往被挪作他用。国家投资新建项目，也没有严格的责任制度，1986—1988 年，全国基本建设投资总额共达 4045 亿元，新增固定资产仅为 2973.67 亿元，资产交付使用率由 79.1% 降到 71.1%。有些生产设备刚投产就处于闲置状态，1988 年全国预算内国营工业企业未使用、不需用和封存的固定资产有 258 亿元，一些设备处于长期闲置状态。资产流失也很严重，许多新购置的资产不入账，报废的资产不销账，有的擅自化国有资产为集体资产，变预算内资金为预算外资金。在中外合资企业中，有些国有资产低价入股，有些境外的国有资产已无价可计。

——缺乏自我创新，技术不能进步。我国现有大中型企业，很大一部分始建于五六十年代，工艺落后，设备老化，长期没有得到根本改造。据辽宁省调查，在近千家国营大中型企业的现有设备中，处于 50 年代水平的占 20% 以上，六七十年代水平的占 50% 左右，80 年代以后的所占比例很低，全国的情况也大体类似。在经济建设中，国家用于更新改造的资金长期偏少，在 1953—1975 年的 22 年中累计不到 950 亿元，只占同期投资总额的 16%。1988 年虽增加到 979 亿元，但其中又有半数以上用于新建扩建项目，用于改造投资的只占 40.5%。而在技改投资中又多数用于增加产量，真正用于节能、提高质量、增加花色品种的投资只占 22.5%。目前在我国工业生产增长中，科学技术进步的因素只占 20%—30%，而发达国家都在

60% 以上。

——缺乏自身动力，效益不能提高。主要是没有形成推动资产增值的内在扩张力和凝聚力，不能有效地消化能源、原材料涨价因素，也不能有效地改善物质消耗不断扩大、贷款利息不断加重、工资奖金增长过快、社会摊派过多、经营管理不善等状况，致使可比产品成本节节上升。据统计，1985—1988 年可比产品成本平均每年上升 6.7% 以上，其中 1988 年上升了 15.5%。由于成本上升，销售收入减少，企业的主要经济效益指标下降，在同一时期国营企业每百元工业产值实现利税由 21.51 元下降到 17.84 元。近两年下降得更为厉害，1989—1990 年，预算内工业企业实现利税下降了 18.5%，1991 年上半年又比上年同期下降 17.5%。而一些企业为了不影响留利和个人收入，有意少提折旧基金，隐瞒库存原材料和产成品溢价收入，甚至不惜弄虚作假，大量挂账，虚盈实亏。据工商银行对全国 1 万多户国营企业调查，发生亏损及潜在性亏损的企业多达 63%，其金额相当于调查企业账面亏损额的 1.72 倍。

——缺乏自担风险，亏损不能自负。由于没有完全割断同国家行政主管部门的脐带，一半靠市场，一半靠“市长”，经济责任不明确，预算软约束，因而既不承担投资风险，又不承担市场竞争风险，也不承担借债风险。实行税前还贷，税前承包，如遇收益减少，仍可要求减免税收，降低上缴税利基数，几乎不承担承包风险，只负盈不负亏。近几年来，国家财政用于企业亏损补贴，每年都在 400 亿元以上。1990 年一年因企业增亏而减少国家财政收入数百亿元。

——缺乏自我节制，利益不能制衡。在企业收益分配中，大头越来越向个人倾斜。据国家统计局统计，在国内生产总值的分配格局上，“七五”时期同“六五”时期相比，国家所占的比重下降了 4.7%，集体和个人所占比重分别上升了 2.1% 和 2.6%；反映在国民收入分配格局上，“七五”期间，居民收入所占比重已由 1985 年的 58.6% 上升到 1989 年的 62.9%，而国家财政收入所占比重却由 1985 年的 26.1% 下降到 1989 年的 18.8%。在经济利益关系不能制衡的情况下，企业短期行为大大膨胀，承包时一些企业尽量压低承包基数，分配时一些企业想方设法偷税漏税、乱挤乱摊成本、制造虚盈实亏，私设小金库、公款支出、滥发奖金，甚至向银行贷款和变卖生产设备用以发放工资。这一切不仅减少了国家收入，瓜分了国有资产收益，也侵蚀了国家资产的存量。

由此可见，当前深化改革，增强国营大中型企业活力的关键，是进一步完善企业的经营机制。

二

社会主义企业经营机制，是适应社会主义商品经济发展要求而形成的各种微观活动系统有机耦合的运行机制，是企业活力产生和增强的内在基础。针对上述问题，现在需要进一步探讨企业经营机制的构造。

（一）进一步塑造和完善自我优化效益机制（或称效益优化机制）

企业的生产过程，是活劳动与物化劳动相结合而实现物质变换的过程。只有实现这种物质变换，才能形成价值和产品，才能为资产增值创造条件。社会主义企业新的经营机制同旧的经营机制的区别，就在于实现这种物质变换不是单纯依靠行政命令，而是由企业自身在国家计划与市场调节相结合的引导下，内在地以最优的生产要素组合、最少的劳动消耗，产出最多的价值和产品，实现最优的满足人民需要的经济效益。

为实现这个机制的转换，从其构造的主要内容来看：一是投入系统，包括活劳动投入和物化劳动投入。投入时，在质上表现为生产资料和劳动者技术水平的吻合，在量上表现为相互结合的一定比例关系；二是变换系统，包括相互实现物质变换的主体（即劳动者）消费和客体（即生产资料）消费。在变换中，要使主体和客体在同一过程相互作用的各自消费中，有效地转化为价值和产品；三是产出系统，包括价值的产出和使用价值的产出，这是生产主体和客体在消费中的物质凝结。

不难看出，为了实现这个经营机制的转换，除了在外部要有良好的生产要素流动和产品销售条件外，在企业内部的主要因素是：在投入时，要积极运用先进技术，提高劳动素质，优化劳动组织，降低劳动消耗，努力实现活劳动和物化劳动按最优比例配置，力求达到最少的投入。在进行物质变换中，要通过优化的管理过程、工艺过程和劳动过程，使其尽可能地转化为优质产品和低于社会平均劳动消耗的企业局部劳动消耗。在产出中，使其为市场提供的价值和产品既是质量高、数量多、价格低、新增价值大的，又适销对路，从而达到资产增值最大化，经济效益最优化。

应当说，效益优化机制在企业经营机制中是主要的。它既是其他各种机制作用的综合表现，又是带动和制约其他各种机制活动的轴心。我们在深化企业改革中，必须集中力量首先把这个机制建立和完善起来。

（二）进一步塑造和完善自我激励机制（亦称动力机制）

总的来看，社会主义的资产增值冲动是企业动力的根本源泉。在此前提下，需要有一系列系统来构造：一是法人权利系统，包括对生产资料的占有权、支配权、使用权；二是法人责任系统，包括对国家负责，对本企业全体职工负责，对有契约关系的其他企业负责，对消费者负责；三是法人利益系统，包括经营者收益、劳动者收益和企业超额利润收益。社会主义企业新旧动力机制的区别，就在于有没有这种法人的责权利。

为了实现这个机制的转换，从外部条件来说，关键是实行政企分开、所有权与经营权分开，明确企业法人地位。在此前提下，从企业内部因素来说，当前主要是进一步贯彻执行《企业法》，真正赋予企业应有的责权利。在健全法人权利系统中，必须全面落实《企业法》规定的各项权利，特别是其中一些被中间截留或又被收回的权利，要采取有效措施加以落实。在健全法人责任系统中，应进一步完善厂长（经理）负责制，依法从严治厂。要从法律上、制度上促使企业法人自觉地对国家负责，认真维护国有资产，照章纳税，坚决制止和查处国有资产流失和偷税漏税现象的发生；努力增加盈利，增加积累，并相应地适当提高职工生活水平；要对有契约关系的其他企业认真履行合同，按期交货和偿还债务；要有对消费者承担责任的精神，提供优质产品和优质服务，保质保量，货真价实。在健全法人利益系统中，主要是合理确定和保证实现经营者和生产者的正当利益。通过进一步完善企业承包责任制，要符合实际地确定基数，恰当地规定承包者收入，并按照合同保证兑现；同时要使生产者的劳动报酬同资产增值等主要效益指标挂钩，切实克服各种形式的平均主义。

企业法人的责权利统一，在实现资产增值中包含着促进固定资产更新和新增资产扩大的要求。适应这种要求，在实际中应当进一步适当增加折旧和增加积累，有效地使用留利中的技改基金和生产建设基金。从此意义上说，它也有一种以一定责权利为条件的自我积累、自我发展机制。这个机制是保持持续不断的技术进步和增加后劲的力量来源。

（三）进一步塑造和完善自我约束机制（又称自我控制、校正机制）

企业自我约束的轴心，同样是实现资产增值。以此为前提，也需要有一系列系统来构成企业的自我约束：一是产权约束系统；二是硬预算约束系统；三是内部职能关系约束系统，即所有者、经营者、生产者在企业内部通过职能的分工而形成的相互制约关系；四是利益制衡约束系统，即国家、企业、个人三者利益关系的有机联系，相互制约。

社会主义企业新旧约束机制的区别，就在于不仅接受来自外部的宏观控制，而且有来自内部的自我制约和校正力量。在外部应建立健全宏观调控体系，从管理制度上加强财政、税收、金融组织对企业的硬性规范。而在企业内部，主要是在完善财务制度中，必须严格按照国家政策和承包合同，加强成本核算，增强信用观念，保证合理开支，保持一定比例的积累。在完善人事劳动制度中，要进一步推行聘任制和劳动合同制，通过竞争性的招标，聘任承包经营者（厂长、经理）和确定租赁经营者，并通过竞争性的招工，择优录用生产者。在完善分配制度中，要通过合理确定承包基数、租金数额、股份分配比例，积极完成上缴国家税利。要通过进一步贯彻按劳分配原则，改进工资和奖金的分配方式，使经营者和生产者的收入同经营业绩和劳动成果挂钩，同资产增值挂钩。

（四）进一步塑造和完善自我调节机制（或称刺激—反应机制）

企业要真正成为自主经营、自负盈亏、自我发展、自我约束的商品生产者和经营者，必须对外部环境（主要是市场环境）所给的各种经济信号的刺激，能够灵敏地及时地作出反应，并相应地按照一定目标调整自己的效益优化机制、动力机制和约束机制，使自己的经营活动同外部环境所给的正确信号相适应。企业对外部环境刺激的反应所作出的自我调节，也是围绕实现资产增值这个轴心进行选择的。它的构造系统主要包括：一是竞争刺激反应系统，它是对市场运行中的生产者之间、消费者之间、生产者与消费者之间的竞争所造成的优胜劣汰态势所作出的相应反应；二是信息刺激反应系统，它是对市场运行中的价格、税率、利率、汇率等各种供求信息（包括企业自己的产品在市场上的反馈信息）所作出的相应反应。社会主义企业有没有这些刺激—反应的功能，是区别新旧经营机制的重要标志。

为实现这个机制的转换，关键是使企业面向市场，充分发挥市场机制的调节作用。因此，必须打破部门分割和地区封锁，形成统一的市场体系。在发展社会主义市场体系中，要通过理顺各种价格关系，逐步调整各种产品的差价和比价，建立合理的价格体系。在建立价格体系中，要通过进一步推进金融、税收、外贸体制改革，及时地合理地调整利率、税率、汇率等，形成综合性的市场参数体系。与此相适应，在改善外部环境中，推动企业积极投入竞争，敢于承担风险，实现优胜劣汰，以此促进企业提高素质，促进横向联合和兼并，促进资源合理配置，促进产品结构、企业组织结构、产业结构优化。

三

企业经营机制的不健全，从根本上来说，是产权制度不健全造成的。因此，要实现企业经营机制转换，使企业真正成为富有活力的经济实体，必须进一步深化产权制度改革。这一改革，包括界定产权边界，明确产权主体，更新产权组织机构，建立产权机制，实现产权转让等一系列内容。

第一，实行国家行政管理、宏观控制和资产所有三种职能分离，是从根本上转换企业经营机制的重要前提。通过三种职能分离，实现国有资产所有权的职能独立化，成立国有资产管理机构，确立人格化的责任主体，并在其管理和委托下，分别建立各种形式的投资企业，专门从事国有资产经营活动。把属于全民所有的境内境外全部有形无形的资产，都纳入专门管理机构的管理范围，并通过国有资产的商务操作精心选择投资场所和时机，以获得较好的资产收益。这样，必然从产权关系上关心和推动资产增值最大化，同时在客观上会促使资源合理配置，从而带动生产资料、劳动力、资金、技术、信息等各种生产要素合理流动和社会经济效益的提高，并为企业建立和发挥自我优化效益、自我激励、自我约束、自我调节的机制和功能提供外部条件。

第二，实行最终所有权与法人所有权分离，是从根本上转换企业经营机制的核心问题。国有资产管理机构将资产分别委托给各种形式的投资企业进行经营，实际上只握有国有资产的最终所有权。投资企业再以各种债务形式对国有资产进行发包、出租、参股、控股以及出售股票、拍卖资产等活动，把资产交给具有法人地位的企业支配、使用、处置，成为法人资产，实际上使企业成了拥有法人所有权的人格化责任主体，最典型的形式是股份有限公司。这样，企业必然从产权关系上承担起自主经营、自负盈亏、自我积累、自我发展的法人责任，享有相应的法人利益，同时也必然从产权关系上激励自己、约束自己，面对市场，积极参加优胜劣汰的竞争，以追求和实现资产增值最大化。

第三，实行法人控制监督权与生产经营指挥权分离，是从根本上转换经营机制的必要条件。在企业拥有法人地位后，谁是人格化的法人代表，有两种情况：一是由经营者（厂长、经理）作为企业法人代表。它表明经营者也掌握企业重大决策权，这在当前的承包形式中较为普遍。但由于承包形式没有完全解决产权模糊和摆脱行政干预的问题，因而企业经营者也很难拥有完全的法人所有权。二是由企业管理委员会或董事会作为企业法人代表。前者由全员承包的职工或职工代表选举产生，或由各方的代表组成。它既是控制监督机构，又是经营管理机构，也有的仅仅是厂长（经理）管理活动的辅助机构，它们都很难真正行使法人所有权。后者是由股东代表大会或股东大会选举产生，它既不同于承包管理委员会，也不同于各方代表的委员会，而是一个专门行使法人所有权的机构，主要负责从战略上制定和提供经营开发的重大决策，稽核监督财务活动，向经理部门提供处理公共关系和履行社会职责的指导意见。在组织结构上，由董事会挑选和聘任高级经理人员并决定其报酬和奖惩。经理具有指挥生产经营活动的全权，承担经营责任，并通过招工以合同形式同生产者建立劳务关系，决定其报酬和奖惩。这样，从企业内部的产权组织关系上，既能充分调动所有者、经营者、生产者的积极性，并形成相互制衡的职能关系和利益关系，又必然促使具有全权指挥生产经营活动的经理们面向市场，灵活而及时地作出竞争刺激反应和信息刺激反应，力求使自己具有市场竞争能力和应变能力，保证资产增值扩大化。

上述情况表明，要从深层上转换企业经营机制，增强国营大中型企业活力，必须进一步推进产权制度改革，建立新的企业制度。

深化企业改革的基本方向

——谈谈社会主义的现代企业制度的建立*

总结十年来我国经济体制改革的经验，确定以企业改革为中心环节是正确的。但在企业改革的道路上，如果说有失误的话，则是过分偏重了或者说过长地停留在从分配领域开始的让利争利上，而忽视了或者说没有抓紧在生产领域中进行企业制度建设。因此，要建立起社会主义商品经济的体制，从深化改革的基本方向来看，核心是建立现代的社会主义企业制度。

一、现代企业制度产生的历史条件

现代企业制度是社会化商品经济发展到较高阶段的产物。它的典型模式是股份有限公司。① 股份形式的出现虽然可以追溯到很远，但成为现代企业制度，却是资本主义产权关系适应社会化商品经济发展的结果。

---

* 本文选自“改革理论与实践探索丛书”中由作者撰写的一个课题。针对当时要不要在改革中建立公司制现代企业制度，怎样建立现代企业制度，论述了个人看法。原载《治理整顿和深化改革初步研究》，延边人民出版社 1989 年版，第 140—161 页。

① 在下面论述的社会主义股份公司均指股份有限公司。

早在资本主义初期，由于在某些生产部门需要找到创办企业所需要的最低限额资本，不仅要求突破单个资本原始积累的狭小境界，也要求突破国内市场的狭小境界。这样，在十四、十五世纪的意大利商人组织的贸易公司和金融公司中滋生了现代股份制度的萌芽。随着美洲大陆的发现和新航线的发现，为适应开拓海外贸易和殖民地的需要，西欧各国在政府的支持下出现了各种“特许公司”和“规约公司”。这对加速在国外掠夺式的原始积累起了单个资本所不能起的作用。不过，这时期的股份公司还不是有限责任的，股票所有者同资产经营者也没有分开，甚至分红时连同股本一起偿还，愿意继续开办者重新入股。

在资本主义原始积累的基础上，到十八世纪下叶和十九世纪上叶，世界掀起了产业革命的浪潮，推动了欧洲和美国工业化的迅速发展。机器的大量使用，不仅使投入的固定资本日益扩大，而且使资本有机构成不断提高。这样，一方面，增大了单个资本积累的有限性、缓慢性同创办、经营企业（特别是大企业）所需巨额资本的矛盾；另一方面，也增大了单个资本承担风险的狭小性、脆弱性同投入巨额资本而有巨大风险的矛盾。在这些矛盾推动下，也相应地增大了聚集资本和占有资本的社会化要求。于是，能够把小量的分散的货币资金变为集中的大量的货币资金的银行和信用制度就成了极为重要的杠杆。马克思说：“信用制度是资本主义私人企业逐渐转化为资本主义的股份公司的主要基础。”[①]在银行信贷杠杆的加速推动下，各个生产部门，特别是耗资大、建设周期长的部门，例如铁路、运河的建设，出现了拥有巨量资本的股份企业。这个时期的股份公司已法律化、制度化。英国、法国等主要资本主义国家都先后颁布了载有公司法权的法典。有明确法律准则的股份公司逐渐增多。在公司中，法律权力重心由股东向董事会转移，股票持有者已成为单纯的股权所有者，而资产的控制和经营

① 《马克思恩格斯全集》第25卷，人民出版社1974年版，第498页。

则完全由法人代表的董事会及其聘任的经理人员所掌握。

十九世纪末和二十世纪初，资本主义进入垄断阶段。股份公司的存在为垄断产生和发展提供了现成的组织形式。同时，垄断的产生和发展，又加速了资本过剩，加速了银行信用制度的壮大，也加速了股份有限公司的发展。在垄断所盘踞的各个部门、各个国家，无论是金融业、交通运输业、工业、商业、农业……，也无论是英国、法国、美国、德国、荷兰、日本……，都出现了一大批股份有限公司形式的托拉斯、卡特尔、辛迪加、康采恩。这种垄断性的股份企业，在近几十年又有了新的发展。在外部，通过参股联合形成了跨国公司。在内部，法律权力重心又进一步由董事会向经理人员倾斜。这一进程，近三十年来渐进的力量要比法人治理的法律规定和实际做法发展得快。多数国家在法律模式上仍规定为“公司的业务和事务将由董事会管理”，而在实际上却是由经理人员组成的高级管理部门行使着财产处置和重大经营决策权。伴随着这进一程出现的一个有趣事情是，在一些国家的董事会中，作为主要股东的董事在逐渐减少，而外聘的有高级管理水平的非股东的董事却在逐渐增多。这又产生了弥补董事会“监督缺陷”的新趋势。

二、现代企业组织形式的社会化趋势

纵观几百年股份制度发展的历史，固然它成为现代企业制度是在资本主义私有制的形态下出现的，但它的出现，一方面反映了资本主义私有制同社会化大生产的矛盾不断加深；另一方面又反映了社会化商品经济发展必然引起产权关系变化的历史趋势。

从第一个方面来考察，现代股份制度的出现，只是改变了资本主义财产关系的治理结构，并没有改变私有制的性质。它既体现了资本主义基本矛盾的尖锐对立，同时也改善和推动了资本主义私有制的发展。所以，马克思指出：在股份公司中，“再生产出了一种新的金融贵族，一种新的寄生虫，——发起人、创业人和徒有其名的董事；并在创立公司、发行股票和进行股票交易方面再生产出了一整套投机和欺诈活动。这是一种没有私有财产控制的私人生产”[①]。因此，不能不认为股份制度的出现是一种对私有制的否定。可是，要是对私有制的否定，那么，一个简单的逻辑推理又难以回答：为什么竭力维护私有制的资本家却创立和发展了股份制度？

这种财产关系作为一种多元的个人所有的集合体，一种能以少量资本控制大量资本的占有机制，在资本主义社会中，与其说是对私有制的否定，毋宁说是对私有制的发展和向公有制过渡的一种显示。正因为它是在资本主义生产方式本身范围内把私有制的财产组织形式推向社会化的最大容量，才又极大地暴露了资本主义私有制的历史局限性。所以，马克思又指出：这种股份制度“是在资本主义体系本身的基础上对资本主义的私人产业的扬弃”[②]。这里所说的“扬弃”，是指不得不改变财富私人占有的组织形式。过去那种企业财产统统为单独个人所有的形式在股份公司中改变了，它不是为单独个人所有，而是为许多单独的自然人或法人所有；过去那种财产所有者当然是企业财产处置者的形式在股份公司中改变了，它只能在价值形式上处置法定的股票所有权，而不能在物质形式上处置法定的共同投资形成的企业生产设备；过去那种生产资料所有者同时又是占有、支配、使用者的形式在股份公司中改变了，生产资料所有者只有包括选择董事会的公益权和获取股息的自益权在内的终极所有权，而控制和经营生产活动的一切权力都集中在选举和聘任的董事和高级经理人员手中；过去那种财产所有者无限承担财产亏损、破产、赔偿责任的形式在股份公司中改变了，

① 《马克思恩格斯全集》第25卷，人民出版社1974年版，第496页。

② 《马克思恩格斯全集》第25卷，人民出版社1974年版，第496页。

它只承担股票跌落、废弃的有限责任，而把承担损失和赔偿债务的其他法律责任转移到企业法人和社会身上。不难看出，这许多私有财产关系组成形式的改变，不能不是对私人财产神圣性的“扬弃”。扬弃的实质，只不过是资本主义私有制在它能融合社会化的限度内融合了社会化。换言之，股份制度使私人资本取得了社会资本的形式。这种“扬弃”，与其说是资本私有本性的削弱，毋宁说是生产社会化本性的扩大，它扩大到了资本主义私有制内部，并使之所采纳的社会化形式达到了最大限度。因此，它只不过是一种“消极的扬弃”。

从第二个方面来考察，现代股份制度之所以在资本主义生产方式本身范围内“扬弃”了私有制，其原因出于社会化大生产本性的客观要求。这说明，这种法人治理的财产关系，不是资本主义私有制特有的，而是社会化大生产发展必然使之出现的一般形式。这是问题的核心意义所在，是股份制度巨大功能和“非凡”效力的实质所在。

首先，股份公司通过发行股票创办企业，使产权多元化、联合化、民众化。这不仅使财产的占有取得一种社会形式，而且使私人企业也取得了社会企业的地位。马克思对此种现象作了深刻揭示。他指出：“那种本身建立在社会生产方式的基础上并以生产资料和劳动力的社会集中为前提的资本，在这里直接取得了社会资本（即那些直接联合起来的个人的资本）的形式，而与私人资本相对立，并且它的企业也表现为社会企业，而与私人企业相对立。”[①] 可见，适应生产的社会化，财产的占有也必然社会化。尽管这种社会化是有限度的，但这种趋势是必然的。

其次，股份公司通过发行股票把分散的小量的资金聚集为一家的巨量的资金，这就把个别资本积累的机能扩大为社会积累的机能，成为加速

---

① 《马克思恩格斯全集》第 25 卷，人民出版社 1974 年版，第 493 页。

“社会积累的新的强有力的杠杆”①。因而大大加快了积累的进程，以“非凡”的功效发挥作用，使往日不能做或短期难以做的建设事业，竟能在一夜间骤然出现。这表明，适应生产的社会化，积累机能也必然社会化，特别是在信用制度和竞争杠杆的作用下，积累机能社会化是现代商品生产赖以发展的前提。

最后，股份公司通过财产内部结构的职能分离和法律权力重心由所有者向董事会、再向高级经理人员倾斜，表现了“职能已经同资本所有权相分离”②。这反映了在社会化大生产条件下，资本在生产过程的各种职能分离化、单一化、独立化，即转向社会化的趋势。它们的分离和独立，既是相互制约的，又是相互统一的，统一在资产增值最大化的轴心上。所以，各种管理职能如何分离，分离到何种程度，都适应社会化生产发展程度和内在地企图使资产增值达到最大化。特别是伴随着管理职能社会化而要求聘任有高级管理水平的经理或董事，也反映了管理人才、管理知识同样需要社会化的趋势。否则，就不能使企业生产经营活动适应日益扩大的社会分工和日新月异的技术进步，适应纷繁复杂的经济往来和千变万化的市场活动。

三、社会主义股份制度必然应运而生

既然股份制度是社会化大生产发展的产物，是在社会化商品经济活动形态中发展起来的一种财产组织形式，那么，恰是在解决了资本主义私有制同社会化大生产矛盾的前提下而产生的社会主义公有制经济的运行中，即在同社会化大生产相适应的社会主义公有制的经济运行中，建立和运用

---

① 《马克思恩格斯全集》第 23 卷，人民出版社 1972 年版，第 689 页。

② 《马克思恩格斯全集》第 25 卷，人民出版社 1974 年版，第 494 页。

这种具有全新内容的法人治理结构，也就是顺理成章的事了。

首先，作为生产主体的企业，随着现代科学技术和社会分工的迅猛发展，客观上要求必须不断采用先进技术，不断提高生产能力，不断扩大生产经营范围。每一次新技术的采用和生产规模的扩大，每一新产品的生产和新部门的出现，都需要有加大的积累资金。但各个企业积累是小量的分散的，并且各个积累主体都有其不同的物质利益。要把小量的分散的有限的积累资金集中起来，形成巨量的生产基金，就必须遵循平等互利原则，借助于等价交换机制特有的信用和竞争两个强有力的杠杆。而公有制商品经济在生产社会化的发展中准备好了这些条件。一是在社会主义资金运动中发展起来的现代信用制度，能更有动员力地把小量的分散的闲置的货币资金集中起来，供给原有的和新建的股份制企业或其他企业，用于新的产业部门或大型建设项目；二是在社会主义竞争中，通过“建立股份公司这一比较平滑的办法”[1]，进行联合、兼并和共同投资，把许多已形成或正在形成的资金存量和增量融合起来，成为一个巨大的财产单位或企业群体。可见，在商品经济发展中，必然引起积累方式的社会化，而积累方式的社会化又同样必然引起股份制度的产生和发展。

其次，随着社会主义商品经济的发展，市场作为商品流通的场所也必然相应地发展起来。市场的主要功能是通过价值和使用价值的实现，引导和促使商品和生产要素的合理流动，从而达到资源的合理配置，达到社会总劳动量按比例分配。随着市场活动的扩大化、完善化，企业为追求价值增值，必然要求能够及时地合理地不断获得各种生产要素，不断采取新技术和新方法实行生产要素优化组合，不断将多余的闲置的生产要素转销出去。这一切，不仅都需要企业有独立的法人资格，有独立处置财产的权力，同时，在社会生产和流通中，也必然要求既能保持公有财产所有者的

① 《马克思恩格斯全集》第23卷，人民出版社1972年版，第688页。

身份，又能随时在市场上处置这种所有权，既使产权合理流动，而又不影响公有制主体地位和企业正常的生产经营活动。这只能在财产股份化和公有股份始终保持控制态势的情况下才能实现。因此，在以公有制为基础的商品经济发展中，必然引起包括产权和资产存量在内的价值实现方式的社会化，而价值实现方式的这种社会化又同样必然引起股份制度的产生和发展。

最后，在社会主义发展的历史过程中，由于生产力的多层次性和不平衡性，全体劳动者在全社会范围内同生产资料直接结合不是一种形式，而是多种形式。各种不同结合形式，都有共同的利益和特殊利益，都按照各自经营方式生产和占有劳动产品。随着社会化商品经济以及相联系的经济实体社会化的发展，劳动者同生产资料结合的各个具体单位，也必然表现为一种多元的占有形式：一是所有权主体多元化，即同一企业财产有不同的所有者，它们有共同的利益也有特殊的利益。在总体上都是社会产品的共同占有者，但在个体上又是社会产品的分享者。二是经营主体多元化。各个企业不论属于同一所有者，还是属于不同所有者，它要真正成为商品生产者和经营者，成为独立的经济实体，都需要使经营权、控制权同所有权不同程度的分离，使同一所有者有不同的独立的经营实体，使控制劳动、监督劳动、经营劳动职能化、社会化。这两个层次产权组织形式多元化、社会化，也只有在财产股份化的形式下才能实现。不难看出，在社会主义商品经济发展中，必然引起产权组织形式多元化、社会化，而产权组织形式的多元化、社会化，在实际上必然促使股份公司制度的产生和发展。

考察到这里，我们可以得出这样的结论：既然股份制度在历史上被证明是生产社会化的产物，既然社会主义公有制经济代替资本主义私有制经济是生产社会化发展的客观要求，既然在社会主义公有制经济中价值的积累方式、实现方式和占有方式不仅在实质内容上而且在组织形式上都要随着生产社会化而社会化，那么，社会主义的财产关系主要表现为现代法人治理结构，社会主义的企业制度主要表现为现代股份制度，也就不难理解了。

因此，在坚持社会主义公有制经济本质规定的前提下，通过批判地吸取和实践地创新来建立以股份形式这种法人治理结构为基本内容的现代企业制度，不仅是需要的，而且是应当的。它可以从法律上、制度上、机制上确立企业成为独立的商品生产者和经营者的地位。这种现代企业制度的建立，将使社会主义公有制的财产关系在法律规范下得到明确界定，从根本上消除全民财产有人占用、无人负责、任人侵吞的产权模糊现象，克服传统的国家单一主体行政性的所有关系以及与之相伴随的条块分割式垄断所造成的缺陷，并把那种影响正常生产秩序的社会政治目标从企业中分离出去。

企业的所有者主体和所有制内部职能结构的多元化、社会化，不仅使社会主义公有制关系获得多姿多彩的具体形态，而且可以形成公有制经济形式和其他所有制经济形式相互联合、混合生长的关系。这在微观上有利于资源、产权的自由流动和大规模投资的迅速形成；在宏观上有利于市场体系的完善成熟和产业结构的合理调整；在初级阶段有利于以股份形式为主体的多种公有制形式和多种所有制形式并存发展；在高级阶段有利于以全民所有制为主体的多种所有制形式向社会所有制过渡。

四、社会主义现代企业制度的组织结构

在社会主义条件下，股份形式的企业财产关系和制度，既具有现代法人治理结构的一般特征和规律，又具有社会主义公有制独有的特征和规律。

（一）产权的管理机构和经营机构

全社会劳动者作为一个共同占有的主体，他们在全社会范围内成为生产资料的所有者。在它产生的初始阶段，由于历史的特殊性和现实的特殊性而是采取国家所有的形式。从这个历史过程来看，一方面，国家作为一种阶级统治的工具，一种社会生活的组织者，它有至高无上的权威和要求绝对服从的力量。无产阶级在取得了国家政权之后，正是凭借这种权威和力量，采用不同的方式“剥夺剥夺者”，建立了第一批原始形式的公有制经济，并且成了这种公有制经济在社会运行的组织者和历史上第一次出现的社会主义生产资料所有者。国家这几种职能之间具有一种外部的、运行活动的联系，或者互相影响、互相制衡的联系。我们不能也不应当否认这种联系。但必须看到，另一方面，国家作为政治权利的行使者，作为社会经济生活的宏观调节者和作为生产资料所有者的职能是不相同的。行使政治权力是为了维护自己的阶级统治地位，它凭借着暴力的或行政的手段，使统治机器有效地运行。这是国家所固有的职能。进行宏观调节或国家干预，是为了按照社会生产的客观比例合理配置资源，主要采用经济手段和必要的行政手段，保持总量平衡和结构平衡，并相应地统一调节社会经济矛盾和利益关系。这是社会化大生产所要求的一般职能。实现所有者的意志和利益，是为了保持自己对财产的所有关系和所有权利，并凭借这种关系和权利取得价值增值的一个应得部分。这是财产直接属于国家政权机构的一种特有职能。因此，这些职能虽然都由国家来操作，但由于各自产生的条件不同，所解决的矛盾性质不同，表现的职责和功能也不同，它们都有独立的运行领域、运行目标和运行方式。我们应当也不许可混同这种区别。混同或抹杀这种区别，其结果必然是国家以政府的行政权力去代替财产所有权利，以政治社会目标代替经济目标，以行政隶属关系代替经济利益关系，这是社会主义国有制同生产社会化发展不相适应而产生的各种弊端的主要根源之一。

基于这种相互联系和区别，如果说，在社会主义公有制刚刚产生的时期，财产关系的组织主要采取国有形式，组织政治生活和社会生活的行政手段在一个特定时期还需要作为经济运行的主要手段，那么，当社会化商品经济开始进入全面发展的时期，这就决定了必须把全民生产资料所有者职能同国家的社会行政管理职能以及宏观经济的调节职能从组织机构上、运行活动上分开。当然，这种分开并不等于取消它们之间外部的必要联系。

全社会劳动者作为生产资料所有者，同任何生产资料所有者一样，都要按照自己的意志和利益去主宰这种物化劳动资产，以使它们在实物形态上能够不断更新，在价值形态上不断增值。但是，要作为生产资料所有者，也必须同任何生产资料所有者一样，使自己成为这种物化劳动的人格化代表。不过，反映一个个自然人集合体的社会联合劳动同一个个法人的资本家或资本家集团不同，它不可能也无法使一个个自然人都成为这种公有资产的人格化代表，而必须找到一个能成为这种公有资产人格化的由法律所确定的机构。在实行国有制的情况下，国家政权机构实际上成了这种社会资产的人格化代表。从一方面看，社会主义国家是全体劳动者意志和利益的集体体现者，它成为这种人格化的代表有其客观的必然性；从另一方面看，正如前面分析所表明的，国家政权机构毕竟和经济机构的职能不同，由它作为社会主义公有资产人格化的代表，必然有其难以克服的弊端。所以，要按照社会化商品经济的发展取向，使国家这两种职能分开，这就必须在组织机构上分开，或者说，把管理全民财产的职能独立出来，并在法律上给以资产人格化代表资格的确认。对这个资产人格化的机构，或社会法人集团，我们称之为社会主义公有资产管理委员会。这样，全社会劳动者所有的资产就有了同它的经济活动本性相一致的行使所有者权利的机构，有了人格化代表的经济实体。它不仅使社会主义公有财产的所有者在经济组织上、法律上得到明确界定，而且可以排除国家非经济的目标对社会主义公有经济活动的干扰。

社会主义公有资产管理委员会作为资产人格化的代表，它在财产关系上代表着全体劳动者共同占有生产资料的意志和利益。而这种意志和利益的最高层次的代表，是政治组织的人民代表大会。因此，社会主义公有资产管理委员会在组织关系上系由人民代表大会授权设立，并直接对其负责。但由于全社会劳动者同生产资料的直接结合的社会形式，在总体上表现为社会联合劳动一个层次，而在实际上却因受历史的、地理的、民族的、行政区划的多种因素的影响，表现为中央和地方不同等级的社会联合劳动，从而使所反映的共同意志和利益也必然在这个层次联合体内部的政治上和经济上表现为多级的组织结构。这决定了社会主义公有资产管理委员会分为中央和地方两种管理范围，分别对同级人民代表大会负责，并与同级政权机构地位平等，独立活动。由此，就形成了一个多阶梯的资产管理系统，使资产所有者的责任、权利、利益分级具体化、明晰化、法律化、人格化。

社会主义公有资产管理委员会作为社会法人集团，它不同于国家政权组织，不行使政治权利，不允许用政治关系代替经济关系。它也不同于国家宏观调节组织，不行使计划调节权利，不允许用财政税收手段代替资产收益手段。这样看来，它有自己专有的职责和功能。主要是：在法律上承担所有者的责任和义务；在经济上实现所有者对生产资料的归属权、价值形态的资产处置权和资产收益权；在经济运行上行使所有者对资产维护和保管的监督权；在组织上具有向参股企业委派代表自己的董事、参与选举董事会成员和对代表公有资产董事的报酬和奖惩的决定权。由于资产管理委员会是社会主义全民公有生产资料所有者的唯一人格化代表，也是唯一以终极所有者身份获取资产收益的人格化代表，这决定了在资产增值中，作为实现所有者权利的利润部分，同作为维持国家政权机构的税金部分分开。税金上缴国家财政，利润采取股息、红利形式归资产管理委员享有。这部分利润成为社会积累，专门用于国家重点建设的投资。

公有资产管理委员会作为生产资料的所有者，它同任何所有者一样，体现了对这一生产资料排他的、垄断的、绝对占有的经济关系。它可以实际地控制、经营这种生产资料，也可以处置、让渡这种生产资料。这种经济行为，似乎是所有者意志支配的结果，但归根结蒂是商品经济和社会化生产发展所制约的利益取向在所有者意志中的反映。从微观层次来看，在商品交换活动中，商品所有者要实现物化在商品中劳动所凝结的价值，就必须以等价（即等量劳动）相交换的方式转让该商品。当商品易手时，商品所有的主体也随之发生了转换：一方丧失了对该商品的所有权；一方则获得了对该商品的所有权。可见，所有权的让渡是人们在社会分工中通过相互交换劳动（包括物化劳动）而实现自己利益的一种经济机制运行的必然表现。从宏观层次来看，当一种资产的占有，其物化劳动形态（即资产存量）在社会资源配置中适应社会生产分工的需要，那么，它将给所有者不断带来一个价值增大额，使这种占有关系显示出一种合理性、效益性。反之，不适应社会生产分工的需要，那么，它也必将导致资产负增值而使所有者的利益受损，从而迫使自己或委托他人将这种资产让渡给一个在新的部门从事生产活动的所有者。这个过程，不仅反映了产权转让的必然性，也反映了产权经营同产权管理分离的必要性。因此，为适应越来越扩大的社会化商品经济发展的要求，社会主义公有生产资料的所有者也必须把它的产权经营职能同它的产权所有职能分开。相应地，在组织机构上，专门设立一种具有法人资格的在市场上专门从事企业资产买卖的企业。我们称这种企业为社会主义公有资产投资开发公司。

公有资产投资开发公司与资产管理委员会由于职能的内在制约性而表现为一种委托关系。后者保持生产资料的终极所有权和资产增值的主要收益权，并有权依据契约条款，解除原有的委托关系和重新委托新的资产经营机构。前者由原来的政府投资机构和金融系统的投资银行融合而成。它作为资产所有者法定的代表，则以独立的资产代理人的身份行使所有者的权利。由此，决定了它的基本职责和功能是：代理资产管理委员会将积累资金主要以投股形式进行有计划的营利性的投资；代理国家财政部门主要以投股形式进行公共设施和公益项目投资；代理企业出售股票，直接参与证券市场交易。在实现这些职能活动中，所有者或投资者对资产经营者的选择性，自身追求利润最大化的企业性，受供求影响的市场竞争性，必然促使资产投资开发公司多数量、多层次、多方位的设立，形成一个联系资产法律所有者和经济所有者的，促使资产在全社会范围内合理配置和高效流动的网络体系。

（二）产权控制、监督机构——董事会

在前面我们曾经考察了资本主义私有制财产关系内部的结构，它的一个重要特点是职能已经同资本所有权相分离，资本所有者只是单纯的所有者，它居于生产过程之外，而在实际经济运行中行使控制职能的是所有者的代表机构。这种分离缓解了单一资产所有者同社会化资本职能的矛盾，反映了社会化商品经济发展的一般趋势。

当我们考察社会主义公有制财产关系内部结构时，就它必须适应社会化商品经济发展趋势来说，也必然发生这种分离。资产的所有者，即占有生产资料的全社会劳动者，以及它的法定机构——资产管理委员会，在行使自己的所有者权利时，不仅要顺应职能社会化的客观要求，将资产经营职能分离出去，设立一个专门负责投资开发的营利性企业，而且这类经济组织也同样应当把资产控制管理职能分离出去，设立一个在企业内部代表所有者的职能组织即企业法人集团。对这个职能组织，我们也沿用历史上已出现过的名称，称之为董事会。

董事会这个职能组织的产生，一方面反映了资产控制职能社会化的发展趋势，另一方面反映了资产所有者职能也必然社会化的发展趋势。如前所述，在社会化商品经济日益扩大的态势下，企业投资的趋于巨额性，企业聚资的趋于多方性，市场竞争的趋于风险性，这必然促使同一企业资产的所有者多元化。生产资料公有制经济的发展同样也必须适应这种多元化的趋势。

产权关系的多元化，在小型股份企业中，由于股东不多，在行使所有者的法律权利时，一般可召开全体股东大会，提出和通过企业生产经营活动的重大决策。但在大中型股份企业中，由于股东的数量增多而且分散，其中大多数股东通常只拥有已售出股份资本的很小很小份额，他们不能也无兴趣直接行使所有者的法律权利。与其说是“所有者”，毋宁说是把购买股票视为金融投资而牟取较高利息的“债权者”。基于这种情况，全体股东都能定期按时出席的股东大会很难召开，按股金数额的一定比例由普通股东推选或委托代表而组成的股东代表大会，则成为行使股东法律权利的最高权力机构。股东大会或股东代表大会都是产权关系中最有权威的控制机制。通过这一机制，所有者可以实际参与企业的决策过程。它的基本职能是：按照公司章程规定，确定或撤销董事会成员和董事长；听取董事长报告和查账员报告；审议、批准审议账目和资产负债表；决定生产经营的重大事项和股息、红利的分配；修改公司章程等。这一机制虽然具有最高权威，但法律所赋予它的权利和所拥有众多股东的构成状况，决定了不可能频繁地召开会议实现控制职能。因此，由股东代表大会推选或聘任的董事成员组成的董事会，就成了代理股东们控制企业实际运行的机制。董事会和股东之间也是一种受托关系，即受托保护和实现所有者资产的绝对占有权利和价值增值。

董事会是股东的法定代表，是现代产权关系中行使控制监督权利的常设机构。这一机构，在法律权力重心由股东转向董事会时期，成为现代企业制度的组织核心。它由股东大会或股东代表大会选出的若干董事组成，在董事长领导下，对股东大会或股东代表大会负责。在国际上，现代法人治理结构发展的实践表明，实行双重董事会制度（即一个监事会和一个理事会），或单一董事会的双重董事制度（即一部分内选董事和一部分外聘董事），是产权控制职能向社会化发展的必然趋势。在两个层次联合劳动的经济结构中，一个个股份形式的企业只不过是这种经济结构的一个个的细胞。因此，在社会主义公有制经济的法人治理结构中，作为两个层次产权关系联结体的董事会，其成员应包括三部分：一部分系来自社会法人的股份所有者代表；一部分系来自企业法人的股份所有者代表；一部分系来自企业内部和外部劳动者个人的股份所有者代表。为使董事会这种构成真正形成一个有利于加强企业监督和控制的核心机制，外聘董事应占有一定比例。他们在不同部门、不同股份企业，视实际条件亦可多些，亦可少些。

董事会的法人地位和主宰作用决定了它既不是管理委员会，也不是业务委员会，而是一个控制和监督企业运行活动的经济机制。因而，它的基本职能是：从战略上制定和提供经营开发的重大决策；挑选和聘任高级经理人员以及决定其报酬和奖惩；向经理部门提供处理公共关系和履行社会职责的指导意见。由于现代法人结构中法律权利重心由所有者向董事会倾斜之后，又进一步向高级经理人员的管理部门倾斜。社会主义股份企业的董事会控制职能的作用，在保持所代表的全体劳动者的所有权永远居于支配地位的前提下，也会有一部分控制权利转向总经理，因此，它除了掌握主要战略决策外，并以其特有的地位发挥一种特有的纪律价值，监督和评价经济运行和经济行为，使各个经理人员和各个管理部门都按照公司法定的规范进行活动。董事会职能作用的变化，反映了董事会与经理人员的关系处于一种新的相互制约状态。

（三）所有者、经营者和生产者的关系

在社会主义公有制经济中，采取股份形式的产权关系，其所有者不仅是全社会劳动者作为同一生产资料的主人，以多级的产权所有者的身份出现，而且各个企业劳动者也都作为同一生产资料的主人，以股份持有者多元的所有者的身份出现。这样，同一股份企业的所有者则表现为一种多元的结构。

现在，我们来对这个多元所有者结构进行具体分析。

1. 国家股。它是由国家代表全体劳动者而拥有的那部分股份资产。由于在社会化商品经济条件下，国家职能的分离和财产组织形式的改变，这部分资产是由各级公有资产管理委员会委托不同的公有资产投资开发公司进行股份投资而形成的。为保证社会主义公有制的主体地位，在关系国计民生和掌握经济发展命脉的生产部门和生产单位所创办的股份公司中，国有股一般居于控制地位。

2. 职工集体股。它是由本企业劳动者共同拥有的那部分股份资产。股份持有者主体是本企业全体职工代表会及其常设的工会组织。这种股份资金的来源，一是本企业劳动者创造的额外利润属于集体所有的那一部分，二是企业公共福利基金转化为积累基金的那一部分。因此，代表本企业全体职工的工会组织有对这部分资金独立投资、独立使用的权利。它可以把这部分资金作为股金投到别的企业中，也可以投入自己企业中。投在自己企业的这种股份基金，因是属于企业全体劳动者共同所有的资产，它的价值增值的应得部分，即股息或红利亦应按照合理比例分别用于公共积累、公共福利、个人消费。这些特点表明了这部分股权是社会主义公有制的法人治理结构的特有的成分。

3. 法人股。它是由法人企业或其他法人团体所拥有的那部分股份资产。股份持有者包括两部分：一部分是属于社会这一层次的所有者，以养老基金会、社会保险公司以及其他法人社会团体的形式出现。这些法人社团组织形式实际是各级全民所有制形式的不同表现，其所有者的股金实际是各级全民所有制资金的一个组成部分。另一部分是属于企业这一层次的所有者，即除本企业以外的依法成立的企业或由工会代表的其他企业劳动者集体的投资者。属于职工集体的股份资金的来源和占有形式，与本企业职工集体股一样，只不过股份持有者的主体不同罢了。

4. 个人股。它是劳动者个人所拥有的那部分股份资产。社会主义劳动者，既作为整体占有者的一员存在，又作为个人占有者的实体存在。它在进行经济活动中，也会把劳动收入的一部分转化为股金而成为投资者。这部分股份资金所带来的收入完全属于个人，完全由劳动者个人支配。由于劳动者个人所在的企业联合体不同，因而在实际上有内部的个人股和社会的个人股之分。

就以公有制为基础的社会主义现代法人治理结构的产权关系来考察，所有者、经营者和生产者之间的关系是一种平等的劳动者成员的关系，他们的职能劳动不同只不过是现代社会分工在这种法人治理结构中的具体表现。这是社会主义现代企业制度的本质特征。

对这种关系再进一步地进行考察，正因为这种职能分工是现代经济的社会分工，即社会化商品经济分工的具体表现，所以，他们之间又表现为一种相互依存、相互制约的契约关系和利益关系。所有者通过董事会有权按照契约决定高级经理人员聘任与否，厂长或总经理有权按照契约决定职工聘任与否；反之，职工也有权按照契约决定对某一企业受聘与否，厂长或总经理也有权按照契约决定对某一企业董事会受聘与否。这样形成一个由契约的、利益的关系制约的经济机制，使所有者、经营者、生产者相互在各自的职能范围内兢兢业业、齐心协力地共同劳动。这个机制既有竞争的优胜劣汰的选择，又有联合的利害共济之感；既有有效实行领导者的集中统一的权威，又能充分发挥主人翁的民主管理的精神。这也正是联合劳动者在商品经济条件下所必然结成的人际关系。

在现代法人治理结构中，以厂长或总经理为代表的经理人员是企业资产的法定管理者，是受聘于董事会的实际经营活动的执行者，因而是经济上的法人所有者。它的基本职能是：遵守国家有关法规和方针政策；参与和执行董事会的决策；制定可供选择的战略和计划；决定企业重大经营活动和按规定进行利润分配；处置企业资产和资金用途；确定职工聘用和工资奖惩；统一指挥日常生产经营活动。要有效地进行这一职能活动，要求经理人员要有坚定的社会主义立场，不谋私利的品德，勇于开拓的精神，运筹帷幄的智慧，审时度势的机敏，把握竞争的魄力，伯乐识马的眼光，发扬民主的作风。只有兼备这些素质，才能真正成为现代企业家。为了充分发挥经理人员的作用，必须建立健全经理负责制度，摆正经理同企业党组织和工会的关系，使他们各守自己的岗位，各尽自己的职责，相互支持，同心协力。鉴于现代法人治理结构的法律权力重心向企业管理机构倾斜，培养、优选一批高水平的经理人员将是办好现代企业的一个决定性因素。

深化国有企业改革的战略重点*

按照党的十四大和十四届三中全会、十四届五中全会的部署，我国国有企业改革已进入建制转机的新阶段。国有企业的建制转机是一项重大的改革工程，直接关系着社会主义市场经济体制能否顺利建立，国民经济能否正常运行，社会生活能否保持稳定，社会主义制度能否巩固发展的大局。其战略目标是：到本世纪末，基本建立起与社会主义市场经济体制相适应的现代企业制度的框架，使国有企业特别是大中型企业在社会主义市场经济中积极发挥主导作用。为了保证这一战略目标的实现，必须从战略部署上把握好关系改革方向、道路的全局性问题。

第一，要着眼于搞活整个国有经济。国有经济是公有制的主干，是国民经济的脊梁。从整体上搞活国有经济，是国有企业改革的战略目的。目前注册登记的国有企业195万户。就改革的任务来说，都有一个如何成为自主经营、自负盈亏的市场主体问题，但又存在着千差万别，不仅行业、规模、经营方式不同，而且技术优劣、效益高低也差别很大，一些企业还处在经济结构需要调整的位子。因此，搞活国有经济的要害是搞活国有资

* 本文选自庞永洁、董国楹主编的《国有企业建制转机的理论和对策研究》（中共中央党校出版社1997年版）中由作者撰写的第三章第二节。载该书第43—47页。这一研究课题是国家“八五”规划的科研项目。

本，不是搞活每个国有企业。要通过改革无一例外地搞活每一个国有企业，既无必要，也不可能。实行改革是为了使企业进入市场，成为市场主体。企业的生死存亡、优胜劣汰也要由市场竞争的客观规律来判定。在市场竞争中，每年都会有一部分企业破产倒闭，或者被其他企业兼并，同时又有一批新的企业、新的集团公司出现，这是正常现象。由此才能优化产业结构，才能优化资源配置。市场活动规律和企业发展趋势告诉我们，进行国有企业改革必须着眼于搞活整个国有经济，着眼于建立优胜劣汰机制，使富有活力的企业资本扩大、效益提高；着眼于产业结构优化，使整个国民经济充满活力。

第二，要着眼于制度创新。国有企业改革，从以扩权让利为主的政策调整进入制度创新，是改革思路的新发展，也是改革深化的新标志。从建立现代企业制度的总体框架来看，进行制度创新最根本的是：（1）改变企业不是经济实体的状况，建立现代企业法人制度。在理顺产权关系的基础上，使企业拥有法人财产权，以所占有和支配的法人财产为保证，自主地去借贷、抵押、还债以及有产可破，真正成为自主经营、自负盈亏的法人实体和市场竞争主体。（2）改变国家承担无限责任的状况，建立现代企业有限责任制度。一则，出资者以注入企业的资本金为限，只对企业亏损倒闭承担有限责任；二则，企业以拥有的法人财产价值总额的资本为限，只对债务清理承担有限责任。企业破产时，最大限度的赔偿额不超过企业自有资本总额。这可以鼓励出资者和企业敢于承担投资和经营的风险，有利于促进经济发展。（3）改变企业行政性领导和组织结构状况，建立现代企业的法人治理结构和组织制度。在实行公司制的企业，要依据法定程序，设立股东代表大会、董事会、监事会和经理班子，使企业的决策、监督、执行职能有机结合，权责明确，使所有者、经营者、监督者权力到位，相互合作，相互制约，形成科学的领导制度和组织制度，保证经营机制高效率的运行。随着这些最根本的企业制度的建立，其他诸如委托代理制度、科学管理制度、分配制度等等也相应地建立起来。并且都是依法规范，而不是有名无实。这样，使国有企业以崭新的制度面貌投入到社会主义市场经济的大潮中去。

第三，着力搞好国有大中型骨干企业。从搞活整个国有经济的大思路出发，必须重点搞好大中型骨干企业。抓住大的，放开小的，是深化国有企业改革的重要战略。必须充分认识到：建立社会主义市场经济体制，关键在于搞好国有大中型企业；提高经济整体素质，实现经济增长方式向集约型转变，关键在于搞好国有大中型企业；建设有中国特色社会主义，关键在于搞好国有大中型企业；建成繁荣富强的社会主义国家，在二十一世纪国际经济的激烈竞争中占据有利地位，关键也在于搞好国有大中型企业。在搞好大中型企业中，又要集中力量抓好少数龙头骨干企业。据统计，1993 年排在前 500 名的大企业，虽然只占整个国有工业企业总数的 0.7%，但资产总额占到 37%，利润总额占到 63%。截至 1995 年上半年，通过对 15 万户国有企业清产核资掌握的数据，按总资产排序的前 1000 户企业占到全国国有企业净资产的 51%；按上缴利税排序的前 1000 名企业占到全国国有企业提供销售税金总额的 52%，占提供利润总额的 66%。这些大企业和企业集团是行业的排头兵和国民经济关键的少数，抓住了这些企业，就抓住了国民经济的大头，对于带动整个国民经济健康发展、巩固公有制和社会主义制度有重要意义。

党中央、国务院历来非常重视搞好国有企业特别是大中型企业，采取了一系列增强活力的重大措施，已涌现出一批机制好、效益高、在国内外市场上有竞争力的大中型企业和企业集团。以此为基点，先把在国民经济中起着举足轻重作用的 5% 到 10% 的国有大型骨干企业搞好搞活，进而一步一步地把有发展前途的大中型企业以及多数国有企业搞好搞活。国务院决定首先抓好 1000 户大型国有企业。这条道路开通了，既可以充分发挥优势企业的龙头骨干作用，带动一大批中小企业健康发展，又可以为劣势企业的关、停、并、转创造活动空间，加快实现解困脱危。这必将加快国有经济的改革进程，促进社会经济资源合理配置和经济结构合理调整，从而有效地把整个国民经济搞好搞活。

第四，着力资产存量调整。目前，国有企业的优势是资产存量巨大，劣势是结构不尽合理。要有效地发挥优势效应，把劣势变为优势，出路在于合理调整资产存量，实行战略性改组，多层次淘汰落后企业。这是探讨深化国有企业改革的新思路，是具有战略意义的重要举措。在旧体制下，国有资产凝固化，结构不合理，是造成目前经济结构不合理、社会经济效益低下的主要原因，也是目前经济发展中主要难点之一。通过对国有资产存量的调整，推动国有资产合理流动。通过合理流动，必然引导资源向效益高的环节转移，有利于更有效地实现国有资本保值增值，同时也必然引起产业结构、土地使用结构、企业组织结构、产品结构以及企业内部的技术结构、劳动组织结构的变化，从而实现结构性优化，创造出新的生产力，给企业带来新的活力。从这个思路出发，在深化国有企业改革中，以市场和产业政策为导向，一要积极进行部门内部以及跨部门、跨地区的资产存量重组，或引进外资嫁接改组，建立大型股份制企业集团，中小企业可改组为股份合作制企业，以实现结构优化，发挥资本组合的新优势。二要加大兼并、破产的力度。对长期亏损、资不抵债、扭亏无望、没有发展前途的企业，或兼并到优势产业，或破产倒闭。这可以优化资本结构，挖掘组合效益，把白白浪费的资源有效地利用起来，用到效益较好的企业中去。三是对小型国有企业进行拍卖转让，大部分转为集体所有，少数转为私人所有。从价值形态上把国有资本收回来，从实物形态上把呆滞资产转移出去，既利于资本流动，又利于国家集中力量搞好搞活大中型企业。

第五，抓好全面配套改革。国有企业的建制转机，既涉及企业内部各方面、各系统的变革，又涉及企业外部相联系的各方面、各系统的变革，是一个制度创新体系。目前国有企业存在的困难和问题，有些是内部深层次矛盾的反映，有些则是国民经济深层次矛盾的反映。所以，要实现改革的目标，既要以转换经营机制为核心，全面进行企业制度创新，又要以建立现代企业制度为重点，全面配套，整体推进改革。

配套改革也要针对不同时期的改革进展状况和突出矛盾，确定相应的配套改革重点。当前围绕建立现代企业制度的开展，在配套改革中：（1）重点抓好政企分开。政府是国有企业改革的主体，政企不分的问题没有最终解决，仍然是影响企业建制转机的主要障碍。政企不分，既导致政府直接干预企业的生产经营活动，又导致企业或者只能按照政府行政意志办事，或者躺在政府身上不承担责任。政企分开的前提是政资分开，政府的社会经济管理职能和国有资产所有者职能不分开，政企很难分开。所以要从深层次解决政企分开的问题，就必须下决心转变政府职能，精简行政机构，从制度上、机制上规范政府行为和企业行为。（2）重点抓好产权明晰。与转变政府职能相联系，通过实现政资分开，明确界定产权，并建立专门对国有资产进行管理和经营的机构，从产权关系上承担起国有资产保值增值的责任。企业以其占有的全部法人财产，自主经营、自负盈亏，真正成为独立的法人实体和市场竞争主体。（3）重点抓好社会保障体系建立。长期以来，国有企业形成了就业、保障、福利三位一体的体制。一个人只要在国有企业就业，也就有了国家养老、公费医疗、低租住房等各种社会保障和社会福利。这种传统计划经济的大福利制度，已成了企业沉重的历史包袱。只有尽快地建立养老、失业、医疗、工伤等适应社会主义市场经济的社会保险制度和商品化住房制度，才能使企业解脱沉重的历史包袱，轻装地实现建制转机；只有使企业解脱历史包袱，只直接承担资本经营的责任，才能有力地促进劳动力合理流动和企业平等参与市场竞争，促进社会稳定和经济高效运行。从这个意义说，不尽快建立一套法制化、规范化的社会保障制度，建立现代企业制度难以迈出大的步伐。

领会新精神 认识新突破 掌握新思路

——学习十五届四中全会《决定》*

党的十五届四中全会《决定》，针对在发展社会主义市场经济条件下如何搞好国有企业这一重大课题，以邓小平理论为指导，贯彻了十五大精神，在全面总结二十年来基本经验的基础上，进一步丰富和深化了这一课题的理论认识和整体战略设计。这是一个加快国有企业改革和发展的跨世纪纲领。这次会议，无论在我国国有企业发展史上，还是在我国经济发展史上，都是一个重要的里程碑。

一、必须以新的高度来看待国企作用战略定位的新内涵

《决定》高度评价了五十年来特别是改革开放二十年来国有企业对社会主义建设的重大贡献。事实证明，国有企业是我国社会主义制度的重要经济基础，是多种所有制经济发展的主导力量，是国民经济的支柱，是国家财政收入的主要来源，是现代化建设的主力军，是实现人民根本利益和

* 原载《行政论坛》1999 年第 6 期。

共同富裕的重要保证，是增强综合国力的主要源泉。因此，从总体上增强国有经济的控制力和国有企业的活力，对于我国以什么样的姿态站立在二十一世纪的世界之林，具有十分重要的意义。

因此，必须深刻地领会《决定》对国有企业重要作用的评价和论述，不仅重申了我们党一贯在理论上和实践上对它们的科学定位，而且赋予了新的内涵、新的使命。这是这一重要文献的一个重要特点。

《决定》站在世纪之交、千年之交的历史关头，面对全球经济一体化和国际竞争的大趋势，紧紧把握时代的主题和我国前进的主旋律，着眼于二十一世纪我国社会主义如何发展、现代化建设如何实现，来看待国有企业所肩负的重大使命，来研究确定国有企业改革和发展的新内容、新对策。我们也必须同样以这种视野、从这个高度来学习领会《决定》的基本精神，深刻认识国有企业新使命和实现新使命战略定位的新内涵。

二十一世纪是我国实现第三步发展战略目标，把我国建成一个富强民主文明的社会主义现代化国家的世纪，是我国实现“科技兴国”战略，用现代科学技术武装整个国民经济，不断实现知识创新的世纪。用这种视野来看待国有企业，作为国民经济的支柱和实现现代化的主力军，承担着民族振兴千钧重心的历史使命。离开了国有企业的改革和发展，民族振兴大业就难以完成。

二十一世纪是我国建立完善的社会主义市场经济体制的世纪，是建成有中国特色社会主义的世纪。从这个高度来看待国有企业，作为社会经济发展的主导力量和社会主义制度的重要经济基础，承担着能否把公有制与市场经济结合起来，加快推进社会主义市场经济发展，不断巩固和增强社会主义制度这一关键的历史使命。离开国有企业的改革和发展，建成雄伟社会主义大厦的伟业也难以实现。

二十一世纪是和平与发展仍然是时代主题的世纪，是围绕这两大时代主题展开的霸权主义与反霸权主义、强权政治与反强权政治较量、抗衡、斗争的世纪。在这种态势下，综合国力越来越成为决定一个国家前途和命运的主导因素。放在这种世界战略格局中来看待我国国有企业，作为人民根本利益的重要保证和形成综合国力的主要源泉，承担着增强国家经济实力、国防实力和民族凝聚力社会中坚的历史使命。离开了国有企业改革和发展，也难以找到另外一支力量能肩负起这一特殊的历史使命。

由此可见，我们对国有企业作用的战略定位，必须着眼于二十一世纪的历史发展趋势，着眼于全球的战略格局，赋予其新的内涵、新的意义。所以，要深刻认识当前加快国有企业改革和发展的重要性、紧迫性、艰巨性和长期性，深刻认识《决定》所确定的目标、方针和一系列政策措施的实质所在，深刻认识贯串十五大精神的理论上和战略决策上的新突破，从而努力提高我们学习贯彻《决定》的自觉性、积极性和联系实际的创造精神。

二、必须以新的观念来认识理论上政策上的新突破

党的十五届四中全会《决定》的形成和颁布，标志着对发展社会主义市场经济条件下建设国有企业规律性的认识大大前进了一步。因此，我们在学习贯彻这一纲领性文献时，要深刻认识所贯穿的十五大精神进一步在理论上政策上又赋予了新的内容。这些新突破，构成了《决定》的又一重大特点。从理论上看，主要有四大新突破。

（一）《决定》第一次提出国有企业建立现代企业制度是公有制与市场经济结合的有效途径。从邓小平提出“社会主义也可以搞市场经济”之后，实践证明，能否建立社会主义市场经济体制，发展社会主义市场经济，关键在于公有制能否同市场经济结合起来，而这一结合的关键又在于国有企业能否建立现代企业制度。党的十五大确立的公有制实现形式理论，为探

索国有企业建立现代企业制度奠定了新的理论基础。也就是说，国有企业只有采取反映社会化生产规律的多种公有制实现形式，主要是股份制形式，才能建立起符合现代市场经济要求的企业制度。四中全会《决定》进一步指出，在这一理论基础上，我们找到了公有制与市场经济结合的有效途径，解决了社会主义发展史上从未解决的一大难题。这也就宣布了中国发展社会主义市场经济已走上成功之路，一个崭新的科学社会主义制度取得一定胜利。

（二）《决定》第一次提出了从战略上调整国有经济布局，要坚持“有进有退，有所为有所不为”的原则。这也就确立了国有资本结构优化发展新的战略思想。针对我国国有经济在传统计划经济体制下造成的分布过宽、整体素质不高、资产配置不合理的弊端，党的十五大确立了从战略上进行调整的总方针和重新布局的大思路。四中全会沿着这个思路进一步指出了国有资本结构优化的方向和发展空间。凡是关系国民经济命脉的重点行业和关键领域，国有经济必须坚定不移地占领和控制，要有进，有所为。《决定》还明确规定国有经济需要控制的行业主要包括：涉及国家安全的行业、自然垄断的行业、提供重要公共产品和服务的行业，以及支柱产业和高新技术产业中的重要骨干企业。但在这些行业和领域中，也不都是独家垄断。除特殊部门外，在国家控股的前提下，可广泛地吸取其他经济形式的法人实体和自然人参股。在有所为中也有所不为。凡是非国民经济命脉的一般竞争性行业和领域，国有经济必须毫不犹豫地转移和收缩，要有退，有所不为。但这种退出和不为，也不是“一卖了之”“一退了之”。对一些国计民生需要的，有竞争实力的，效益好的，有发展前途的企业，可以通过参股和必要控股的形式，重点支持和发展。在有所不为中也要重点地有所为。国有经济布局的这种战略思想，是一个重大创举，既符合中国国情，又符合社会主义市场经济的发展规律。

（三）《决定》第一次提出“确保出资人到位”这一理顺产权关系的关键问题。产权理论在一定意义上讲，也就是明确出资人的产权，确定出资人所有权人格化代表，实现产权到位的理论。在国有企业改革实践中，当前暴露出的深层次矛盾和最突出问题是代表出资人的产权主体缺位。它表现在两方面：一是在企业外部缺位。国有资产属于国家统一所有是明确的，但是国家作为所有者，谁是他的人格化代表所体现的产权主体？谁是授权以产权主体身份经营国有资产的经济实体？谁能真正对国有资产保值增值负责？在实践中还是不明确的、缺位的。这就造成国有资产管理、监督、营运体系不健全，不能从制度上、机制上确保国家所有者的权益。二是在企业内部缺位。在理顺产权关系中明确了企业拥有法人财产权，但所有者要进入企业内部，对企业重大决策起控制和决定作用，在实践中没有真正解决，也是缺位的。这就造成不少企业出现“内部人控制”。产权主体缺位，是这些年来国有企业实行规范的公司制改革进展迟缓的一个重要原因。《决定》在深化产权制度改革中抓住确保产权主体到位这一关键环节，明确规定“所有者对企业拥有最终控制权”，是一个重大的突破。对实现政资分开、政企分开，建立规范的公司制和转换经营机制，可以说解决了长期未解决的一个难点，必将大大加快国有企业改革和发展。

（四）《决定》第一次提出“公司法人治理结构是公司制的核心”这一建立现代企业制度的主要环节。国有企业实行规范的公司制改革是建立现代企业制度的典型形式。但公司制的核心是什么？需要进一步回答。党的十五大针对这一问题提出要探索公司制领导体制和组织制度，探索符合市场经济规律的决策、执行、监督体系。《决定》沿着这个理论探索方向，在深刻总结国企改革实践经验的基础上，进一步指出形成公司制的核心是建立“三权”分立、“三权”制衡的法人法理结构，即掌握决策权的股东会和董事会、执行日常经营权的经理层、掌握监督权的监事会三个机构、三个组织系统各负其责，协调运转，有效制衡。这不仅是实现所有权在企业到位，并有效实现其基本权能的组织保证，也是转换经营机制，真正建立起企业优胜劣汰、经营者能上能下、人员能进能出、收入能增能减、技术不断创新、国有资产保值增值等重要机制的产权制度基础。实践证明，要形成和发挥公司法人治理结构的核心作用，必须解决“新三会”与“老三会”这一长期困扰公司制改革的深层矛盾。《决定》总结群众在改革实践中创造的经验，找到了解决这一矛盾的正确途径——“双向进入”，即国有独资和国有控股公司的党委负责人可以通过法定程序进入董事会、监事会，董事会和监事会都要有职工代表参加；董事会、监事会、经理层及工会中的党员负责人，可依照党章和有关规定进入党委会；党委书记和董事长可由一人担任，董事长、总经理原则上分设。这一突破，既符合“三权”分立、“三权”制衡的特点，又符合我国国情、符合公司组织和党组织的章程规定。为实现“三心”（党的领导是政治核心、董事长总经理是企业领导中心、全心全意依靠工人阶级）变“一心”找到一条有效途径。这是在社会主义市场经济条件下公司法人治理结构的新模式，是这一结构带有规律性的一种创新。

除了在理论上这四个主要突破外，《决定》还在一系列重要理论观点和战略举措上赋予了新的内容。它深刻地体现了十五大精神的延续和发展，为解决各个层次矛盾和攻克长期存在的重大难点，开辟了新的思路，提供了具有重大实践价值的可操作性的具体对策。

三、必须以新的思路来贯彻落实国企改革和发展的新举措

《决定》站在面向二十一世纪、面向全球经济发展的高度，对如何加快国有企业改革和发展，进一步地进行了整体的战略设计，提出了全面系统的战略对策。这也是《决定》的一个重大特点。

因此，我们在学习贯彻《决定》精神时，必须从总体上把国有企业改革和国有企业发展结合起来，把国企改革和发展同整个经济体制改革、整

个国民经济发展结合起来，同建立完善的社会主义市场经济体制和实现社会主义现代化结合起来。在国企内部改革和发展中，要把理论创新、结构创新、制度创新、技术创新、管理创新以及外部的环境创新全面结合起来，从实际出发，全面配套，整体推进，抓住主要环节，全力攻坚，坚决突破，保证三年目标和十年目标胜利实现，并进一步把国有企业建成二十一世纪的具有强大控制力、市场竞争力和抗风险能力的新型国有企业。这是总的思路。

沿着总的思路，在加快推进国企改革和发展的具体思路上，要狠抓六个创新。

一是狠抓理论创新。理论创新标志着思想解放，观念更新。根据《决定》精神，在当前解放思想、更新观念中，要着重加深对国有经济作用在走向新世纪中赋予新内涵的认识。深刻认识这一改革和发展的重要性、紧迫性、艰巨性和长期性。

二是狠抓结构创新。主要是通过对国有经济实行战略性调整和对国有企业进行战略性改组，实现国有资本结构优化和国有企业组织结构优化。在深化这一改革中，关键是抓好国有企业战略布局的科学定位。按照“有进有退，有所为有所不为”的原则，集中力量，在重点行业、关键领域增强控制力，要占领制高点，要有所为。同时，要收缩战线，转移阵地，还要有所不为。不为是为了更好地有所为。

三是狠抓制度创新。在加快国有企业规范的公司制改革中，一定要抓住产权到位这个关键环节，竭力推进股权多元化，形成符合社会主义市场要求的规范的新型公司治理结构，在强化产权制约的基础上转换经营机制，建设高素质的经营管理队伍，把建立现代企业制度推向一个新阶段。

四是狠抓技术创新。要根据企业的实际情况，加大技术开发和技术改革的力度。要制定切实可行的技术创新战略，抓住当前有利时机，运用好《决定》提出的各项新政策。在努力加强技术开发力量和加大资金投入的同时，要十分重视人才的培养和引进。技术进步和产业升级的根本是要有人才。

五是狠抓管理创新。关键是在管理中要“严”字当头。要懂得和掌握现代企业的管理理论、管理方式、管理方法和管理手段。没有严格的科学管理，就不会有真正的现代企业制度。必须按照《决定》所要求的那样从严管理企业。

六是狠抓环境创新。加快推进国有企业改革和发展，离不开外部环境。国家要为之创造良好的外部环境。主要是从宏观上保持总量平衡，积极推进对外开放，制定科学的产业政策，引导产业结构优化，大力发展各类市场，健全市场中介服务体系，健全法律制度。同时，要按照《决定》精神，有领导、有计划、有步骤地改善国有企业资产负债结构，减轻企业的社会负担，进一步做好减员增效、再就业和社会保障工作。

建立和完善社会主义市场体系*

根据党中央的建议，第七个五年计划在关于经济体制改革的基本方向和任务中指出：要进一步发展社会主义的商品市场，逐步完善市场体系。社会主义市场体系是包括生活资料市场、生产资料市场、资金市场、技术市场、房产市场以及劳动力在市场上合理流动等各种市场的综合体。它处于联结微观经济和宏观经济的中间层次。它既是增强企业活力的重要的外部条件，又是加强宏观调控、发挥经济杠杆调节作用的必经途径。因此，建立和完善社会主义市场体系，是整个经济体制改革的主要组成部分，也是建立新型的社会主义经济体制的重要内容。

一、建立社会主义市场体系的客观依据

什么是市场？马克思说："市场是人们进行商品买卖的活动。"① 因此，市场是商品经济的产物，它是进行商品交换的活动和场所。哪里有社会分

* 原载《理论园地》1986年第7期。

① 《马克思恩格斯全集》第2卷，人民出版社1972年版，第102页。

工，哪里有商品交换，哪里就有市场。

由此可见，市场是同社会分工和商品交换分不开的。列宁说：“商品经济出现时，国内市场就出现了。”[①] 这说明形成市场的原因就在于存在着商品经济，具体地说就在于存在社会分工和商品交换。社会分工和商品交换发展到什么程度，市场就发展到什么程度。在社会化大生产和商品经济充分发展的条件下，市场也必然要充分发展。

社会主义经济是同社会化大生产相适应的商品经济。我们要提高生产社会化程度，要大力发展社会主义商品经济，就必须建立社会主义的统一市场。没有统一的社会主义市场，就不可能有商品经济的充分发展，也不可能有社会分工的充分发展。

那么，为什么要建立包括多种市场在内的市场体系呢？这也是社会主义商品经济的发展决定的。商品有使用价值和价值。商品的使用价值要流动，价值也要流动。从商品的使用价值形态来看，有生活资料，也有生产资料。所以，既要建立生活资料市场，也要建立生产资料市场。生产技术是生产资料的一个组成部分，在存在商品经济的条件下，技术也是商品，也需要交换，因而也必须建立技术市场。住宅是生活资料的一个组成部分，它也应当作为商品进行交换，也必须建立房产市场。从商品的价值形态来看，价值的流动是采用货币和货币资金的形式，资金也是一种商品，也要进行交换（信贷），也必须建立资金市场。既然有各种形态的商品，就应该有各种商品形态的市场。因此，社会主义市场体系必然要包括生活资料（消费品）市场、生产资料市场、资金市场、技术市场、房产市场等。过去由于不承认社会主义经济是商品经济，把一些市场给封闭禁锢起来了，只剩下一个狭小的消费品市场，结果是满足不了人们的需要，影响了经济的发展。要承认社会主义经济是商品经济，也就必须放开这些市场。所以，

---

① 《列宁全集》第 1 卷，人民出版社 1959 年版，第 85 页。

建立社会主义统一市场体系，是社会主义商品经济发展的需要，是社会生产力发展的需要，也是巩固和完善社会主义生产关系的需要。

二、完善社会主义市场体系的主要内容

我国的社会主义市场是新中国成立后建立的。在从新民主主义向社会主义过渡时期，由于整个经济既有社会主义成分，也有资本主义成分，在国内市场中也存在着社会主义和资本主义两种因素。到了三大改造基本完成，开始形成了统一的社会主义市场。但由于长期受传统思想的影响和“左”的错误的指导，所开放的市场只限于生活资料，而且在生活资料市场中，又力图排斥个体经济的活动，压挤集体经济活动。结果，成了一种残缺不全的日益狭小的市场。党的十一届三中全会以后，经过几年的改革，我国的市场发生了很大变化。同过去相比，主要表现在：一是已由原来商品比较匮乏，花色比较单一的市场正在向商品比较丰富，花色比较多样的市场转化。当前生活资料市场上供应的吃、穿、用等各种各样的商品，除了个别商品外，不论是数量，还是花色品种都有明显增加，城乡市场都比较活跃繁荣。二是已由原来部门分割、地区封锁的市场正在向商品、资金、技术、人才广泛流通的开放型的市场转化。特别是随着横向联合的发展，开放的程度就更大了。三是已由原来单一的国有商业的市场正在向全民所有制占主导地位的多种所有制形式并存的商业转化。在社会商品零售总额中，集体商业和个体商业占的比重已由 1978 年的 7.3% 上升到 1985 年的 59.4%。四是已由原来单一的消费品市场正在向商品、资金、技术、房产等多种市场构成的市场体系转化。但是，总的来看，一个完整的社会主义市场体系还没形成。因此，“七五”时期，经济体制改革的一个重要任务，就是逐步完善社会主义市场体系。主要有以下内容：

第一，生活资料市场，也称消费品市场。生活资料市场就是买卖生活用品的活动和场所。这个市场有这样几个特点：（1）经营范围极其广泛，涉及个人生活消费和集体生活消费，涉及吃的、穿的、用的、住的、行的，涉及物质生活用品和精神生活用品，涉及不同性别、不同年龄、不同职业、不同民族和不同生活习惯的用品。因此，这个市场是十分广泛的市场。（2）买卖活动十分频繁，多数购买活动又很零星、细小。所以，这个市场是十分繁杂的市场。（3）连接着千家万户，人人都离不开。它关系到人们生活需要能否满足，关系到劳动者的生产积极性能否充分发挥，关系到国内的安定团结能否不断巩固。这个市场是十分重要的市场。

现在看来，我国生活资料市场已基本形成。从农副产品买卖方面来看，统购派购已经取消，除居民定量供应的粮油外，价格都已放开。在农村普遍开放了集市贸易，在城市普遍开放了农贸市场。鱼、肉、禽、蛋、鲜果、鲜蔬上市量成倍增加。在市场活跃的城市，价格升中有降。从工业消费品买卖方面来看，已经打破了一、二、三级批发站的老框框，减少了流通环节，开设了贸易中心，增加了流通渠道，扩大了销售网点。特别是横向经济联合的发展，出现了大型综合贸易公司和农工商经济联合体，能够进行跨行业、跨城市、跨地区的商品流通，加强了生产和需要的联结，及时调剂了余缺，进一步活跃了国内消费品市场。"七五"时期在生活资料市场改革方面，主要是：（1）在消化"七五"时期消费品价格改革的基础上保持市场基本稳定；（2）进一步发展集体的和个体的商业服务业，使第三产业有一个较大的发展，促使家务劳动社会化；（3）大力发展消费品生产，促使一个买方市场的出现。

第二，生产资料市场。生产资料市场就是买卖生产用品的活动和场所。长期以来，由于受传统观念的影响，不承认生产资料是商品，在管理体制上是采取统一调拨的办法，而不是作为商品放到市场上流通。从计划分配的生产资料的品种来看，1953 年为 227 种，1957 年增加到 532 种，1965

年增加到 592 种，十一届三中全会前后已达到 837 种。这不难看出，是愈统愈多，愈统愈死，基本上关闭了生产资料市场。

自从进行经济体制改革以来，首先从理论上突破了以自然经济与产品经济为基础的社会主义模式，明确了社会主义经济是有计划的商品经济。不仅生活资料是商品，就连一般生产资料也仍然是商品，必须建立同社会主义商品生产发展相适应的生产资料市场。现在我国的生产资料市场开始建立，同过去相比，出现了以下几个主要变化：一是缩小了物资流通的指令性计划调拨的比重，逐步扩大了投入市场自由交换的比重。近几年来，采用指令性计划调拨的物资逐年下降。煤炭由 1980 年的 57.9% 下降到 1985 年的 51%；钢材由 1980 年的 74% 下降到 1985 年的 51.9%；木材由 1980 年的 80.9% 下降到 1985 年的 31%；水泥由 1980 年的 35% 下降到 1985 年的 19.4%。与此相适应，由企业和地方自主买卖的数量和比重逐步增加了。二是建立了生产资料流通的多种形式和多条渠道。现在各地相继建立了综合的专业的物资贸易中心 644 个，同时各种形式的生产资料经销、代销、协作、补偿贸易、信托服务的活动也在迅速扩大。仅各省、区、市物资协作部门组织交换的生产资料，1983 年约 50 亿元，1984 年近 90 亿元，1985 年达 160 亿元。这是生产资料市场开放的第一步。三是生产资料的经营网点不断扩大，生产资料的价格初步放开。为适应生产资料市场发展的需要，物资部门的经营网点有了一定发展。1980 年为 25000 个，1985 年发展到 32000 个，增加了 28%。一部分生产资料的价格，如木材、生铁、废钢、锡、煤炭、纯碱、烧碱、硫酸、工业硝铵等的价格也初步作了不同程度的调整，这对发展生产资料市场起了重要作用。

现在看来，生产资料市场还没完全形成，存在的主要问题：一是条块分割、政企不分的旧体制还没有大的突破，指令性调拨的物资占的比重还比较大；二是生产资料价格大部分没调整，存在着“双轨制”价格，一部分市场供不应求的生产资料，特别是钢材，自由议价同国家规定价格相差很大，出现了严重倒买倒卖的现象，市场很不正常。

在“七五”期间，为了进一步建立和完善生产资料市场，主要进行以下几个方面的改革：(1) 进一步缩小对生产资料调拨的指令性计划范围。“七五”计划已经确定，要继续减少国家统一分配调拨产品的种类和数量。今后进一步减少的条件主要取决于物质产品的发展和国家的宏观控制能力。一些短缺的物资增多了，国家通过经济杠杆进行间接控制的能力增强了，统配物资的种类和数量就可以减少得多一些，快一些，市场就可以多放开一些；否则，可能放开得少一些，慢一些。(2) 有步骤地理顺重要生产资料的价格。对生产资料的价格，有三个可以选择的方案：一是调价的方案；二是放开的方案；三是放调结合的方案。现在倾向于第三种方案，即放调结合。在这几年对部分生产资料作了调价和放开的基础上，再有步骤地调一部分价，放开一些生产资料。当前最紧迫的是调钢材的价，完善钢材市场。(3) 依托中心城市建立开放式的流通网络。开放式的流通网络包括物资贸易中心、物资商场和物资供应站、门市部等各个层次的流通组织和机构。“七五”期间明后两年改革的重点是进一步建立起生产资料市场。

第三，资金市场。资金市场是指生产上用的资金采取信贷形式以及信贷工具（包括股票、债券）采取抵押、贴现、买卖的形式而进行的活动和场所。过去的国有企业无论是新建或是扩建，无论是生产资金，还是流动资金，都靠国家财政拨款。近几年在改革中，逐步都由财政拨款改为银行贷款。这使资金市场有了发展。但是，各个企业都是相对独立或独立的商品生产者和经营者。各种商品交易都是纵横交错、四面八方地进行。如果只靠国家银行一个渠道，由上到下的贷款，就不能适应商品经济大发展的需要。因此，必须广泛地开辟资金市场。除了国家银行贷款外，企业之间也可以实行商业信用，发行债券，还可以发行股票集资。各专业银行和基层银行之间也可以互相拆借。有了债券、股票，接着就会出现贴现、抵押、证券买卖的问题。所以，在存在商品经济条件下，必须相应地采取多种资金流通方式，建立完善的资金市场。(1)从理论上说，一定量资金是新企业创办的前提，也是企业生产和再生产顺利进行的重要条件。(2)资金市场的建立可以让资金在市场上进行竞争性的有偿分配，在价格、税率、利率等经济信号的引导下流向成本低、效率高的部门，必然会带动物资、技术、劳力也向这些部门流动，从而实现生产要素的最佳组合，提高各种资源的使用效益。(3)资金自由地合理流动，使一些急需资金的企业及时找到资金，使一些闲置资金及时地投入生产活动，并在价格、税率等经济信号的引导下，使社会不需要的商品和产业削减下去，使社会急需要的商品和产业迅速地发展起来。这有利于搞活经济，也有利于加强宏观控制。所以，资金市场是社会主义统一市场的一个重要组成部分，没有资金市场，社会主义企业就很难搞活，社会主义商品经济也很难充分地发展起来。

长期以来，我们把资金市场同资本主义市场等同起来，认为资金市场就是资本主义证券交易所，买空卖空。这是一种误解。资本主义证券交易所是资本主义资金市场的一种形式，而且它的买空卖空、尔虞我诈是资本主义性质决定的，并不是资金市场本身所必有的。从性质上看，社会主义资金市场供需双方是共同占有生产资料的劳动联合体或劳动者个人，资本主义资金市场供需双方是资本家；社会主义资金市场是受国家计划的指导，市场活动受国家的管理，国家银行是这个市场的主体。资本主义资金市场是完全受市场的自发调节，私人资本家银行是市场的主体，资金的投向和吸收带有强烈的盲目性和投机性。因此，我们在思想上一定要明确资金市场产生的客观必然性，也一定要明确，建立社会主义资金市场绝不是让资本主义那种买空卖空、投机倒把的活动泛滥。我们是实行社会主义有计划的商品经济。一定要结合我国的国情特点，建立具有中国特色的社会主义资金市场。

现在我国的资金市场只能说才有了萌芽。金融体系初步建立起来，在各专业银行、各级银行之间初步实行了拆借；一些城市初步开展了商业信用；一些企业发行了不能买卖的股票；银行对国家发行的债券开展了贴现业务。但总的来看，资金横向融通还是很不够的，资金市场远远没有形成。为了有步骤地开拓和建立资金市场，在“七五”期间的主要工作是：

（一）进一步完善金融体系，扩大银行同业拆借市场。我国金融体系虽已建立起来了，但中央银行的作用还没充分发挥出来。为了更好地控制货币供应量，要进一步健全准备金制度、再贴现制度、利率制度，使中央银行更有效地发挥对专业银行及其他金融机构的领导作用。同时，要进一步促使各专业银行、各级银行的资金横向活动。由于各专业银行、各级银行的资金周转使用情况不同，经常出现此多彼少、此用彼闲的现象，这样就使资金在使用上发生时间差、行业差、项目差，产生了调剂资金余缺的可能性和必要性。为了搞活资金，要广泛开展各银行之间的跨行业、跨地区拆借，允许在一定范围内业务交叉，并开展一定程度的竞争。

（二）进一步发展商业信用，扩大贴现市场。商业信用，就是企业之间运用信用票据债券（期票）进行相互融资活动。有了商业信用票据以后，需要银行相应地扩大信贷业务范围，开办票据贴现、抵押贷款、信托投资等业务。现在上海、天津等十个城市已经试行开办商业票据贴现业务。要在这些试点的基础上，有步骤地推广，逐步形成贴现市场。

（三）进一步发展间接融资，慎重地开放股票市场。间接融资就是资金所有者将暂时闲置的资金存入金融机构，由金融机构发放贷款或购买有价证券进行资金融通。今后国家财政资金不足，不再向银行借款，而是通过发行公债解决。一些企业也可以通过银行代为发行债券，筹集资金。与间接融资相对应的是直接融资。直接融资，就是通过买卖股票、债券等有价证券的形式，由买卖双方或供需双方直接进行资金调剂。我国目前一些企业发行的股票，严格地讲还不是真正的股票，还不能进入市场买卖。今后是否允许股票买卖，开放股票市场，现在还在研究。如果开放股票市场，要相应地建立管理制度，颁布《证券交易法》，绝不能像资本主义股票市场那样买空卖空，投机倒把。

第四，技术市场。技术市场就是买卖技术成果的活动和场所。为什么要开放技术市场呢？因为技术成果是人们劳动的产物，是智力活动的结晶。技术成果作为知识产品，也有价值和使用价值，也是商品，也必须进入市场进行交换。为了更深刻地认识技术市场的重要性，需要对技术市场的特点作一些分析。技术市场同其他商品市场相比，有什么特点呢？（1）交换具有多次性。由于技术成果有多次使用性，在技术成果作为商品出售时，购买者一次只购买一次使用权，所有者并不丧失其他使用权和所有权（除非出卖所有权），只要有需求，所有者仍可继续出卖，多次进行交易。（2）交换具有垄断性。技术成果的垄断性很强，有专利权。特别是高、精、尖的技术商品，具有高度的保密性，垄断性也就更强。（3）交换形式具有多样性。技术商品交换的形式有多种多样。出售使用权和转让专利是一种形式，此外，提供技术信息、进行技术咨询、传授管理方法、培训技术人员等也都是技术市场的形式。（4）交换的价格具有昂贵性。一般商品的价格是由价值即社会必要劳动时间决定的。而技术商品往往只有一件，只能由个别劳动时间决定。技术商品的个别劳动时间是难以确定的，有的要试验上千次、上万次，有的要花费一个人或一些人的毕生精力才能成功。而这些劳动消耗又都是复杂劳动。因此，技术商品的价格要考虑所耗费的复杂劳动，考虑技术价值、研究开发成本、使用期限、社会经济效益等多种因素。因为花费劳动时间多，经济效益大，价格也就比较昂贵。

目前，我国技术市场的开拓刚刚迈出了第一步。据不定量统计，去年上半年全国各类技术交易额有上百亿元。技术交易的形式也愈来愈多了，有技术交易会、技术难题招标、技术“大篷车”、技术入股、技贸结合、技术服务队等，并出现常年开放的技术市场和技术零售店。在“七五”时期，为了进一步开拓和完善技术市场，要进一步发展技术有偿转让、技术承包、技术咨询、技术服务等活动。在条件成熟时，建立全国和地区性的固定技术市场。现在国家科委已制定了“星火计划”，帮助小企业和落后地区加紧吸收和移植国内已有的各种先进技术。全国技术市场指导小组也已经成立，正在组织制定完善技术市场的若干政策、规定，不久即可出台。

第五，房产市场。房产市场就是买卖房产的活动和场所。也就是住宅商品化、交易化。长期以来，我们不是把城镇住宅作为商品，而是作为一种社会福利。实行国家统建、统配和低房租政策。国家建一批房子，职工才能分一批房子住。可是，当国家忽视或无力建造更多的住宅时，就造成住房愈来愈紧张，国家对职工的欠账也愈来愈多。十一届三中全会以后，为解决多年积存下来的住宅欠账太多的问题，不断增加住宅建设投资。从1980年到1985年，城市住宅竣工面积达6.3亿多平方米，农村新建住宅达32亿平方米。职工平均居住面积由1980年的4.96平方米增加到1984年的6.32平方米。现在农民拥有的住房面积平均每人达到13.6平方米。虽然住房面积有了很大增加，但是住宅紧张状况还未缓和。随着城镇人口就业人数的增多，无房户、紧房户又有增加。如果按照在本世纪末人均居住面积8平方米计算，今后15年共需新住宅25亿多平方米。以每平方米造价165元计算，约需投资4000多亿元。这样大的投资，如果仍然沿袭国家包下来的办法，显然是很难办到的。解决的根本出路是改革住宅的经济体制，把住宅作为商品，通过交换卖给单位和个人。运用市场机制把住宅的生产、经营和居住搞活，这就需要建立房产市场。

现在，有些城市已开始试行住宅商品化，部分地开辟了房产市场。具体做法有多种形式，有的是全价一次出售，有的分期付款，有的由国家、单位、个人各担负1/3。各种办法都还是试验性的，有待总结经验，逐步摸索出具有我国特点的道路。

“七五”期间为实行住宅商品化，第一步要解决房租不合理的问题。我国现行的房租管理制度，是采取“低房租、高补贴”的办法。据统计，全国平均月租金每平方米为一角二分，最低的只有六分七厘，而成本租金每平方米是一元零五分。实际上，国家对每平方米要补贴九角三分，全年仅补贴房屋维修费就有45亿元。为了促进住房合理化，进一步实现商品化，应把对房租的暗补改为明补，把国家补贴的钱加到工资中去，职工用自己的工资按实际应付的房租租房。这样，国家就可以不承担额外的维修费，还可以把房产折旧费按时收回来。第二步，在房租合理化的基础上，再进一步实现住宅商品化。国家把每年收回来的房租，加上新的住宅投资，就可以建设更多的住宅，再把新建的住宅作为商品出售。出售的办法和数量也要多种多样和有步骤地进行。开始时，一部分可低价出售给人均收入较低的家庭，一部分按工程造价出售。出售的办法可采取一次付款和分期付款，也可采取由银行发放长期低息贷款。

三、建立和完善社会主义市场体系的重要意义

建立和完善我国的生活资料市场、生产资料市场、资金市场、技术市场、房产市场，并使劳动力能够合理流动，逐步形成具有中国特色的社会主义市场体系，对推动经济体制改革的进行，推动现代化经济建设的发展，推动生产力的提高都具有重要意义。

第一，建立和完善社会主义市场体系，是实现新旧经济体制转换，尽快使新的经济体制占主导地位的重要环节。旧的经济体制是按自然经济和产品经济二元的社会主义经济模式建立起来的。它的一个重要特点就是排斥市场机制的作用。因此，经济运行是靠行政手段，按照行政体系，主要是纵向的进行。这就造成了政企职责不分，条块分割，国家对企业统得过多过死，压抑企业和劳动者的积极性。新的经济体制就是要按照有计划商品经济的社会主义经济模式建立起来。它的一个重要特点就是自觉地运用价值规律，充分发挥市场机制作用。经济运行主要是靠经济手段，按照经济发展的自然联系，以横向为主，纵横交错地进行。所以，建立社会主义

市场体系，是新旧经济体制转换的重要内容，也是从旧经济体制转到新经济体制的一个重要标志。

第二，建立和完善社会主义市场体系，是增强企业活力，加强宏观调控，提高社会经济效益必不可少的重要条件。企业作为相对独立和独立的商品生产者和经营者，它的生产经营活动离不开市场。没有市场，就购买不到原料、燃料、辅助材料，就不能灵活地取得资金、技术、劳动力，也不能把生产的商品销售出去，也不能及时得到生产是否符合需要的信息，还不能同其他企业展开平等的竞争。一句话，缺少活起来的重要的外部条件。同时，国家作为实现经济管理的主体，没有市场，就不能灵活地运用各种经济杠杆控制和引导微观经济活动沿着统一的轨道运行，就不可能通过有效控制消费基金总额和基本建设基金总额来保持社会总供给和总需求的平衡，也不可能通过加速社会资金周转来提高社会经济效益。所以，一个正常的合理的社会主义市场体系，对保证国民经济按比例地协调地高效益、高速度地发展，是不可缺少的条件。

第三，建立和完善社会主义市场体系，是促进商品经济迅速发展，促进社会生产力迅速提高的重要前提。社会主义经济是商品经济。社会主义经济的再生产过程是商品生产过程和流通过程的统一。生产决定流通，流通反过来又制约着生产。马克思说："当市场扩大，即交换范围扩大时，生产的范围也就增大，生产也就分得更细。"①所以，没有流通，再生产就会中断。流通不畅，市场不健全，生产也不能充分发展。我们要充分发展商品经济，就必须充分发展社会主义商品流通，发展社会主义市场。商品经济是社会主义经济发展不可逾越的阶段。只有社会主义商品生产和商品流通大发展，才能有社会生产力的大发展。因此，我们要大力发展社会生产力，也必须建立和完善社会主义的市场体系。

① 《马克思恩格斯选集》第 2 卷，人民出版社 1972 年版，第 102 页。

自觉地运用价格杠杆

——学习陈云同志1949—1956年经济论著中关于价格问题的论述*

◎

在陈云同志1949—1956年经济论著中，一个重要的经济观点，就是自觉地发挥价格杠杆的作用，使其有效地为社会主义革命和社会主义建设服务。

一

从新民主主义到社会主义的过渡时期，经济上的斗争是十分复杂的。在党中央的领导下，陈云同志在复杂斗争的经济链条中，始终把稳定物价作为重要的一环去抓。

中华人民共和国成立不久，尽管国家通过没收官僚资本，扩大国营经济，掌握了国民经济命脉，但私人资本还有相当大的经济力量和政治思想影响。一些投机资本利用国民党统治时期遗留下来的通货恶性膨胀的基础和由于解放战争需要不得不发行大量纸币的条件，在1949年11月掀起了一次最大的物价上涨浪潮。这也是从1948年8月以来，在新解放地区掀起

* 原载《经济科学》1983年第4期。

物价猛涨浪潮的第四次。这次物价大波动，是从上海开始的。粮食、棉纱、五金、化工等产品价格，每天以 25% 至 30% 的幅度猛涨，并涉及其他大城市。据北京、天津、上海等十三个城市统计，1949 年 11 月份的批发物价指数同上月相比，上升了 1.48 倍，投机活动异常猖獗。

针对这种情况，主持中央财政经济委员会工作的陈云同志进行了全面分析，他指出："目前稳住物价已有可能"[①]，并亲自指挥，经过周密布置和充分准备，于 11 月 25 日同时在全国各大城市压价抛售粮食、棉纱等大量物资。当时北京私商每袋面粉卖价 5 元，国营粮食公司只售 3.8 元。上海粮食公司 1949 年 11 月份抛售的食米达 5314 万斤，占市场实销量的比重由 10 月份的 11.9%，上升到 11 月份的 50.2%，市场价格从 11 月 25 日开始回落，几天之内给了哄抬物价的投机资本以歼灭性打击。到 1950 年 3 月，全国市场物价就完全稳住了。毛泽东同志曾经高度评价这一胜利，指出它的意义不亚于淮海战役。

稳定物价，不但要制止物价猛涨，也要防止和扭转物价猛跌。陈云同志及早地发现了这一问题。他在 1950 年 5 月 5 日在以他和薄一波同志的名义发出的一份财经简报中指出："我们估计了金融物价波动的危险，预筹了防备的办法，同时还必须注视在物价继续平衡之下可能产生的另一方面的情况，即物价猛跌。"[②] 这种情况果然在 1950 年上半年出现了。造成物价猛跌、商品滞销的主要原因，是国民党统治时期长期通货膨胀所形成的虚假购买力因国内市场日益稳定而消失。这种商品滞销的现象，随着工农业生产的发展和人民购买力的提高，通过对价格进行合理调整，较快地得到了扭转。

在抗美援朝、保家卫国的新形势下，陈云同志又指出了财经工作应当

---

① 《陈云同志文稿选编》(1949—1956 年)，人民出版社 1982 年版，第 30 页。

② 《陈云同志文稿选编》(1949—1956 年)，人民出版社 1982 年版，第 85 页。

做到：第一，保证战争的胜利；第二，保持国内市场稳定；第三，进行各种经济文化建设。这就是经党中央同意的边抗、边稳、边建的方针。陈云同志在阐述这个战略方针时说：稳定市场“是一件很好的事情，与全国人民的生活都有关系。如果美帝国主义一吓唬，票子贬值，物价就被动，人民政府的声誉就不大好，人们就会怀疑，四万万五千万人口的中华人民共和国，如此容易被欺负，你抗美援朝能行吗”[①]，这说明，继续保持市场物价的稳定，不仅有重大的经济意义，而且有重大的政治意义。

在国民经济恢复的基础上，党中央决定把工作重点转移到“拟定建设计划，准备干部，迎接大规模经济建设的到来”。这时，陈云同志又强调指出“市场的稳定是进行经济建设的必要前提”[②]。因为，市场不稳定，就难以保持财政平衡、信贷平衡和物资平衡，而不能保持这些平衡，就不能保证国民经济有计划按比例地发展。他在《关于第一个五年计划的几点说明》中，把“保持购买力与商品供应之间的平衡”[③]作为综合平衡的一个重要内容作了深刻阐述，并为保持市场平衡确定了一重要原则，即：不能影响人民基本生活，要使生活水平微微上升。之后，他又针对第一个五年计划期间消费品和农业生产资料的供应和社会购买力有较大差额的情况，代表党中央起草了关于《加强市场管理和改造私营商业》的指示，明确指出，在供不应求的情况下，继续保持市场的稳定，以保证经济建设的顺利进行，是商业工作以及整个经济工作的重要任务。

历史证明，社会主义的建立，不是商品生产的消失，而是商品生产在新条件下的继续和发展。社会的矛盾，人们之间的经济利益，不可避免地会通过商品生产和商品交换表现出来，通过市场价格的运动表现出来。因此，能否自觉地利用价格杠杆，消除通货膨胀，打击投机资本，控制物价，

① 《陈云同志文稿选编》（1949—1956 年），人民出版社 1982 年版，第 113 页。
② 《陈云同志文稿选编》（1949—1956 年），人民出版社 1982 年版，第 232 页。
③ 《陈云同志文稿选编》（1949—1956 年），人民出版社 1982 年版，第 230 页。

稳定市场，是关系到能否战胜国内资产阶级和国外帝国主义进攻的重大问题，也是关系到能否保证在实现经济恢复的基础上，展开有计划的大规模经济建设的重要问题，归根到底是关系到能否维护社会主义制度和人民根本利益的重大问题。我们必须从这个高度来认识学习陈云同志把稳定物价放在当时战略决策地位的重要思想。

二

稳定物价并不是要把物价冻结起来，固定不变。在稳定过程中，随着生产的发展、劳动生产率的提高和供求关系的变化，各种产品的价格同价值的相符或背离，也必然不断发生变化，这就需要在保持价格总水平基本稳定的前提下，对价格严重背离价值，特别是影响国民经济发展、影响各方面经济利益协调的不合理的价格，有计划地进行有升有降的调整，这也是稳定物价的客观要求。陈云同志在经济恢复和第一个五年计划时期，正是根据国民经济发展的需要，把稳定物价和合理地调整物价辩证统一起来，自觉地积极地发挥价格杠杆调节经济利益，促进生产的作用。

（一）合理调整工农产品的比价，缩小了“剪刀差”。在新中国成立前，帝国主义、封建主义、官僚资本主义相勾结，采取掠夺性不等价交换的手段，高价出卖工业品，低价收购农产品，疯狂地掠夺广大农村，形成了极不合理的“剪刀差”。据统计，以1936年为基期，以农村工业零售价格总指数为100，工农业商品交换的综合比价指数：1941年为145.43，1942年为191.98，1943年为198.17，1944年为262.85，1945年为218.59，1946年为146.89，1947年为126.09，1948年为165.11。“剪刀差”的不断扩大，表明了剥削阶级对农民掠夺的不断加重。

新民主主义革命的胜利，推翻了三座大山，建立了无产阶级领导的、工农联盟为基础的人民民主专政的国家政权，国家掌握了主要工业品的生产和销售。在这种条件下，陈云同志指出："工农业产品比价实质上是无产阶级领导的人民政权同农民的关系问题。"[①]这个新的经济关系的实质，决定了必需坚决制止工农业产品"剪刀差"扩大的趋势。为此，党和国家在保持物价总水平相对稳定的前提下，逐步提高了农产品的收购价格，缩小了"剪刀差"。1957 年同 1950 年相比，农产品收购价提高了 46.2%，而供应农村的工业品零售价格只提高了 12.1%，"剪刀差"缩小了 24.3%。具体来说，每 100 公斤小麦，1950 年换 47 公斤食盐，1957 年能换回 62 公斤；每 100 公斤稻谷，1950 年换 13 米白布，1957 年换回 14 米；每 100 公斤玉米，1950 年换 9 公斤煤油，1957 年换回 11 公斤。这就是说，农民除了从土地改革和发展农业生产方面获得利益外，从价格方面也获得了一定利益。这对巩固工农联盟、加强城乡结合，起了促进作用。但也要看到，长期形成的"剪刀差"不可能在一个早晨就消失。陈云同志说："缩小工农业产品价格的剪刀差，这是我们的目标，共产党的政权必须这样做，不能忘记。革命就是为了改善最大多数人民的生活，但是由于我们工业品少，也不要以为很快可以做到。这个问题我有责任说清楚，因为还要积累资金扩大再生产。"[②]就是说，在一定时期利用价格积累资金是必要的，也是农民易于接受的形式。

为了从价格政策上推动农业生产的发展，鼓励多种经营，陈云同志还及时提出了合理调整粮食和各种经济作物之间比价的意见。以粮棉比价为例，陈云同志早在 1949 年 8 月就指出："过去在东北，我们有过教训。如前年规定十二斤粮等于一斤棉花，结果农民都不种棉花了。去年改为十三斤粮等于一斤棉花，还规定了种棉花免缴公粮，农民便积极种棉花。"[③]建国后，棉花生产发展很快，1949 年为 888.8 万担，1952 年增加到 2607.4

① 《陈云同志文稿选编》(1949—1956 年)，人民出版社 1982 年版，第 18 页。
② 《陈云同志文稿选编》(1949—1956 年)，人民出版社 1982 年版，第 180—181 页。
③ 《陈云同志文稿选编》(1949—1956 年)，人民出版社 1982 年版，第 18 页。

万担。由于棉价偏高，出现了盲目扩大棉田、以棉挤粮的情况。针对这种情况，陈云同志在 1952 年 6 月的一次讲活中又指出："现在我们的农业生产还是分散的。例如，我们说棉田不要再增加了，粮食少了就会发生危险，结果还是增加了几百万亩。那怎样办呢？就要在价格上想办法。今年收购棉花的时候，价钱不应提高。我们对农民现在还是拿价格政策来指挥他。"① 这是一个非常重要的马克思主义观点。我们刺激生产，要利用价格杠杆；限制不合理的生产，也应当利用价格杠杆。国家物价部门在 1953 年对粮棉比价又重新作了调整，按旧衡制，在大米、小米产区改成一斤棉花换六斤十二两至八斤大米、小米，在小麦产区改成一斤棉花换六斤四两至七斤小麦。即适当地提高了粮价，降低了棉价。这次调整，棉价又显得稍低了些，1954 年又适当作了上调。到 1957 年，粮食产量达到 3900.9 亿斤，棉花产量达到 3280 万担，分别比 1952 年增长 19% 和 25.8%。

（二）合理调整消费品价格，不断提高人民消费水平。消费品价格如何，直接关系城乡人民，特别是广大职工的切身利益。陈云同志非常重视这个问题。他指出：消费品"卖价必须照顾到消费者的接受能力"②。绝对不能任意涨价或变相涨价。为了保证广大职工生活稳定，并逐步有所提高，党和政府对生活必需品的零售价格，一直采取略有调整、保持稳定的政策。据统计，每吨粮食零售混合平均价格，1952 年为 197.8 元，1953 年为 201.6 元，1954 年为 205.0 元，1955 年为 212.6 元，1956 年为 212.6 元；每米棉布零售混合平均价格，1952 年为 1.03 元，1953 年为 1.04 元，1954 年为 1.08 元，1955 年为 1.08 元，1956 年为 1.07 元。其他主要消费品零售混合平均价格的变动，也大体如此。从 1953 年 10 月开始，国家对粮食和油料实行了计划收购，计划供应。陈云同志在说明这一重大改革决

① 《陈云同志文稿选编》（1949—1956 年），人民出版社 1982 年版，第 162 页。
② 《陈云同志文稿选编》（1949—1956 年），人民出版社 1982 年版，第 93 页。

定时指出："经过计划收购来掌握货源，经过计划供应来控制销量，这是在许多商品供不应求的情况下，继续保持市场稳定的两个必不可少的步骤。"①同时，国家对食粮和主要副食品的零售，又采取了价格补贴的办法。即以国家的物力和财力为后盾，保证了广大职工生活的基本稳定。居民平均消费水平，1956 年和 1952 年相比，全国居民提高了 20%，其中农民提高了 15%。

（三）合理调整各种差价，促进了社会商品生产和商品交换的发展。地区差价、季节差价、质量差价、批零差价等各种差价政策，是物价总方针、总水平的重要组成部分，是它的具体化。各种差价政策，也是国家对生产者、贩运者、消费者以及对各个方面利益分配关系的具体表现。由于长期的历史原因，建国后，不仅工农业产品之间的比价不合理，而且各种差价之间也都存在着不合理的现象。这些不合理的现象，越来越影响国民经济的发展，也影响对私人资本主义社会主义改造的进行。

三

陈云同志在建国初期关于自觉运用价格杠杆，控制市场物价的稳定，并在保持市场物价基本稳定的前提下，恰当地分别地调整各种不合理价格的观点，虽然是针对当时的经济发展状况而提出的，但在全面开创社会主义现代化建设新局面的今天，仍具有重大的指导意义。

党的十一届三中全会以来，我们对价格体系和价格管理制度进行了初步改革。主要是大幅度提高了农产品收购价格，提高了八种副食品零售价格，并对部分生产资料的出厂价格和消费品的零售价格进行了有升有降的调整，对一部分小商品实行了自由定价，价格不合理的状况有了一定的改善，

① 《陈云同志文稿选编》（1949—1956 年），人民出版社 1982 年版，第 233 页。

基本上保持了物价的稳定。这对促进四化建设和安定团结起了良好作用。

但是，目前我国价格不合理的状况仍然普遍存在，许多商品价格同价值背离的现象还相当严重，国家财政补贴越来越大，因而影响了国民经济的综合平衡，影响了各个生产单位经营管理成果的正确考核，影响了地区之间合理的分工协作，影响了新技术的采用和新产品的试制，也影响了人民生活的必要提高。

为了自觉地充分地运用价格杠杆的调节作用，对进行价格改革的几个主要原则设想是：

第一，按照计划经济为主、市场调节为辅的原则，逐步改革价格体系。

社会主义发展的是有计划商品经济。在价格体系上，要改变单一的国家规定价格的形式，逐步建立国家统一规定价格、浮动价格、工商企业协议价格和集市贸易价格等多种形式有机结合的体系。

对关系国计民生的重要工农业产品的价格、重要交通运输价格，一定要坚持国家统一定价，只有这样，才能保证对国民经济的主要比例关系有计划地控制。同时有计划地把一部分小商品先放出去，让价值规律自发地进行调节。这些小商品花色品种繁多，价值量小，对国民经济的比例关系影响不大，不可能也不便于计划管理。

至于中间那一块，即浮动价格，需要结合指导性计划的实行逐步采用。浮动价格既有一定的计划性，又有一定的灵活性，正确地实行浮动价格，可有利于价格趋于合理，有利于企业之间开展一定程度的竞争。这就必须根据宏观调控的需要和市场供求变化的情况，正确地规定每种浮动价格的最高限阶、最低限阶，或同时规定两种限阶。工商企业协议价格也是属于半自由价格，它的品种范围、利润水平、作价原则，都由国家掌握，但又受供求关系的影响较大。

国家统一规定价格、浮动价格、协议价格、自由价格的商品，也不是机械划分的。在国家统一规定价格的商品中，属于企业自销的部分也可以采取浮动价格或协议价格。在浮动价格的产品中，属于企业自销的部分，也可以采取协议价格或自由价格。

第二，在保持物价基本稳定的前提下，逐步调整各种差价使之趋于合理。

物价的基本稳定是相对物价的剧烈波动而言，并不是不容许商品价格的合理调整。中华人民共和国成立后的恢复时期和“一五”时期，先采取强有力的措施稳定物价，然后又对一些不合理的价格进行有升有降的调整，两者相辅相成，积极发挥了价格杠杆控制和调节生产与流通的作用。

由于受“左”的错误的影响，特别是受十年动乱的干扰，目前我国的各种比价都存在着不合理的现象，需要有计划地分期分批地进行调整：（1）要逐步地把地区差价和批零差价调节得趋于合理。当前应首先考虑调整城乡之间这些差价，以利于商业的多种经济形式和经营形式的发展，利于全国统一市场的发展。（2）要逐步地把季节差价调节得趋于合理。城市市场的蔬菜价格是个大问题，一定要确保价格基本稳定，严格注意涨价和变相涨价，同时也要合理地规定季节差价，确保各种蔬菜充足供应和均衡供应。（3）要逐步把质量差价调节得趋于合理。现在比较严重的问题是优质不优价，劣质不低价。这不仅影响生产者改革技术、提高质量的积极性，也影响消费者的消费水平。因此，需要认真实行按质论价原则，以鼓励提高质量，提高经济效益。（4）要逐步把原材料工业的系列产品之间差价和机械工业的零部件与整机之间的差价调节得趋于合理。目前，不少矿产品、原材料的价格偏低，而加工工业产品的价格偏高，机械工业中的零部件价格偏高，而整机价格又偏低。为了改变这种不合理的状况，一些经济联合体采用了“内部价格”的办法，效果较好。但实行“内部价格”的还是少数企业，应当在总结这个经验的基础上，逐步地全面地把“内部价格”变为公开价格，以促进原材料工业和加工工业、零部件生产和整机生产共同发展，并加快联合。

总之，保证价格总水平基本稳定，是合理调整各种差价、比价的前提，而合理地调整各种差价、比价又会进一步保证价格总水平的基本稳定。不能把二者对立起来：要稳定就不能调整，要调整就不能稳定。这是不符合社会主义经济发展要求的，也是不符合价值规律的。

第三，在保证人民生活不断提高的基础上，逐步改革价格补贴制度。

社会主义生产目的是不断满足人民日益增长的物质文化需要。要实现这个目的，在消费品零售价格上采取什么样的方针、政策，关系极大。中华人民共和国成立以来，我们国家对消费品零售价格，一直采取基本不动，低于收购价的差额，由国家财政补贴的办法。这对于保证人民生活的安定和改善，起了积极作用。但也必须看到，消费品是社会总产品的一个重要组成部分，消费品价格是整个价格体系的一个重要组成部分。因此，消费品价格和国家财政补贴究竟保持在一个什么水平为宜，这必须从整个国民经济的综合平衡和经济、政治的综合效果来研究。据统计，国家财政对物价补贴总额1981年达到320多亿元，占当年财政收入的32%，比1980年补贴总额增加了32.2%，比1978年增加了2.41倍。其中同消费品价格补贴直接有关的，不算进口粮食、棉花、砂糖的亏损补贴，就达200多亿元，占物价补贴总额的64%，占财政收入总额的20%。现在看来，物价补贴，一是增长太快，二是补贴太大，如继续下去，不仅国家财力难以负担，而且对整个国民经济的发展也很不利。

价格改革是一件十分复杂的事，为了保证按部就班地进行，必须纳入国民经济管理体制改革总体规划之中，同税收、工资、计划、财政、货币、金融、物资、商业、外贸、企业等各方面的体制改革成龙配套，协调一致。这样，才能通过一步一步地改革，最后达到建立一个符合客观经济规律和我国国情的价格体系和价格管理制度，同时也为其他方面的改革创造条件。

加强宏观调控，建立新的宏观管理制度 *

在当前我国新旧经济体制交替时期，正确处理微观经济活动同宏观经济活动的关系，从直接控制为主转为间接控制为主，加强宏观管理和调控，是经济运行系统的根本转变，也是经济管理制度的根本转变。这一转变的实现，也是新的经济体制占主导地位的重要标志。

一、加强和改善宏观调控是社会主义经济发展的客观要求

宏观管理和调控是指对整个国民经济运行活动的管理和调控，或者说是对整个社会的生产、流通、分配、消费的总体管理和调控。当然，什么是宏观也是相对的。相对于企业来说，一个大中城市，一个经济区，一个跨部门、跨城市、跨地区的协作联合体，这些中观层次的经济活动，也是“宏观”，是“小宏观”。除了全社会的宏观控制外，也要有“小宏观”的控制。

为什么要对整个国民经济或整个社会的生产、流通、分配、消费进行

* 原载《理论园地》1986 年第 7 期。

管理和调控呢？这不是主观上非要这样做不可，而是社会主义经济发展的客观要求。

第一，是现代社会化大生产的客观要求。社会主义经济是同现代科学技术的发展和社会专业化分工的发展相联系的。现代科学技术的发展，社会专业化分工的发展，使新的产品生产，新的劳动领域不断出现，也使新的产业、部门不断出现。这样，国民经济就成了一个由许许多多的生产部门组成的有机整体。这就出现了一个问题：各个部门的生产，各类产品的生产，怎样才能都销售出去？怎样才能重新进入生产？要解决这个问题，最基本的条件就是各类产品的生产要符合对各类产品的需要，各部门的生产要符合对各个部门生产的需要，总起来说社会生产要符合社会需要。当生产和需要之间是由市场联系的情况下，社会生产的一方，就是市场供给的一方；社会需要的一方，就是市场需求的一方。社会生产符合社会需要，也就是社会总供给符合社会总需求，或者市场商品供应总量符合购买力总量。因此，只有有了社会总供给符合社会总需求这个基本条件，整个社会所生产的各类产品，才能都销售出去，才能通过交换使产品的价值得到实现，才能重新买到所需要的生产资料和生活资料，重新进入生产过程。由此可见，在现代化、社会化大生产条件下，要保证各个生产部门的产品都能实现，都能重新进入生产过程，必须保证社会总供给符合或基本符合社会总需求，这就需要加强对这种平衡的宏观控制。

第二，是有计划商品经济发展的客观要求。社会经济的发展，表现为一种经济运行机制的活动。经济运行机制是由这个社会经济机体的内在构造形成的。这如同一个机器或机器体系的内在构造有动力机、传动机、工具机、制导机等等一样，一个社会经济机体的内在构造也有动力系统、调节系统、组织系统等等。各个系统、各个部分不是孤立的活动，而是以一定的联结方式联系起来，形成一个相互制约、相互牵动的活动整体。这个活动整体就称作经济运行机制。由于各种不同经济形态的社会生产有不同的内在构造，也就有不同的经济运行机制。在产品经济的社会生产中，生产是从统一的社会利益出发，生产的产品是直接用来满足全社会的需要，组织生产活动是统一地有计划地进行直接的指挥和控制。这种经济运行机制称为计划经济机制。它的运行特点是统一的，纵向的。在资本主义的社会生产中，生产是从私人资本家个人或资本家集团的利益出发，生产的产品不是直接用来满足自己或全社会的需要，而是到市场上通过出卖，获得剩余价值。组织生产活动虽在个别企业是有计划地直接指挥，但在全社会却是通过市场的联系，分散地、盲目地进行。这种经济运行机制称为自由市物经济机制。它的运行特点是分散的、横向的。社会主义经济是有计划的商品经济。在社会主义社会生产中，生产是从整体利益和个人利益的结合出发，生产的商品是通过价值形式和实物形式来满足社会需要，组织生产活动是在统一计划指导下，通过市场联系进行。因此，在社会主义社会，计划机制和市场机制是有机结合在一起的，形成一种新的经济机制，可称为有计划的市场机制。它的运行特点是，以统一活动为主导，统一和分散相互结合，以横向活动为主，横向和纵向相互联系。既然社会主义经济的运行机制是计划机制和市场机制的统一，那就必须既要发挥市场的机能作用，又要发挥计划的机能作用；既要有横向的联系和制约，又要有纵向的联系和控制；既要在微观上保证各个企业生产经营的多样性、灵活性和进取性，又要在宏观上保证整个国民经济的统一性、协调性和约束性。所以，加强宏观控制也是社会主义有计划商品经济的运行机能的必然表现。

第三，是社会主义劳动者物质利益关系的客观要求。在社会主义公有制的基础上，联合劳动者是生产资料的所有者，生产的目的是满足全体劳动者的生活需要，他们的根本利益是一致的。但在社会主义条件下，生产资料所有制不是单一的形式，在生产资料公有制居于主体的前提下，还有个体经济和其他非公有制经济。在生产资料公有制范围内，还存在着全民所有制、集体所有制以及各种联合形式的公有制。在各种公有制内部，由于所有权同经营管理权的适当分离，还存在统一管理和分散管理两个层次。同时，由于劳动者的劳动还是谋生手段，劳动还存在着差别。这样，在不同劳动者之间，不同企业或生产经营单位之间，不同经济联合体之间，不同部门之间，不同地区之间，以及国家和企业之间，中央和地方之间，都存在着不同物质利益的差别。因此，要在尊重和保护各种不同的物质利益的同时，坚持把根本利益、整体利益放在第一位，局部利益一定要服从整体利益，个人利益一定要服从集体利益，并且一定还要合理地调节各种不同物质利益关系。要能够这样来处理和调节社会主义的物质利益关系，就需要有统一的宏观管理和调控。没有宏观管理和调控，社会经济生活就很难正常发展。总之，加强和改善宏观调控，是社会主义经济发展的客观要求，是保证现代化建设和经济体制改革顺利进行的重要条件。

二、我国宏观管理改革的初步成就和当前存在的主要问题

经过这几年的改革，在宏观管理和控制上，也开始出现了新变化。主要是：在经济决策上，正在由过分集中向统分结合的多层次决策转变；在计划管理上正在由单一的指令性计划向以指导性计划为主，同时以一定范围的市场调节为补充转变；在分配方式上，正在由统收统支、平均主义向合理划分权益、实行按劳分配为主转变；在经济联系方式上，正在由主要通过行政系统的纵向封闭型向纵横结合、以横向联系为主的开放型转变；在经营管理上，正在由主要依靠行政手段的直接管理向主要运用经济和法律手段的间接管理转变；在国家和企业的关系上，正在由各级政府部门直接管企业向政企职责分开，政府原则上不再直接管企业转变。以上是当前我国宏观管理新形势的特点。宏观管理的转变，归根到底也是由产品经济

运行机制向有计划的商品经济运行机制转变。这个改革比给企业扩权和建立市场体系更为艰巨、更为困难。因此，当我们在微观逐步放活之后，宏观的调节和控制未能及时跟上去，导致了在前年第四季度出现宏观失控。“七五”计划报告指出：“经过去年一年的工作，有的问题已经解决，有的正在解决，总的来看经济环境正在从紧张向宽松转化，但对目前经济工作中仍然存在的许多问题决不能掉以轻心。”

目前，我们在宏观管理和调控中存在的主要问题是什么呢？主要有以下几个：

（一）今年上半年，特别是第一季度，工业增长速度下降幅度较大。这种陡然下降，一方面是因为加强了宏观控制，使去年那种靠发贷款、靠拼设备、吃老本、靠动用外汇进口原材料的不正常办法上去的速度必然降下来，但另一方面，由于在加强宏观控制中较多地是靠行政办法，有“一刀切”的现象，再加上企业在工资套改中存在一些问题，影响了职工积极性，造成了生产速度过大的下降。中央和国务院对这个问题也及时采取了一系列措施解决。现在看来，情况在好转。六月份的工业生产增长速度已上升到 6.7%，如果保持这个势头，到年底可望完成增长 8% 的计划速度。

（二）计划外基本建设投资还没有控制住。我们全社会一年的固定资产投资有 2300 多亿元，列入计划的只有 1600 亿元。在 1600 亿元计划内投资里，国家真能控制的预算内投资只有 400 亿—500 亿元。今年上半年，我国基本建设投资，与去年同期相比，计划内的有所下降，而计划外的仍在膨胀。现在看来，固定资产投资规模过大，控制不住，主要是计划外这一块。最近国务院作出了关于控制固定资产投资规模的若干规定。这对控制固定资产投资规模，特别是控制计划外投资规模，将起到积极作用。

（三）对消费需求的控制有“一刀切”的现象。我们要控制生产消费需求和生活消费需求过分膨胀，但在控制时也要有分析，不能“一刀切”。比如，对生产消费的需求，有的是长线产品的需求，有的是短线产品的需求，有的是经济效益高的需求，有的是经济效益差的需求。对生活消费的需求，有的是滥发奖金，乱提工资的需求，有的是工资待遇低，特别是知识分子待遇低的需求。这就不能“一刀切”，不能都在一条线上统统卡住。因此，在流动资金贷款上，对短线产品，对经济效益高的产品，应放宽控制，满足需要。对工资水平过低的部门，对第一线职工，对知识分子待遇低的应加以完善，适当增加。这对调节劳动者积极性，对促进生产发展是完全必要的。以上问题，说明我们在宏观调控上虽然有了改变，但宏观调控系统还没建立起来，在调控过程中还有许许多多的环节需要改革。

三、进一步加强和改善宏观调控

在“七五”时期，为了进一步加强和改善宏观调控，最根本的是逐步实现由直接控制为主转向间接控制为主，建立与之相适应的宏观调控体系。要实现合理的宏观调控必须坚持以下原则：（1）有利于企业继续搞活。因为企业没有活力，整个国民经济也不会有活力。没有活力，生产力就不能发展，这就失去了宏观调控的目的。（2）有利于充分发挥有计划的市场运行机制的作用。就是说，既要充分发挥市场机制的作用，又要充分发挥计划机制的作用，并使二者统一起来，使整个社会的商品经济有计划按比例地发展。（3）有利于提高社会经济效益。做好宏观平衡，最终的落脚点在于提高社会经济效益。

从加强宏观调控的原则出发，要实现从直接控制为主转到间接控制为主，主要要做好以下几方面工作：

第一，完善各种经济调节手段，建立科学的经济杠杆体系。间接控制，就是综合配套地运用各种经济杠杆。主要有价格、税收、信贷三大杠杆。

1. 价格杠杆。价格杠杆的作用主要是通过价格对价值的接近或背离，即通常说的价格围绕价值上下波动，来影响生产者和消费者的利益，从而调节商品的供求关系，以实现增加或减少生产与消费。价格是加强宏观调控最有效、最灵敏的经济调节手段。但由于目前价格体系不合理，还未能充分发挥调节供给和需求的作用。价格不合理是经济发展的主要障碍，它不利于改进技术，提高质量；不利于改善经营管理，降低消耗；不利于进行市场交易，没有压力；不利于提高企业积极性，增强活力。总之，不利于生产力发展，是旧的经济体制的一个根本性弊病。所以，价格改革是一个根本性的改革，是经济体制改革成败的一个关键。

我国消费品价格，经过近几年的改革，特别是去年对副食品、蔬菜的改革，迈出了重要的一步。总的来看，改革是成功的，但也存在一些问题。现在一部分居民对价格改革反应强烈，认为物价上涨得太厉害了，生活水平降低了。对这个问题，我们要作分析，要实事求是地说明这个问题。物价改革是不是引起物价上涨了呢？正确地说，是引起原来价格偏低的商品价格上涨了，或者说国家由暗补改为明补的消费品（肉、禽、蛋、水产、水果、蔬菜等）价格上涨了。当然也有些私自超过国家政策规定上涨的，这是违法的，大约占1/3。部分商品价格上涨了，这是物价改革的一个方面；还有另一个方面，那就是降低价格。因为我国的价格改革是结构性调整，有升有降，而不是全面涨价。如化纤布、手表、收音机等消费品，这几年价格下降很多。提高物价是否影响人民生活水平呢？单从这个因素来看，当然影响人民生活水平。但是，物价上涨不是影响人民生活水平的唯一因素，也不是主要因素，主要因素是收入的增加。因此，人民生活水平提高了，还是降低了，必须把物价上涨同工资收入增加等各种因素综合在一起，看互相抵消后哪个是主要的。我国过去五年中，扣除物价上涨因素后，农民人均纯收入每年提高13.7%，城镇职工人均纯收入每年提高6.9%。仅就去年来看，农民人均收入比上年提高11.8%，扣除物价上涨因素，实际收入提高8.4%；城镇居民人均收入比上年提高23.8%，扣除物价上涨因素，实际收入提高 10.6%。当然，也应看到，少数低收入的农民和职工实际收入略有下降，生活有困难。另外，对物价上涨影响生活水平，还要分析是哪一部分消费品价格上涨得最厉害，它占生活消费构成的比重有多大。现在物价上涨最厉害的是蔬菜、副食品等。但它们在人民消费构成中占的比重仅是一小部分，粮食、住宅、衣服、乘车等，这些生活用品的价格基本没动，可是工资这些年提高了很多，所以总的生活水平是提高了，不是降低了。在“七五”时期，消费品价格的改革，主要是消化、巩固已改革的成果，基本保持稳定，只对个别不合理的价格进行调整。

生产资料的价格，这几年也初步进行了有升有降的改革。1984 年同 1978 年相比，煤炭价格提高了 38%，冶金、化工、建材等行业的矿产品、原材料价格平均提高了 50%，电子产品降价了将近 20%。现在的问题是:（1）大部分生产资料价格没作合理调整；（2）由于同一种生产资料计划内国家规定价格偏低，计划外议价偏高，出现了“双重价格”，发生倒买倒卖，从中牟利的现象。因此，时间维持太长肯定不利。对这些问题，在“七五”时期对生产资料的改革有两个重点。一个重点是，有步骤地提高能源、矿产品、木材、钢材、水泥等价格，使初级产品同加工产品的比价不合理问题基本得到解决。另一个重点是，逐步解决“双重价格”，到“七五”末期使主要生产资料的“双重价格”趋于接近。

2. 税收杠杆。税收杠杆的作用是通过税种、税率的变化来影响生产者、消费者和国家的利益，从而鼓励或抑制供给和需求的增长，增加或减少国家的财政收入。几年来，我们在税收方面也作了不少的改革。主要是把企业对国家的上缴利润的关系改为上缴税金的关系；把原来的单一税种改为了多税种，合理调整了部分产品税率和关税，新增加一些主要用于调节地方、企业和个人收入的税种，等等。这些改革，对于调节经济活动，理顺各种利益关系，保证国家财政收入有稳定的来源，控制基本建设投资和消费基金膨胀起了重要作用。但目前税收制度还很不健全，还不能很好地发挥宏观调控作用。在“七五”时期，要在第二步利改税的基础上，进一步完善税收制度。主要有以下几个方面：（1）进一步建立和完善中央税、地方税和中央地方共享税的体制。在此基础上，按照财权与事权相一致的原则，划分中央与地方的财政收入和财政支出的范围，实现财政分级管理。（2）进一步改革企业的以税代利制度，实行税利分流。企业所创造的利润，除缴纳各种税金外，全部归资产所有者和企业支配，真正实现企业的自负盈亏。（3）逐步增加一些新税种，如资源税、固定资产占用税和个人所得税等，以合理调节企业间、个人间分配差距。总的方向是建立资源税、流转税和所得税合理配置的多税种、税率调节的税收体系。

3. 信贷杠杆。信贷杠杆的作用是通过银行信贷资金的贷放、利率的变化，来影响债权者和债务者的利益，从而鼓励或限制生产和消费需求的增长。由于信贷杠杆是调节资金运动的重要手段，在存在商品经济条件下，一切生产经营活动都表现为资金活动，都要经过银行出纳和结算。有一个强有力的银行信贷体系，等于有了一个控制社会主义经济活动的“总开关”。只要这个“总开关”把信贷、资金、货币发行合理控制住了，社会经济生活就不会出现大的问题。因此，银行信贷杠杆在加强宏观调控中具有非常重要的作用。银行信贷体制改革目前要着重解决两个问题。一是根据国家制定的产业政策和地区政策，以及企业经济效益状况，有区别地发放贷款。基本建设贷款和城镇企业固定资产投资贷款要从严，流动资金贷款要适当放宽，重点支持适销对路商品和出口创汇商品的发展。各专业银行和邮政部门要积极组织存款，增加储蓄，搞好服务。二是推进信贷资金横向融通。在不突破货币发行量和信贷总规模的前提下，人民银行总行和各省、自治区、大中城市人民银行，要组织各个专业行跨地区、同地区跨专业行的横向资金融通，开展各种金融机构之间的资金拆借。从“七五”计划对金融体制改革的要求来看，还需要进一步加强中央银行的职能，逐步取消中央银行对存贷准备金付息办法，逐步实行存贷款利率灵活浮动。各专业银行要逐步办成独立核算的经济实体，实行企业化。

在经济杠杆中，除了价格、税收、信贷外，还有利润、工资、财政、汇率、补贴等各种经济杠杆。这些杠杆的调节作用就不一一说了。但应当进一步说明，各种经济杠杆有各自不同的活动特点、活动方向和活动范围。比如，价格主要是调节生产者与消费者（包括企业与企业）之间的相互利益关系，它进行调节所造成的利益流向是多向性的；税收杠杆主要是调节国家与企业（和个人）以及国家内部中央与地方之间的相互利益关系，它进行调节所造成的利益流向是单向性的；信贷杠杆主要调节债权者和债务者之间的相互利益关系，它调节所造成的利益流向是双向的。因此，我们在运用经济杠杆时必须根据这些特点，综合地配套地运用，最大限度地发挥它们的合力作用，避免各种经济杠杆相互抵消调节作用，达不到宏观调控的目的。

第二，完善计划调节手段，改进计划管理。我们是在生产资料公有制的基础上实行计划管理的国家，计划是国民经济管理的一种手段。完善计划调节手段，是加强宏观控制的重要内容。从直接控制为主转向间接控制为主，是计划管理体制改革的根本问题。近几年来，在计划体制上围绕这个问题也初步进行了一系列的改革。这包括由单一的决策方式向多层次决策方式转变；由单一的指令性计划管理方式向指导性计划、指令性计划和市场调节多种调节方式转变；由统一的物资调拨方式向市场交换方式转变；由单纯行政管理系统向经济组织和行政管理组织相结合的系统转变。现在看来，比起其他方面的改革，计划体制还是很不够的，改革的难度还是相当大的。

为了加强宏观控制，在计划体制改革方面，“七五”时期应主要抓以下环节：（1）要确定符合中国国情的社会经济发展战略。社会经济发展战略是指一个国家在一个较长时期内的社会经济发展全面性战略任务、战略部署和战略方针。要保证国民经济按照预定的计划发展，首要的是正确确定社会经济发展战略。历史经验证明，战略决策对头，社会经济才能健康地发展；战略决策失误，必然造成社会经济发展大起大落，损失是巨大的。因此，要保证国民经济良性循环，必须首先完善计划决策制度。具体来说，宏观经济决策权必须集中在中央。宏观决策不能分散，一定要同地方、企业各级计划决策相衔接。同时，为了保证决策正确，要健全计划决策程序。凡是经济、科技和社会发展中关系全面发展的问题，都必须由各方面专家（包括领导和实际工作者等）进行可行性研究和系统论证，然后由计划部门在综合平衡的基础上提出多种比较方案，报请中央审议决定。任何重大经济决策都不能先定案后论证，或不论证就定案。今后，国家计委的主要任务是制订中长期计划，而不是抓年度计划。（2）进一步完善指导性计划，减少指令性计划的比重。现在，在生产领域，国家对农业产量和播种面积全部实行了指导性计划。工业中实行指导性计划的产品有 55 种，约占工业产值的 20% 左右。在建设领域，国家对全社会固定资产投资总规模是实行指导性计划。在流通领域，国家除对 19 种市场商品，31 种供应出口商品，23 种统配物资实行指令性计划外，其余都实行了指导性计划和市场调节。为了进一步提高指导性计划和管理水平，根据这几年的经验，一是要加强行业的协调和管理；二是国家手中要掌握一定的物资、资金、外汇，用于鼓励和引导生产的发展；三是加强预测预报，及时发布信息；四是对某些生产实行许可证制度。（3）加强对主要比例关系的控制，坚持国民经济综合平衡。

第三，健全经济立法和司法，加强法律监督。在现代化、社会化大生产条件下，加强法制是加强宏观调控的重要手段。尤其是在从直接管理为主转向间接管理为主的过程中，要使各部门、各地方和各企业的经济活动合理有序，有章可循，就必须健全活动的规范，划清活动的界限，使其在国家的法令、法规范围内进行。这就要求建立和制定各种法令、法规。如果没有必要的法律规范，就很难保证公平交易，平等竞争，照章纳税，文明经营，就不可能保持正常的经济秩序。几年来，我们在经济法的建立上已取得了明显的成绩。首先，建立和健全了各级司法机构。到1982年底，最高人民法院、各省、区、市高级人民法院和297个中级人民法院都建立了经济审判庭。其次，先后颁布一系列的法律法令。从1979年到1985年上半年，全国人大及人大常委会通过或批准的经济法律已有21件，国务院颁布的经济法规有200件左右。当前，经济领域法制建设的主要问题是法律不健全，没有建立起一个科学的法律体系，而已颁布的经济法令、条例，执法不严，有法不依。在“七五”时期，为了在宏观调控中加强法制管理，主要改革的内容是：（1）教育经济工作人员树立法制观念，加强对经济立法、经济司法重要性的认识。各级经济部门和领导人员一定要学会用法律手段来管理经济。（2）要对已有的法律、法规进行清理。中华人民共和国成立以来，国家制定的法律、法令和法规大约有1500多件，其中经济方面的占一半以上。这些法律、法规现在约有70%左右不再适用了，需要进行清理，以分清哪些是继续有效的，哪些需要明令禁止，哪些需要重新修订。（3）要继续制定一批新的经济法律法规。“七五”期间计划制定的经济法律有一百几十件。现在已有一些出台了，还有一些正在制定，不久就会出台。（4）要严格执行法纪。已颁布的各项法令、法规，都是全国人民利益和意志的集中表现，是经过各级人民代表大会和政府通过的，人人必须遵守。要有法可依，有法必依，执法必严，违法必究。无论什么人，什么事，只要违背了法律都应受到制裁。此外，会计、审计、统计、工商行政管理等监督方面也必须紧紧跟上。

在宏观管理和调控中，我们强调以经济手段、指导性计划的手段、法律的手段为主，但并不排斥、否认必要的直接的行政手段。社会主义经济是有计划的商品经济，不是无组织无计划的商品经济。行政手段是经济手段的必要辅助手段，直接控制是间接控制的必要辅助控制。尤其是在间接控制体系还未完全建立起来的时候，更不能放弃必要的行政控制手段。因此，我们在充分发挥各种经济杠杆的作用，发挥指导性计划的作用，发挥经济法律法规的作用的同时，也要合理地发挥必要的行政手段的作用，真正建立科学的行之有效的宏观管理制度。

加快政府职能转变*

转变政府职能，是当前经济体制改革和行政管理体制改革的一项根本性任务。党的十四大报告指出：加快政府职能转变，“这是上层建筑适应经济基础和促进经济发展的大问题。不在这方面取得实质性进展，改革难以深化，社会主义市场经济体制难以建立”。这充分说明了这项改革的重要性和紧迫性。

一

在传统的计划经济体制下，政府的行政管理职能和经济管理职能、产权管理职能混同，以行政命令的方式，统一调配资源，直接管理企业，导致政资不分，政企不分，政事不分，条块分割，效率低下，成了经济发展的主要滞因。因此，要从传统的计划经济体制转换为社会主义市场经济体制，从低效率的管理方式转变为高效率的管理方式，一个重要的关键是转变政府职能。坚决果断、积极有效地从深层次上推进这一改革，对实现党的十四大提出的九十年代战略任务具有十分重要的意义。

* 原载《行政论坛》1994 年第 1 期。

第一，加快政府职能转变是加快建立社会主义市场经济体制的重要环节。建立社会主义市场经济体制的实质是充分发挥市场配置资源的基础性作用。要这样，就必须使企业彻底摆脱依附于政府的羁绊，成为自主经营、自负盈亏、自我发展、自我约束的市场主体；必须彻底消除行政权力牵制的条块分割和封锁，形成完善的市场体系和市场机制；必须彻底改变以行政手段为主的直接控制微观活动的方式，建成宏观的间接调控体系。这一切，都涉及从根本上理顺政府与企业、政府与市场、政府与社会的关系，转变政府职能。政府职能不转变，政企、政资不分开，社会主义市场经济体制就无法建立。即使初步建立了，也会夭折，甚至倒退。

第二，加快政府职能转变是加快建立具有中国特色的行政管理体制的中心内容。行政管理体制和机构的改革，作为政治体制改革的重要组成部分，其根本目标是建设有中国特色的社会主义民主政治。在改革中，要围绕这一根本目标，逐步形成有中国特色的功能齐全、结构合理、运转协调、灵活高效的行政管理体系。形成这个体系的中心是适应社会主义市场经济的发展要求，大力转变政府职能。只有政府职能转变了，才能有效地实行精兵简政，科学合理地设置政府行政管理机构，以此为前提建立健全国家公务员制度；才能理顺政府内部的各种关系，完善行政运行机制，推进决策科学化、民主化，增强行政人员素质，切实提高政府工作效率；才能加强政府对经济活动的宏观调控功能，加强培育和发展市场的功能，强化必要集中的权威，真正做到微观放开搞活，宏观管住管好。从当前来说，重点是以转变政府职能为支点，认真进行机构改革。如不转变政府职能，具有中国特色的行政管理体制乃至政治体制就无法建立起来。

第三，加快转变政府职能是加快现代化建设的必要条件。社会主义根本任务是发展生产力。目前影响社会生产力发展的阻力主要来自旧体制，其中包括政府职能未转变的阻力。因此，要加快现代化建设，必须加大改革的力度，加快改革步伐，积极促进从旧体制向新体制转换。在转换中一个重要的着力点是积极促进政府职能转变。政府在转变职能的基础上，通过宏观调控和对市场的培育、发展，为社会生产力的发展提供高质量、高效率的服务，使其达到高效益、高速度的发展，从而保证我国现代化建设在二十世纪末再上一个新台阶。如不切实转变政府职能，提高工作效率，提高经济效益，必然影响上新台阶目标的实现。

二

我国自改革开放以来，随着传统的计划经济体制向社会主义市场经济体制转换，政府职能也在转变。已由直接管理开始转向间接管理；已由微观管理开始全面转向宏观管理；已由单一的指令性计划管理逐步转向计划与市场相结合、发挥市场配置资源基础性作用的管理。目前，指令性计划在全国工业总产值中的比重已减到 5%，国家定价在商品零售价格总额的比重已减到 5.9%。计划、财政、金融、投资、商业、外贸体制的改革也都在不断深入。但总的来看，政府职能转变仍然滞后，阻力较多。当前遇到的主要难点是：

——机构精简难于“推陈”。传统的计划经济体制制造了庞大的行政机构，同时也靠这种庞大的行政机构来支持。过去虽然也曾经数次实行精兵简政，但由于旧体制未根本转变，每次精简后，机构又重新膨胀，冗员更加增多。有庙就有神，有神就要香火。不拆庙，不送神，就断不了香火。机构不能有效地改革，政府职能也难于有效地转变。

——企业自主权难于落实。在传统的计划经济体制下，企业成了国家行政机构的附属物，一无权，二无利，三也不承担任何责任。改革以来，通过实施一系列法规、条例和措施，明确赋予了企业作为法人实体应有的各项自主权。可是，习惯于旧体制上直接管企业的政府部门，却以种种方式截留、收回属于企业的权利。特别是在国家颁布了转换国有工业企业经营机制条例之后，至今仍有数项自主权没有落实，主要是投资决策权、进出口权、劳动用工权和拒绝摊派权。这种超越职能地揽权、抓权、不放权，是政企仍然不分的表现，既严重地影响了国有企业经营机制转换，也严重阻碍了政府职能的转变。

——条块分割难以消除。传统的计划经济体制，以政府直接管理微观经济活动为基础，而政府又从条块分为各个部门、各个地方，因而有些企业由主管部门条条管，有些企业由地方政府块块管，形成了部门所有制和地方所有制。新时期改革以来，虽一再强调破除条块分割，但由于这一改革直接关系权力和利益的转移和调整，却一直步履维艰。加之一些改革措施的过渡性，如“分灶吃饭”和主管部门受理企业承包，反而加剧了条块分割的状况，出现了边境设卡、画地为牢、重复引进、重复建设、干涉企业横向联合、阻挠生产要素合理流动，严重地阻碍了社会主义统一市场的形成和市场合理配置资源的实现。随着改革的深化，一些过渡性措施虽已改变，但被扭曲了的利益格局尚未完全改变。事实说明，条块分割的局面不改变，政府职能则不可能根本转变。

——国有资产管理难以独立实行。在传统的计划经济体制下，政府拥有宏观经济调控权和行政管理权，同时作为国有资产所有者的代表，拥有国有企业财产所有权。职责混同，权限不清，是政府职能不适应社会主义市场经济发展的主要根源。这必然在实践中导致政府以行政管理者的身份代替国有资产所有者的身份，以直接对微观经济的行政干预代替间接的宏观经济调控，也必然导致在企业中以非经济的社会目标代替或并入经济目标。所以，不理顺产权关系，把政府的国有资产所有者职能同社会经济管理职能彻底分开，对国有资产设立专门机构不受行政干预地独立进行管理和经营，就不可能从根本上改变政企不分、政资不分、政事不分的管理方式，实现政府职能转变。

三

从当前改革的形势来看，转变政府职能已成为深化经济体制改革和政治体制改革的矛盾焦点之一。不在这方面有个重大突破，就会延误新旧两种体制转轨的时间，加剧摩擦，增加改革的难度。我们必须认真遵循十四大的精神，针对当前存在的难点，沿着政企分开的根本途径，下决心采取有力措施，从各个层次、各个方面加快政府职能转变的步伐，为全面配套地建立社会主义市场经济新体制开创新局面。

（一）要加快政府管理观念的转变。长期以来，在高度集中的体制中形成了一套高度集中的传统观念。喜欢集权而不喜欢分权，愿意保既得利益而不愿意失掉什么，习惯于直接管企业而不习惯服务于基层。这些传统观念的存在，会自觉不自觉地成为政府职能转变的最大障碍。所以，要转变政府职能必须先转变观念。坚决破除传统的旧思想，切实树立起政企分开、宏观管好、微观放开的观念；政府培育和调节市场、市场引导企业的观念；小政府、大社会的观念；集中精力搞好规划、协调、监督、服务的观念等等。观念变了，脑筋换了，政府职能也就好转变了。

（二）加快政府管理目标和功能的转变。转变政府职能，最主要的是转变政府的管理目标和管理功能，即从直接管理企业，统一分配人财物，转变为加强宏观经济间接调控。管理的主要任务是保持宏观总量平衡、产业结构优化、社会分配合理。这就要求对不属于政府宏观经济管理目标和功能的事，再不要乱插手，乱干预；对属于政府宏观经济管理目标和功能的事，要抓住不放，真正管出成效。具体来说，通过科学地制定经济和社会发展战略规划，培育完善的市场体系，调整产业格局，保持供求总量平衡；依据产业政策以及其他有关的方针政策，协调各种供求关系和利益关系，引导资源在市场机制作用下合理配置，优化经济结构；从产权上、政策上、法规上、制度上监督企业的行为，监督市场的秩序，监督政府各部门对企业的非必要行政干预；建立完善的经济信息系统和咨询机构，在创造良好的外部环境上积极为企业服务。

（三）加快政府管理方式和手段的转变。政府职能的转变，也表现为宏观经济管理方式和手段的转变，即从以行政手段为主的直接管理企业生产经营活动的方式，转变为以经济手段为主的培育和调节市场、市场引导企业生产经营活动的方式。在宏观经济管理中以经济手段为主，就是以运用经济政策（包括产业政策、财政政策、税收政策、货币政策、进出口政策、收入分配政策等）和经济杠杆（包括税率、利率、准备金率、贴现率、汇率等）作为主要调控手段。各种经济杠杆要综合运用，统一发挥作用。短期的总量调节，主要运用货币政策、财政政策和进出口政策，配套实施。中长期的结构调整，更多地依靠产业政策、税收政策以及政府的直接投资等。在强化经济手段的调节作用中，也辅之以完善的法律手段和必要的行政手段。为此，需要相应地深化和加快计划、财政、金融、投资、价格、商业、外贸等体制的改革，建立起强有力的宏观调控体系，保证各种经济政策和经济杠杆的调控作用充分发挥。

（四）加快政府管理的各种权责利关系的转变。政府职能转变的深层基础是理顺产权关系，明确划分和界定政府的国有资产管理权、宏观经济调控权和行政管理权。通过三种管理权力的分开，使国有资产所有者的职能独立化，成立国有资产管理机构，确立人格化的责任主体。并把资产管理权和经营权分开，分别建立各种形式的投资企业，通过竞争、契约形式接受资产管理机构的委托，专门从事国有资产经营活动。并通过商务操作和向控股、参股公司派入董事，参与或直接控制企业重大的生产经营决策，以保证获得最大限度的资产收益。同时在进一步实现出资者所有权和企业法人财产权分开的基础上，也必然从产权关系上达到政企彻底分离，真正使企业进入市场，成为自主经营、自负盈亏的法人实体和市场竞争主体，从根本上改变政府以行政管理代替产权管理的方式，使之再不能直接干预企业的生产、经营、管理等具体事务。

论发展横向经济联合*

近一时期，我国横向经济联合出现了蓬勃兴起、迅猛发展的新形势。从围绕单一产品的少数企业的协作联合发展到围绕一系列产品组成不同形式、不同规模的企业群体或企业集团；从个别城市和地区间临时性的物资技术交流发展成为长期固定的区域性、网络状的经济协作体或经济联合体。这种新形势，是推动微观、中观、宏观三个层次经济体制改革深入发展，三个层次经济效益不断提高，现代化建设向前发展的重要条件和力量。因此，横向经济联合的发展，具有十分重要的意义。

从微观层次来看，横向经济联合的发展，有利于提高生产专业化、协作化、社会化水平，有利于把分散的孤立的优势汇合成集中的综合的优势，既扩大了企业的经济实力，又增强了企业的活力。

社会主义经济是在生产资料公有制基础上的有计划商品经济。同时，社会主义商品经济的发展，又是同现代化、社会化生产的发展相联系的。各个商品，都是来自四面八方的生产要素进行组合，经过专业化分工的许多工序的加工，许多零部件和主机的装配，才能生产出来。要使各个企业真正成为富有生命力的商品经济的细胞，成为自主经营、自负盈亏的经济

---

* 原载《理论月刊》1986 年第 9 期。

实体，真正按照商品经济发展的内在要求，按照社会化大生产专业化分工的内在要求去进行经济活动，就必然从单个的生产经营走上联合的生产经营。这是不可阻挡的趋势。

现阶段，已出现了多种形式的企业之间的经济联合体，大体有两种类型。一种类型是生产要素的重新合理组合。具体形式有：（1）联合集资。不同行业、不同所有制的企业共同集资，用于创办新企业或开发新产品。（2）技术协作。工艺技术水平高的企业向工艺技术水平低的企业进行技术转让，或同类企业定期不定期地进行技术交流，或大专院校、科研单位对生产企业进行技术咨询服务。（3）物资协作。包括不同物资品种之间的串换，同类物资不同规格型号的调剂。（4）人才交流和智力援助。此外，还有的采取补偿贸易的形式，一方转让资金或技术，一方用能源或原材料进行补偿。另一种类型是专业化分工的合理组合。具体形式有：整机生产企业和零部件生产企业之间的联合；相互联系的各工序专业化生产企业之间的联合。此外，还有的采取来料来样加工协作的形式，一方提供原材料（或零部件）和样品（图纸），一方代为加工（或组装）。

企业之间各种形式的横向联合，可以使旧经济体制下"大而全""小而全"的不合理结合的生产要素，重新按社会化大生产专业化分工的客观要求，在更大的空间范围重新地合理地组合起来，结成实力雄厚、生命力旺盛的企业群体或企业集团，从而促进生产资料集中、资金集中、劳动集中、技术集中。并且一经联合，就增强了企业自我积累、自我改造、自我发展、自担风险的能力，形成一种有利于社会主义商品经济发展的新的生产力。常州市以生产名牌优质产品的企业为龙头，先后组成56个企业群体，生产增长非常明显，1985年完成工业总产值和实现利税分别占到全市的32.86%和40%。

从中观层次来看，横向经济联合的发展，有利于发挥城市的辐射力和吸引力，有利于形成各有优势、各有特点的经济区和经济网络，既促进生产和流通的合理布局，又促进物资、资金、技术、人才的合理交流。

现代化、社会化商品经济的发展，不仅在企业之间，而且在各个部门、各个地区、各个城市之间也存在着密切的分工协作关系。商品经济愈发展，现代化、社会化程度愈高，以城市为依托的左邻右舍、四面八方的经济交流就愈繁多、愈紧凑。城市处于生产流通中心、金融服务中心、技术文化中心的位置。这在经济发展中起着主导作用和枢纽作用。一个城市的经济活动就在于把它的商品、资金、技术、人才辐射输送到各个地方去，再把各个地方的商品、资金、技术、人才吸引、汇集过来。可见，城市具有天然的开放性，同所交往的各个方面有超越部门、地区行政界限的自然联系。这种自然联系的发展，必然促进城市之间和以城市为中心的地区之间横向联合的形成。

近一时期，我国跨城市、跨部门、跨地区之间的横向联合有了很大发展。主要形式有：（1）城乡之间的协作联合。一般是城市企业采取零部件扩散、生产协作配套、资金技术转让的形式，同附近县的中小企业和乡镇企业联营。（2）城市之间的协作联合。大型的有十多个城市，小型的有两三个城市。它们相互敞开大门，取长补短，共同开发新技术、新产品和新产业，联合进行产品深度加工和资源利用，合理组织生产、流通，相互开辟多种市场。（3）地区内部和地区之间的协作联合。由于地理位置上的靠近和历史上经济活动的自然联系，逐步联结成以城市为依托的不同类型的经济区。通过经济区内部共同开发，相互支援，进一步形成区域性经济协作联合。同时，经济区也不是封闭式的，它们通过所依托城市的辐射、吸引，又形成跨地区的经济协作联合。在企业联合的基础上，出现了一丛丛的城市群体和以城市为依托的一片片的区域经济联合体。

通过城市、城乡、地区的横向联合，进一步冲破了旧经济体制的那种城乡分割、条块分割的状况，更好地发挥城市经济中心的功能，推动城乡结合、工农商结合的经济区和经济网络不断完善，从而产生了一种具有新生产力的社会主义联合劳动组织。上海市是长江沿岸沪、宁、汉、渝城市群体的主要部分，是长江三角洲经济区的中心，也是全国最大的经济网络中心，现在已同全国二十七个省、市、自治区建立了补偿贸易、合资经营、科研开发、联合生产、产销联营等各种形式的经济协作体、联合体 2000 多个，累计达成技术协作项目 5000 多个，转移科研成果 1500 多项，联合开发资源 429 项。1985 年仅全民所有制工业企业通过跨省、市的合资经营分得分成利润就达 2 亿元。

从宏观层次来看，横向经济联合的发展，有利于生产力合理布局，有利于社会主义统一市场体系的形成，既促进了社会主义商品经济的发展，又促进了社会主义生产关系的完善。

社会主义国民经济是微观经济和宏观经济、横向活动和纵向活动有机联系的整体。这种有机联系，不仅是商品经济发展的必然要求，也是社会主义公有制经济发展的必然要求。在生产资料公有制的基础上，联合劳动者的根本利益是一致的，但也存在着不同利益的差别。这需要统一进行组织和控制，也更需要在各企业、各城市、各部门、各地区之间加强平等互利的横向协作和支援。以生产资料公有制为基础的计划经济是同商品经济相统一的。要实现社会总劳动量的有计划按比例的分配，固然需要必要的直接分配和调节，但更应当自觉地在全社会范围运用价值规律，运用价格、税收、信贷、工资等各种经济杠杆，通过市场机制，间接地引导物资、资金、人才、技术等合理的横向流动。在社会主义公有制条件下，按劳分配也同商品经济相联系。劳动者要获得个人消费品，不仅需要由国家和企业以劳动为尺度进行分配，而且还必须采取货币工资的形式，通过到市场上交换，才能实现。这说明，社会主义公有制经济的活动，不是阻碍横向联系，恰恰相反，更要活跃和发展横向联系。

目前，我国全国范围内的横向联合随着中观层次横向联合的发展，也有了一些雏形。从发展趋势看，主要形式有三种：（1）东部经济发达地带、中部经济比较发达地带、西部经济欠发达地带之间的协作联合。这已列入第七个五年计划。（2）中央和地方之间全方位的协作联合。现在已有了中央和地方共同集资办电、开发煤炭资源、兴建原材料工业和建设交通事业等经济协作体。（3）一线和三线的协作联合。这是民用工业和军用工业的横向联系，现在已有了一定的发展。

全国范围横向联合的发展，一方面将促使社会主义联合劳动由低级向高级发展，促使社会主义商品经济由分散的企业竞争向有组织的企业和集团之间的竞争发展，并随着消费品、生产资料、资金、技术和劳动力在全国范围的合理流动，促使社会主义统一市场体系的形成。另一方面将促使生产力合理布局，把个别产业、个别地区的优势变成跨产业、跨地区的全国性优势，并将密切微观、中观和宏观的有机联系，增进社会生产和社会流通的有效运转，协调社会总供给和总需求的平衡，从而大大提高宏观经济效益。1985 年以来，据不完全统计，沿海与内地的几百个单位已提出近万个需要合作的项目。到今年四月份，双方已签订 500 多个合作项目和 1300 多个意向协议。从去年下半年到现在，一线和三线之间已落实的合作项目有 400 多个，投资金额近 10 亿元。

综上所述，横向经济联合是现代生产力和社会主义经济发展的必然趋势。通过联合，我国的企业有了新的活力，城市功能有了新的发挥，社会主义市场体系有了新的发展，宏观调控有了新的加强，这必将推动经济体制改革和现代化建设向新的高度发展。当前，我国正处在新旧经济体制并存、交互发生作用的时期，旧的经济体制中纵向行政隶属关系还比较严重，以部门和地区为“领地”的条块分割还企图固守，以“公司”和“城市”为界限的新的条块分割也有苗头。所以，要发展横向经济联系，势必遇到来自这种行政隶属关系的各种阻力，势必同旧的经济体制特别是计划体制、财政体制、金融体制、物资供应和流通体制发生各种矛盾。我们必须下决心清除和解决这些阻力和矛盾，坚定不移地把横向经济联合推向前进，把以城市为重点的经济体制改革推向前进，有领导、有计划、有步骤、有秩序地结束新旧经济体制交互发生作用的并存局面，尽快地进入新的经济体制占主导地位的时期。这样，我们就能基本上奠定有中国特色的、充满生机和活力的社会主义经济体制的基础。

深化分配体制改革的基本思路 *

邓小平同志最近指出："走社会主义道路，就是要逐步实现共同富裕。共同富裕的构想是这样提出的：一部分地区有条件先发展起来，一部分地区发展慢点，先发展的地区带动后发展的地区，最终达到共同富裕。"这个既坚持了马克思主义分配原则，又从中国现阶段实际出发的构想，为我们确定深化分配体制改革的基本思路指出了正确的方向和道路。

坚持共同富裕，就是坚持社会主义国民收入分配的根本原则和按劳分配的根本原则。只有坚持社会主义分配的根本原则，才能保证改革沿着正确的方向发展。允许一部分人先富起来，一部分地区先发展起来；先富的人，先发展的地区带动和帮助后富的、后发展的人和地区，最终达到共同富裕，这是符合社会主义商品经济发展特点和发展要求而必然出现的一种新的社会主义分配模式。这种分配模式，体现了以按劳分配为主体、其他分配方式为辅助的个人收入的分配关系，体现了以价格、税收、利润、工资为主要工具的多层次、多渠道、多流向的国民收入分配关系。因此，进一步深化分配体制改革，就是要逐步建立和完善这种分配模式。

根据建立这种分配模式的构想，必须在合理调整所有制结构的前提下，

---

* 原载《党校科研信息》1992 年第 15 期。

在发展生产的基础上，建立起国家、市场、企业三个层次有机结合的分配机制，逐步形成国家、集体、个人之间合理的利益分配格局。

第一，建立健全新的宏观分配机制。在生产资料公有制的基础上，代表全体人民利益的国家是全社会物质利益分配的宏观调控中心。要发挥这个中心的有效的调控作用，关键是形成国民收入分配再分配的合理机制。在目前条件下形成这个机制的主要标志是：（1）积累额占国民收入的比重即积累率不超过 30%；（2）国家财政收入占国民收入的比重在 25% 以上（在税利分流后，只以税收作为来源的财政收入所占比重要缩小）；（3）国民收入与工资总额增长比例保持 1∶0.9—1，不超过 1。达到这几个标准，基本上可以形成国民收入合理分配的格局。遵循这个方向，需要不断深入地对影响国民收入分配再分配的计划体制、财政体制、价格体制、金融体制、公共福利体制等进行改革。改革的主要对策是：在全民所有制经济内部实行税利分流，开始时仍将税利都上缴财政，进而只将税金交给财政，用于行政、国防等方面开支，归国有资产终极所有权所有的利润，应在划分国家资产所有权、宏观调控权和行政管理权的前提下，交给国有资产管理机构，用于经济建设的投资；中央和地方在明确事权的前提下实行分税制，合理确定各自的财政收支范围和渠道；在各种所有制之间，实行平等税种税率，税率优惠主要向先导产业、骨干产业部门倾斜，向技术资源开发倾斜，逐步改变向某种所有制倾斜、向某些地区倾斜；在建立社会保障体系过程中，国家用于个人收入的各种福利补贴，先逐步由暗补改为明补，再逐步并入工资之中，使其占国民收入支出的比重逐步减少。

第二，建立健全市场分配机制。在社会主义商品经济中，市场同样是国民收入分配和个人收入分配的运转枢纽。要在全社会和劳动者之间形成合理的分配格局，必须在建立社会主义统一市场过程中形成合理的市场分配机制。最终形成这个机制的主要标志是：（1）市场价格的波动以生产价格为轴心；（2）生产资料及其他资金的流动以平均利润率为轴心；（3）劳动力流动以平均劳动收入率为轴心。这样，造成一个机会均等的环境，通过等价交换和等量劳动相交换，形成利益的合理流向。要建立机会均等的市场分配机制，关键是深化价格体制改革，近期主要是调整极不合理的差价和比价，逐步使“双轨”价格并轨，长期主要是建立起合理的价格体系和价格制度。同时要进一步发挥竞争机制和供求机制在价格分配中的作用。这种分配机制，会使一部分个别劳动消耗低于社会必要劳动消耗的企业和地区先发展起来，但这种利益差距是合理的差距；同时也会随着价格的理顺，使目前因定价偏低而造成利益流失过多的农业和基础工业部门、自然资源丰富但初级产品占的比重较大的西部地区，较快地发展起来，缩小差距。

第三，建立健全新的企业分配机制。企业是国民收入初次分配和个人劳动报酬分配的主体。在社会主义商品经济条件下，企业新创造的价值，在作了必要的社会扣除之后，即在上缴税金、利润，还了银行利息或贷款，留下自有生产发展基金和奖金、福利基金之后，以社会平均劳动为尺度，按照每个劳动者提供劳动的数量和质量进行分配，才能在国家与企业之间、企业与劳动者之间、劳动者个人之间建立合理的分配格局。在目前条件下形成新的企业分配机制的标志主要是：（1）企业综合经济效益与工资总额挂钩比例不能超过1∶0.3—0.7；（2）企业留利用生产发展和技术改造基金不能低于60%；（3）劳动生产率增长与工资增长比例不能超过1∶0.6—0.8。按照这个标志，转换企业分配机制，改革旧的工资、奖金制度。在目前来说，首先必须完善企业承包责任制，改革一个企业一个基数讨价还价的做法，以同一地区同一行业平均上缴利润为基数，逐步达到以等量资金取得等量利润为基数（不管是否承包都应这样）。同时改变工资总额同单一上缴税利指标挂钩，实行同综合经济效益指标复合挂钩。挂钩浮动比例，不仅考虑企业的实际经济效益和社会经济效益的状况，还应参照同行业有代表性的共性的指标，并把工效挂钩同承包责任制联系在一起，一同核算，一同落实，实行“包挂结合”。同时调整工资分配结构，加大基本工资的比重，缩小奖金、津贴、补贴的比重，并采取措施，取消不合理的工资外收入和实物分配，把合理的工资外收入纳入国家宏观管理体系之中。其次，加速工资改革步伐，在企业中逐步推行岗位技能工资制，在国家机关中逐步推行公务员工资制，使工资制度合理化、规范化、法制化，强化工资合理增长机制和企业自我约束机制。这样，真正根据劳动差别，拉开工资收入的差距，多劳多得，少劳少得，奖勤罚懒，使一部分劳动贡献大的人先富起来。再次，工资改革要同劳动制度改革、人事制度改革和社会保障制度的建立同步配套进行，使其真正成为推动企业经营机制转换的重要一环。

90 年代改革的思路和对策*

一、当前改革形势的分析

当前我国经济发展正处在跨上 90 年代新台阶的关键时期。同样，我国经济体制改革也处在跨上 90 年代新台阶的关键时期。如何在进一步治理整顿的基础上使国民经济转入持续、稳定、协调发展的轨道，使经济体制改革也走上全面配套、逐步深化的道路，是摆在我们面前急需研究的一个课题。

治理整顿以来，经济趋向好的方面发展。去年农业生产是个丰收年，工业生产逐月回升，固定资产投资规模得到控制，通货膨胀率明显下降，银行货币回笼较好，外汇结存增多。与此同时，城市经济体制改革，在稳定政策、完善措施方面也取得了一定成效，宏观调控得到了加强，企业新的一轮承包正在进行，流通领域里的混乱现象有了好转，市场管理得到改善。农村的改革，在提高社会服务方面也有了不同程度的进展。

但是，应当清醒地看到，当前的经济形势还是相当严峻的，经济发展和经济改革都还没有完全走出低谷。工业生产即使会有较大回升，也不能

---

* 本文系作者主持和组织中央党校经济体制改革研究室的同志们研究和撰写“90 年代改革”课题的一项成果，并负责统改和定稿。该文以课题组的名义发表在《探索与争鸣》1991 年第 2 期。

太乐观。现在市场结构性的疲软还在延续，许多产成品库存积压过多，企业流动资金仍很紧张，资金短缺的矛盾没有大的缓解，增放贷款对生产的启动也不大。特别是企业经济效益继续滑坡，国家财政支出大于收入的差距不断增大，现又出现了货币增发量过多的情况。这种新旧矛盾交织的困难环境，使经济体制改革陷于半停滞状态，已进行的改革措施难以推进，新的较大的改革措施难以出台。

当前形势表明，经济有些好转主要是强化行政手段，通过紧缩信贷和货币投放，控制了过大的固定资产投资和过热的增长速度，降低了通货膨胀率而取得的。可是，已形成的产业结构、经济机制所存在的缺陷，有的虽得到改善，有的却因整体框架未变而加重。因此，治理整顿进行到今天，一些矛盾虽有所缓解，更深层的矛盾却日益突出。这种矛盾，从经济发展来看，主要是产业结构严重扭曲，经济效益长期低下；从经济体制来看，主要是旧体制的弊端严重存在，新体制在建立中有重大失误，表现在：国有资产的产权关系没有明确界定，计划经济和市场调节没有真正有机结合起来，国家、地方、企业、个人之间的利益关系没形成合理分配的机制，宏观调节出现了新的“条条”相互脱节、“块块”相互封锁的情况，致使新旧体制的磨擦加剧。而发展和改革这两方面是相互联系的，要从根本上调整产业结构，实现总量平衡，提高经济效益，必须从经济结构、经济机制、经济管理制度的总体上加以扭转，这就需要进一步改革旧体制，建立适合社会主义市场经济发展的新体制。

二、90 年代深化改革的基本思路

90 年代是我国经济发展和经济改革具有决定意义的十年。为实现 90 年代经济发展的战略目标，需要国民经济发展保持一定的速度。据有关部门预测，在这十年，国民生产总值应保持平均每年增长5.4%，工农业总产值应保持平均每年增长6%—7%。要实现这样一个增长速度，应当在恢复和保持国民经济主要比例关系相互协调的前提下，适度增长。要保持这样的增长速度并不是一件容易的事。它必须实现经济发展模式的基本转变，即从追求高速度的粗放型经济发展模式基本转变为以提高经济效益为中心的集约型经济发展模式。

要实现集约型经济发展，必须合理配置资源，以尽可能少的投入取得尽可能多的符合人民需要的产出。第一，必须把社会总劳动量（物化劳动总量和活劳动总量）有计划按比例地分配给社会生产各部门。在存在商品经济条件下，这种分配活动又是通过市场实现的。第二，社会总劳动量按比例地在国民经济各部门的分配，必然要求改变落后的不合理的产业结构，建立适应技术进步和生产力发展的新的产业结构。只有产业结构合理，才能保证资源经过有计划的市场运行，在部门间合理配置，使各部门的劳动消耗符合社会总劳动量的分配比例。这是投入产出能否合理有效的关键。第三，在产业结构合理的前提下，各个生产部门的劳动消耗符合社会总劳动量的分配比例，才能为该部门各个企业的局部劳动在市场交换中正常地转化为社会劳动提供了前提。

由此可见，要保持国民经济总量平衡、比例合理、效益提高，关键的问题是在经济组织上优化产业结构。联系我国的历史经验和当前陷入困境的深层原因，其中之一在于多年比例失调造成的产业结构严重恶化。主要表现在：部门结构扭曲，地区结构趋同，企业组织结构重复，技术结构复制“古董”，而最突出的是农业这个基础依旧相当脆弱，能源、原材料、交通运输等基础工业和基础设施的发展大大滞后于加工工业的发展，供求之间的缺口很大。因此，当前治理整顿的中心环节，90年代经济发展的中心环节，都必然落在合理调整产业结构上，即把扭曲的趋同的落后的产业结构，调整为向农业、先导产业、基础产业和基础设施倾斜的符合比例的产业结构。这一切告诉我们，调整和优化产业结构是解决当前困境深层矛盾的主要手段，是推动国民经济在90年代高效益发展的关键所在。

产业结构的调整和优化，不能不联系到经济体制改革的深入进行。因为，要调整和优化产业结构，必须调整资产存量结构，这是一个不能绕过去的难点。而调整资产存量结构，实际上是调整企业组织结构，必然涉及企业间的兼并、联合如何进一步发展和企业内部经营机制如何进一步健全，也必然涉及如何改变当前实行的各种经济承包制所形成的企业和地方利益保护倾向对资产存量调整的制约作用。同时，要调整和优化产业结构，必须有效地调整投资结构。针对当前存在的问题，既要严格控制和压缩长线加工工业的投资，又要增加短线的农业、基础工业、基础设施和先导产业的投资，增加企业更新改造资金，增加市政建设、住宅建设的投资。这些资产增量的变动，都涉及所用各种生产要素和商品按新结构配置和流通，涉及资金市场、技术市场、生产资料市场、劳务市场、房地产市场以及消费品市场如何进一步培育和发展。在有计划商品经济条件下，资源的投入，也必须通过计划和市场内在统一的调节，才能更合理、更有效地配置。此外，要调整和优化产业结构，需要制定完整的科学的产业政策，加强宏观管理，明确中央和地方、国家和企业、行政管理和经济管理的关系，这必然涉及国家的政治职能、宏观调控职能与国有资产管理职能的分离，涉及国家计划体制、物资体制、财政体制、国有资产管理体制、投资体制等如何进一步改革和完善，涉及有碍于产业结构合理调整的投资政策、信贷政策、税收政策、价格政策等如何改变。所以，随着产业结构的调整和优化，在客观上必然要求全面和配套地把经济体制改革推上一个新的阶段。

综上所述，要把90年代的经济体制改革同90年代的经济发展结合起来，从实现第二步战略目标出发，针对当前治理整顿中的深层问题，以调整和优化产业结构为中心，促使国民经济的发展从粗放型基本转为集约型，相应地围绕产业结构调整，全面配套、逐步深入地推进经济体制改革，力求在这十年中建立起社会主义市场经济体制的主体工程。这是我们设想的90年代深化改革的基本思路。为有步骤地推进90年代改革的深入进行，在前五年，即“八五”期间，要认真搞好治理整顿：前两年，以治理整顿为主，在治理整顿中求发展、谋改革；后三年要以稳定发展和深化改革为主，在发展和改革中继续完成治理整顿任务，为下一个五年的经济高效益发展和改革全面配套地进行创造出较好的环境。

三、进一步深化改革的对策

根据90年代改革的基本思路，要在继续完善已出台的改革措施的基础上，推动我国经济体制改革全面配套地进行。

（一）深化企业改革。在经济体制配套改革中，仍然必须以搞活大中型国有企业为中心。在企业深化改革中，应当在正确界定国有资产产权关系的基础上，把建立健全新的企业制度和经营机制作为方向。当前，企业都面临市场疲软、资金短缺的困难，这对推进改革是不利的；不过，这也是围绕调整产业结构，深化企业改革的契机。一方面，在市场销售不畅的压力下，迫使企业必须进行产品结构、企业组织结构调整。应借此积极引导符合产业政策和提高经济效益的兼并和联合，推动企业资产存量合理流动和技术进步，使经营管理水平提高一步。另一方面，迫使企业必须进一步完善内部的经营机制，特别是动力机制和约束机制，以进一步增强活力和适应国家加强宏观调控的需要。在当前进行的新的一轮承包中，要抓住完善经营机制这个环节，加强对国有资产的评估，认真地切合实际地调整不合理的承包基数，克服“鞭打快牛”的倾向。有条件的地方，可改变一户一率的承包方式，在同一城市、同一经济区的同行业中，以平均固定资金利润率作为基数，高于行业资金利润率的差额，国家与企业实行三七比例分成。同时，以新的承包起点为界线，实行税后承包，这有利于克服国家、企业、职工三者间分配不公和企业短期行为。在新的一轮承包中，应尽可能采取全员风险承包的形式，把国有资产承包给企业全体职工，根据大、中、小企业不同规模，每个职工都要分别交纳相当于企业固定资金总额 2%、3% 或 4% 的资金占用风险抵押金，并由全体职工选聘经营者。经营者交纳与最高奖励额大体对等的经营风险抵押金。这可以提高职工群众参加管理的积极性，提高经营者的责任感和奋进精神，增强企业的凝聚力。在不断完善企业承包的同时，要继续推行租赁、股份制等多种经营方式，并在保证以公有制为主体的前提下，继续发展个体、私营、合营等多种经济成分。

（二）深化市场改革。当前市场疲软的根本原因是产业结构不合理，导致市场供应的一部分商品销售严重不畅。而产业结构的调整，又必须通过市场对资产的存量和增量重新合理组合，对资源进行合理配置。这就不能不相应地培育和发展社会主义市场体系。在 90 年代前五年，要以巩固和完善已出台的各项市场改革措施为主，重点发展生产资料市场、资金市场、技术市场和房地产市场。鉴于目前市场体系不完善，市场机制不健全，以及市场持续疲软，为了更好地组织产销衔接，加强计划调节和市场调节相结合的紧密性，在市场组织上，应着手建立有资格限制的计划市场，也就是建立新型的生产资料和农产品的大宗贸易批发市场。这里说的“有资格限制”，是指参加市场的主体（企业）必须具备一定的条件，如企业资产、产品数量、交易数额、产品质量和社会信誉等。交易时要明码实价，透明度要高。市场管理，可在国家计划指导下，由市场成员选举产生管理委员会负责。不进入计划市场的企业，要在计划市场上购销商品，可委托市场经纪人代理。建立计划市场，在许多地区可对现有的各种物资贸易中心以及生产资料零售市场加以改造来实现，有的地方可以新建。为了使计划市场的建立能健康发展，中央政府应建立计划市场管理委员会，以统筹实施。

进入市场批量贸易的商品价格，要配合全国有计划的价格改革，分别规定固定价格（重要短缺商品由国家定价）、浮动价格、自由贸易价格。但每一种商品只能有一种价格形式，并根据该商品价值量的变动和市场供求情况，灵活地进行调整。这就自然地取消了价格“双轨制”。对一时尚不能进入计划市场而又不得不采取“双轨制”价格的商品，要采取措施压下过高的中间加价，并逐步提高国家规定价格，使两轨差距逐步缩小，为完全取消“双轨制”创造条件。

（三）深化宏观管理体系改革。加强宏观管理，首先要根据完整的科学的产业政策，强有力地进行产业结构调整。在调整中，要明确规划出先导产业和各区域产业发展的重点，并以搞活大中型国有企业为中心，根据不同企业的特点和在国民经济中的地位和作用，合理地组织各类企业的生产活动领域和流通渠道，积极扶植和引导乡镇企业的发展，以形成城乡协作、区域协作和大中小企业分工协作的倾斜适度的发展布局。围绕产业结构的调整和优化，要相应地制定经济手段和行政手段相结合、以经济手段为主的宏观调控配套措施。在国有资产管理方面，要将附设在财政部的资产管理局独立出来，成为直接对全国人大常委会负责的国有资产管理机构，专门行使所有者的权力。在计划管理方面，要继续朝着指令性计划、指导性计划和市场调节三种形式恰当分工、密切配合的方向进行改革。在治理整顿初期，适当多用一些指令性计划和行政手段是需要的，但是要随着产业结构的矫正和市场体系的建立，适时地向主要运用指导性计划和经济手段过渡。在物资管理方面，要结合生产资料市场的培育和发展进行改革。国营物资企业要发挥“主渠道”的物资流通作用，当前主要搞好通用物资流通和大量中小企业的物资供应，并结合产业结构调整，建立相对稳定的物资基地和销售基地，有条件的地方试行期货贸易。在财政管理方面，要向中央和地方分税、企业利税分流的方向进行改革。当前为增加中央的财力，可根据不同情况，不同程度地提高一些地区上缴中央财政的比例。同时，为增加财政收入，对1990年以后的贷款一律实行税前还贷。在严格禁止对企业乱摊派和乱免税的同时，要完善税收政策，健全税收制度，严禁偷税漏税，并以明确的法规加以保障。结合其他方面的改革，应分期分种类地减少物价补贴、住宅补贴、亏损补贴和外贸补贴，并给个人消费者以应有的补偿。财政开支要量入而出，保持平衡。在金融管理方面，要向强化金融体系的调控功能和中央银行调控能力的方向改革。应按照产业政策调整信贷结构，扶植优化的、重点倾斜的产业、企业和商品的发展，限制重复生产、技术落后、经济效益差的企业和商品生产。当前，要大力管好国家的启动贷款，积极组织清理“三角”债务，并逐步建立起规范化的商业信用。要尽快把现行的存贷包干改为实存实贷，强化信贷活动的风险约束。要改进中央银行再贷款制度和准备金制度，坚决禁止超经济的货币发行，严格控制信贷总规模。在加强各种经济手段进行宏观调控的同时，要建立健全各种经济法规，逐步使宏观管理法律化、制度化，并要完善必要的行政管理手段。

（四）深化农村改革。把发展农业放在首位，是90年代调整产业结构的坚定不移的方针。为保证农业持续、稳定、协调发展，当前的改革首要的是进一步稳定家庭联产承包责任制，完善双层经营体系。一方面，要提高家庭承包这一层次的经营水平和再投入能力，有条件的地方可发展家庭农场式的适度规模经营；另一方面，要提高集体经济这一层次的管理水平和经济力量，在农民自愿原则下帮助组织各种形式的合作社，发展各种生产和文化的社会服务组织。在稳定和发展家庭联产承包制的同时，可逐步推行土地有偿租赁制。目前实行家庭承包期间，土地所有权仍属于自然村，各户以法人资格向村政府土地管理委员会承包。实行租赁制以后，土地所有权应定在乡一级，并建立土地资源委员会作为土地所有权的代表。租赁者可以是一个家庭，也可以是一个集体。土地可长期租赁使用。破坏租赁合同者，所有者有权收回。所收地租用于改善农业基本生产条件。要有计划有步骤地按照价格改革的总体方案提高农产品价格。在稳定定购的同时，可先在农产品计划市场放开粮棉油批量销售价格，争取在五至十年内使主要农产品价格基本合理，并使购销价格持平。

（五）深化外贸改革。按照“自力更生为主，外援为辅”的原则，发展面向国际市场的外向型企业，是产业结构调整的一个重点。现行的外贸包干，逐渐暴露了“提价抢购”“压价外销”的严重弊端，应逐步改变。在加强外贸统一管理的同时，要继续完善“工贸结合”和外贸代理制度，进一步加强海关税务和出口许可证的管理。汇率上的“双轨制”和不同行业、地区、企业、商品的不同留成比例，也存在许多矛盾。应适当调低人民币外汇价格，并将各单位的外汇留成额度从1991年起改为现汇留成，统一各种留成比例。要切实调整进出口贸易结构，努力增加高附加值的商品出口，限制消费品和国内能供应的技术设备和原材料的进口。

共产党领导中国经济变革 80 年 *

一、80 年经济变革的光辉历程

中国共产党从诞生的第一天起，就把进行社会经济变革作为领导中国革命和建设的一项根本任务。1921 年的第一个党纲提出消灭资本主义私有制，实行社会公有。虽然变革对象超越了客观实际，但确定的以公有制代替私有制的方向和任务，可以说一直是中国经济变革的指导方针。随着实践的深入和认识的提高，党中央明确了中国革命必须分两步走，在不同时期根据不同条件和任务，采取不同的变革方式，因而显示出不同的阶段性。总的来看，中国经济变革大体分为三个阶段。

（一）发展新民主主义经济的变革阶段。变革的任务是，把帝国主义、官僚资本主义的大银行、大工业、大商业收归国家所有，使之成为社会公有性质的国营经济；没收封建地主的土地分给无地少地的农民，实行“耕者有其田”。毛泽东在《新民主主义论》中指出：“中国的经济，一定要走‘节制资本’和‘平均地权’的路。”[①] 在实践中，我们党根据不同时期的形

* 本文系作者撰写的一篇纪念中国共产党成立 80 周年论文，在全国党校系统理论研究会上被评为二等奖。原载《中共中央党校学报》2001 年第 5 卷第 3 期。

① 《毛泽东选集》第 2 卷，人民出版社 1991 年版，第 678 页。

势，具体采取不同的政策。在土地革命战争时期，主要是打土豪，分田地，粉碎国民党反动派的经济封锁，发展根据地经济。在抗日战争时期，主要是反对日本帝国主义经济掠夺，发展互助合作经济，实行减租减息，开展大生产运动。在解放战争时期，主要是在解放区逐步推进土地改革，开始部分没收官僚资本，恢复和发展新解放城市和地区的经济，逐渐增大国有经济成分。这一阶段的经济变革任务，到 1949 年中华人民共和国成立基本完成。建国后，我们党领导人民继续在全国实行土地改革，全部没收中国大陆的官僚资本，废除帝国主义在华势力的财产权，同时促进多种经济成分协调发展。

（二）实行生产资料所有制社会主义改造的变革阶段。变革的任务是，在一个相当长的时期内，逐步实现国家的社会主义工业化，并逐步实现国家对农业、对手工业和对资本主义工商业的社会主义改造。1953 年公布的党在过渡时期的总路线，深刻地阐明了这一变革的内容。在实践中，针对不同的私有制经济向社会主义公有制经济的转变，采取了多形式、分步骤的方针。对个体农业的改造，一般是从建立互助组起步，发展到初级生产合作社，再发展到高级生产合作社；对个体手工业的改造，一般是先组织生产小组，过渡到供销生产合作社，再过渡到生产合作社；对资本主义工商业的改造，一般是以恢复时期实行的加工、订货、统购、包销、收购为起点，先发展为个别企业公私合营，进而很快地发展为全行业公私合营。这一阶段的经济变革任务，到 1956 年底基本完成。第一个五年计划也于同期胜利完成，计划经济体制开始形成。

（三）建设有中国特色社会主义经济的变革阶段。变革的任务是，在社会主义条件下发展市场经济，把传统的计划经济体制转变为社会主义市场经济体制，进一步解放和发展生产力，推动中国从不发达的社会主义社会快速地迈向发达的社会主义社会。在邓小平理论和党的基本路线指引下，我们党认真总结历史经验，跨出具有划时代意义的改革开放新步伐。随着经济体制改革的逐步实现，相应地推进了经济增长方式的转变，推进了科学技术的不断进步，也推进了产业结构的不断优化升级。在社会主义市场经济体制建成之后，还会经过若干发展时期，把我国建成具有中等发达国家水平的富强、民主、文明的社会主义现代化国家。

中国经济变革80年的三阶段历程，正是中国共产党领导全国人民探索和开创三条中国式革命和建设道路的过程。第一条是探索和开创新民主主义革命和经济发展的道路。其特点是：在无产阶级（经过共产党）领导下，完成了资产阶级民主革命任务；通过“农村包围城市”的武装斗争，最终夺取了全国政权，改变了帝、官、封三大剥夺者的财产所有权；随着根据地、解放区向全国的扩展，由小到大地建立了属于劳动人民共同所有的国营经济和合作经济，实行了“平分地权”和“节制资本”，发展了民族资本和小生产者的私有经济，从而有力地支援了新民主主义革命的胜利。第二条是探索和开创不同于苏联模式的社会主义改造的道路。其特点是：在一个人口众多的、落后的东方农业大国，破天荒地以较快步伐基本上实现了用公有制代替私有制；在总结解放区的和吸取国外的经验基础上，通过典型示范、由低到高、逐步过渡的方式把个体农民和手工业者的私有制转变为集体所有制，把资本主义工商业者私有制转变为半社会主义性质的国家资本主义所有制或全民所有制，从而奠定了中国社会主义制度的经济基础。第三条是探索和开创有中国特色社会主义改革和发展的道路。其特点是：立足于社会主义初级阶段的基本国情，始终坚持以发展生产力为根本任务；有领导地和全面地推进社会主义制度的自我完善和自我发展，做到意识创新、制度创新、科技创新、结构创新、管理创新相互促进和相互结合；顺应经济全球化的发展趋势，充分发挥13亿中国人民的聪明才智，跨越式地向社会主义现代化目标迈进，向新经济的发展方向前进。

概括起来说，这三条道路的开辟和实现，是中国共产党领导的新民主主义革命、社会主义革命和社会主义建设的伟大胜利，是马列主义、毛泽东思想、邓小平理论的伟大胜利。总之，在中国共产党的领导下，80年的经济变革，使中国面貌发生了天翻地覆的变化，取得了举世公认的伟大成就。

第一，铲除了帝国主义、封建主义、官僚资本主义千百年来残酷压迫、疯狂掠夺、沉重剥削中国人民的经济基础，为新民主主义革命的胜利和向社会主义革命的转变提供了必要的经济条件。我国废除了帝国主义的一切不平等条约，取消了反动政府的所有苛捐杂税。通过征用、征购、自行处理、没收、移交等多种区别对待的形式，把外国在华的资本转变为新中国的国家资产，并剥夺了四大家族在大陆的全部财产，消灭了封建土地剥削制度。

第二，实现了公有制代替私有制的历史性转变，建立了劳动人民当家做主的、先进的社会主义经济制度。我国公有制经济在根据地和解放区虽然已经出现，但还比较幼小。建国前后经过“剥夺剥夺者”，有了一定基础。到1956年底，各种所有制经济在国民收入中的比重，同1952年相比，全民所有制经济由19.1%上升到32.2%，集体所有制经济由1.5%上升到53.4%，使公有制经济成为社会经济中占统治地位的经济，决定了社会主义生产关系已经成为社会经济结构的主体。

第三，促进了社会生产力的不断发展，为实现社会主义工业化和现代化提供了日益强大的物质技术力量。我国实行改革开放和社会主义现代化建设以来，按照“三步走”的社会发展战略，以1980年的国内生产总值为基数，已经提前实现了两个翻一番的战略目标，正以更加坚定的步伐向新世纪第三步战略目标迈进。到2000年，国内生产总值已达89404亿元，比1978年增长近7倍。1979—2000年，年均实际增长9.6%，比同期世界经济增长快约7个百分点。目前我国经济的发展已达到工业化中期水平，现代化建设已见规模。钢、煤、水泥、化肥、谷物、水果、棉花、油菜籽等主要工农业产量居于世界首位，原子、航天、生物等一大批科研成果居于世界前列。

第四，不断改善和提高人民生活水平，为满足人民日益增长的需要提供日益丰富的物质文化产品。我国发展社会主义市场经济，进一步解放了社会生产力，人民生活水平迈上了一个新的台阶。全国人民的生活跨过了温饱阶段，总体上达到了小康水平。据统计，到 2000 年，全国贫困人口已由 2.5 亿减少到 2000 多万。农民人均纯收入达到 2253 元，城市居民人均可支配收入达到 6280 元，人均国内生产总值超过 800 美元。随着第十个五年计划的实施，我国已经进入全面实现小康生活的新阶段。

二、80 年经济变革的基本经验

（一）经济变革的目的是解放和发展生产力，但每一次经济变革都必须根据生产力的发展要求扎实进行。生产关系一定要适应生产力的状况，是一切社会生产方式运动的基本规律。马克思指出：当生产力发展到一定阶段，生产关系由生产力的发展形式变成桎梏，“那时社会革命的时代就到来了。”[①] 在中国半殖民地半封建社会，成为生产力桎梏的是以帝、官、封为代表的腐朽的生产关系，而不是一般的资本主义生产关系。资产阶级领导的旧民主主义革命的失败，说明束缚生产力发展的社会基本矛盾没有解决。解决这个矛盾的任务历史地落在中国无产阶级和广大人民群众的肩上。新民主主义革命的胜利，极大地解放了我国的社会生产力。人民政权适应社会生产力的发展要求，一面恢复经济，一面引导私有制经济初步向公有制经济转变，以和平的、逐步过渡的方式实现“三大改造”，使公有制经济占据统治地位，确立了社会主义制度的经济基础。由于我国的社会主义制度

① 《马克思恩格斯全集》第 13 卷，人民出版社 1962 年版，第 9 页。

是在半殖民地半封建社会的废墟上建立起来的，生产力发展水平十分落后，存在着多层次性和不平衡性，因此在客观上要求公有制代替私有制不能过快过大。后来搞“一大二公”，急于“向共产主义过渡”，结果使生产力发展受到严重挫折。实践证明，生产关系严重落后于生产力发展的要求，不进行变革就会阻碍和破坏生产力的发展；生产关系变革超越了生产力发展的实际水平，也会阻碍甚至破坏生产力的发展。新生的社会主义生产关系不是自然而然地适应生产力的发展，而是既相适应又相矛盾。这集中表现在生产关系的实现形式和运行方式即经济体制能否符合生产力的发展要求。计划经济体制虽然在一定时期内有积极作用，但在根本上同社会经济发展不能逾越的商品经济阶段背道而驰，因而愈来愈阻碍生产力发展。这就决定了必须按照市场取向进行改革。在我国社会主义事业发展的紧要关头，邓小平深刻总结历史经验，毅然作出改革开放的战略决策，指出：“革命是解放生产力，改革也是解放生产力。”[①] 正是沿着邓小平指出的道路，我们开展了社会主义史上从未有过的经济体制大变革，使我国的社会生产力获得“第二次”大解放。

（二）经济变革的趋势是公有制代替私有制，但实行这一变革必须根据本国国情正确地认识和切实地把握。马克思指出：“共产主义所有制来代替资本主义所有制”[②]，是资本主义社会生产力发展的必然结果，是人类社会经济发展的必然趋势。如何实现这一必然趋势？就是不能离开本国国情。我国新民主主义革命的胜利，改变了腐朽的社会制度，但未能也不可能立即提升旧社会遗留下来的落后生产力。建国初期，在经济领域中，社会主义公有制经济同资本主义私有制经济之间的矛盾格外尖锐；在社会生活范围内，人民日益增长的物质文化需要同落后的社会生产之间的矛盾十分突

---

① 《邓小平文选》第 3 卷，人民出版社 1963 年版，第 370 页。

② 《马克思恩格斯全集》第 19 卷，人民出版社 1963 年版，第 444 页。

出。社会主义改造的实现，从根本上解决了前一种矛盾，确立了公有制经济的统治地位，但未能也不可能立即解决后一种矛盾，生产力落后的状况并未根本改变。并且，这后一种矛盾很快上升为我国社会的主要矛盾。说明在人民掌握政权而生产力还很落后的情况下，进行社会主义改造的核心问题，是解决社会主义公有制和资本主义私有制谁在社会经济中占据统治地位。我国以自己的方式较好地解决了这个问题，但在建立起社会主义制度之后，是否允许私有制经济特别是资本主义私有制经济发展？发展到什么程度？这也必须根据本国国情来决定。如果不从国情出发，急于实现单一公有制，急于从公有制的“低级”形式向“高级”形式过渡，在现实的社会生产力面前就必然招致失败。党的十一届三中全会以后，以邓小平为核心的党中央科学地分析我国国情，明确指出我国社会主义社会还处在初级发展阶段，从而为经济改革和经济发展奠定了新的理论基石。党的十五大进一步指出：我国正“处在社会主义的初级阶段，就是不发达的阶段”，“这是不可逾越的历史阶段”①。它决定了所有制结构必须适应现阶段的生产力发展水平，建立以公有制为主体、多种所有制经济共同发展的所有制结构。即使在公有制经济中，也要根据不同条件采取全民所有制、集体所有制、混合所有制、联合劳动的社团所有制等多种形式。相应地，在公有制的财产组织和经营方式上也必然表现为多种实现形式。“公有制实现形式可以而且应当多样化。”②我国人民在改革实践中借鉴古今中外的经验，创造出股份制、合作制、股份合作制、国有独资制、中外合资制、承包经营、租赁经营、授权经营、委托经营、托管经营等公有制的多种实现形式，其中尤以股份制为主要的实现形式。在社会主义初级阶段，在公有制经济占主体地位的前提下，不仅需要以积极的态度允许个体经济和私营经济的存在

① 《中国共产党第十五次全国代表大会文件汇编》，人民出版社 1997 年版，第 15 页。
② 《中国共产党第十五次全国代表大会文件汇编》，人民出版社 1997 年版，第 22 页。

和发展，而且在一定时期内还要允许私营经济的增长速度快于国有经济的增长速度，允许私营经济的产值在国民生产总值中所占比重上升到一定份额。这不仅是对不合理的所有制结构的一种必要校正，而且是对现阶段生产力发展的一种必然选择。因此，不应当错误地认为是滑向资本主义。从社会主义初级阶段的基本国情出发，在实行改革开放的历史条件下，需要用新的观念、从新的视角来看待私有制经济、特别是资本主义私有制经济的历史作用。第一，各种形式的私有制经济仍然是发展社会生产力的重要力量。在社会主义市场经济的初始时期，它们明显地表现为新的经济增长点，对促进经济关系的调整和发展也起着一定的积极作用。党的十五大报告明确指出，它们是我国社会主义市场经济的重要组成部分，也是现阶段基本经济制度的组成部分。因此，在今后相当长时期内都要积极鼓励、正确引导个体经济和私营经济健康发展。第二，在公有制经济和非公有制经济的共同发展中，要善于利用资本主义经济来发展社会主义经济；在对外开放中，要善于利用两个市场、两种资源；在发展国内市场经济、尤其是发展混合所有制经济中，要善于利用资本主义成分来壮大社会主义成分。

（三）经济变革的内容是在社会主义条件下通过社会经济制度的自我调整和自我完善，促进市场经济的发展，从根本上实现从传统计划经济体制向社会主义市场经济体制的转变。传统计划经济体制严重背离我国社会主义初级阶段的国情，愈来愈同社会生产力发展相矛盾。邓小平全面总结国内外社会主义实践经验，第一次明确指出："社会主义基本制度确立以后，还要从根本上改变束缚生产力发展的经济体制，建立起充满生机和活力的社会主义经济体制，促进生产力的发展。"[①]这一科学论断深刻地阐明了经济体制改革的内容、方向和必要性。高举邓小平理论的旗帜，有领导、有计划、有步骤地引导改革走向深入，首先要正确地认识和处理经济体制和社

① 《邓小平文选》第3卷，人民出版社1963年版，第370页。

会经济制度之间的关系。经济体制体现生产关系在生产、分配、交换、消费各个方面、各个环节的具体实现形式，是生产关系的第二层次。它受生产关系第一层次所构成的社会经济制度的制约，但不受社会经济制度的性质所决定。经济体制的改变不会影响社会经济制度根本性质的改变。进行经济体制改革，实质上是社会主义制度的自我调整和自我完善。就是说，改革并不是改变生产关系基础层次所构成的社会经济制度，而是改变不适应生产力发展要求的生产关系实现形式所构成的经济体制。通过改革，可以使社会主义生产关系充分发挥优越性。我们必须从这一根本立足点出发，牢牢地把握住改革的社会主义方向，始终不渝地坚持以公有制和按劳分配为主体、以实现共同富裕为目的、以“三个有利于”为标准，并以此衡量改革的成败得失。其次，要深刻地认识和处理经济体制与同一历史时期各种经济运行形式之间的关系。一定的经济体制作为生产关系的第二层次，同一定的经济运行形式相联系。其构成特点和配置社会经济资源的作用，直接取决于占主体地位的经济运行形式。在社会主义条件下，特别是在社会主义初级阶段，适应社会生产力发展要求的、占主体地位的经济运行形式，是社会化的商品经济即市场经济。市场经济是社会主义经济发展不可逾越的阶段。这是不以人们的主观愿望为转移的。传统的计划经济体制跨越了市场经济发展阶段，直接选择产品经济的体制模式，不可避免地成为生产力发展的障碍。我国经济体制改革从一开始就选择了市场取向。随着改革实践的发展和传统观念的突破，确立了社会主义市场经济理论，相应地明确了改革的目标就是建立社会主义市场经济体制，并在进一步总结经验的基础上制定了社会主义市场经济体制的基本框架，为旧体制向新体制的转变开拓了更加清晰的道路。总之，中国采取渐进方式，避免社会震荡地进行这一重大变革，不仅没有破坏生产力，而且加速推进生产力的发展。这就是中国改革成功的奥秘。

（四）经济变革的方式是从人民的根本利益出发，根据不同时期的变革任务，正确地调整各种利益关系。人民群众是历史的创造者。人民的根本利益始终决定着社会历史的发展方向。历史经验证明：只要我们党始终代表中国先进社会生产力的发展要求、中国先进文化的前进方向、中国最广大人民的根本利益，我们党就能够永远立于不败之地，永远得到全国各族人民的衷心拥护并带领人民不断地前进。代表人民的根本利益，为人民的根本利益而奋斗，是我们党领导中国经济变革和经济建设的根本出发点。在新民主主义革命阶段，人民的根本利益是从财产关系上改变帝、官、封对中国的统治，建立人民政权；同时采取正确政策调整工人阶级、农民阶级、民族资产阶级、小资产阶级之间的利益关系，共同发展新民主主义经济。正是因为我们党始终代表人民的根本利益，所以才能最广泛地动员全国人民积极参加翻身求解放的革命斗争，最终赢得新民主主义革命的胜利。在社会主义改造阶段，人民的根本利益是确立公有制经济的统治地位，建立社会主义制度的经济基础，为消灭剥削、避免两极分化、最终实现共同富裕提供制度保证。坚持这一根本利益，我们党采取正确政策，按照中国特点较好地处理了劳动人民的共同占有与各种形式的私人占有之间的利益关系。把民族资产阶级同无产阶级相对立的利益关系作为人民内部的利益关系来处理，受到社会各阶级、阶层的广泛欢迎，国内迅速掀起社会主义改造高潮。但是，在后来探索中国建设道路的过程中，由于受到“左”的思想影响，混淆了两类不同性质的矛盾，出现了“反右派”“穷过渡”“打倒走资派”等一系列错误做法，伤害了知识分子、农民、革命干部的权益，实际上也相当程度地伤害了人民的根本利益，给社会主义事业造成极大损失。在建设有中国特色社会主义阶段，人民的根本利益是坚定不移地发展社会生产力，建立与现代生产力相适应的社会主义市场经济体制，充分发挥社会主义制度的优越性。在社会主义物质技术基础不断雄厚的前提下，不断提高人民的物质文化生活水平，最终实现共同富裕。在服从这个根本利益的前提下，通过新旧体制转换、全方位地调整和理顺社会内部的各种利益关系。其中，重点是调整国有经济战略布局和改造国有企业制度所涉及的利益关系。通过改革，从总体上改变了旧体制的利益格局，建立了新体制的利益格局。

在庆祝中国共产党诞生80周年的时候，我们以自豪的心情回顾往昔，以坚定的信心展望未来。在中国共产党领导下，我国必将以崭新的姿态、更加强盛的综合国力屹立在世界东方，对人类的文明进步事业作出越来越大的贡献。

下篇

对新旧经济发展模式转轨的探索

我国社会主要矛盾与现代化经济建设道路 *

我国现代化经济建设走什么道路的问题，是关系怎样认识和解决社会主义社会主要矛盾的根本问题。党的十一届六中全会《关于建国以来党的若干历史问题的决议》指出："在社会主义改造基本完成以后，我国所要解决的主要矛盾，是人民日益增长的物质文化需要同落后的社会生产之间的矛盾。党和国家工作的重点必须转移到以经济建设为中心的社会主义现代化建设上来，大大发展社会生产力，并在这个基础上逐步改善人民的物质文化生活。"那么，解决我国社会主要矛盾的社会主义现代化经济建设道路的基本点是什么呢?

第一，我国现代化经济建设必须把消费品生产放在首位。

在社会主义社会中，劳动人民既是生产资料的共同占有者，又是共同运用生产资料的生产者，既是社会物质财富的共同创造者，又是社会物质财富的共同占有者和享用者。这种统一性，决定了社会生产的目的是直接为了满足人民生活的需要。但是，社会主义国家劳动人民迅速增长的物质和文化生活需要，又同受生产力发展水平所制约的物质产品不丰富的状况相矛盾，需要经常地自觉地用发展生产的办法去解决。在发展生产中，为

---

* 本文系作者执笔，与王珏合写，原载《理论与实践》1981 年第 9 期。

了不断满足人民生活需要，必须大力发展消费品生产。所以，把消费品的生产放在社会生产头等重要的地位，是解决我国社会主义社会主要矛盾，进行社会主义现代化经济建设的基础和首要任务。它反映了社会主义基本经济规律的客观要求，体现了社会主义制度的本质特征。

第二，我国现代化经济建设必须建立合理的经济结构。

所谓建立合理的经济结构，就是建立一个符合一定历史阶段生产关系适合生产力发展状况的经济结构。随着生产力不断发展和生产关系不断完善，经济结构也要不断发展和完善。

在我国现阶段怎样才能建立合理的经济结构呢？从解决社会主义的主要矛盾出发，把发展消费品生产放在首要的地位，依此安排现代化经济建设的战略布局，是使经济结构合理化的关键一着。

把消费品生产放在首要地位，首先要求大力发展农业。在农业结构内部，要以粮食生产为中心，开展多种经营。使农业生产为全国人民提供更多的商品粮食、蔬菜、水果、副食品，为轻工业发展提供更多的原料。同时，使八亿农民的生活不断得到改善。

把消费品生产放在首要地位，还要求大力发展轻工业。在轻工业结构内部，要按照人民消费构成的变化，不断增加和提高各种工业消费品的生产，更好地为满足城乡人民物质文化生活需要服务。

把消费品生产放在首要地位，还会愈来愈要求重工业提供日益增多的耐用消费品。同时，也相应地要求机械、电子、化工、冶金、建筑材料等部门提供新的技术设备和各种原材料，更好地发挥重工业的作用，从而为整个国民经济协调地发展创造条件。

把消费品生产放在首要地位，也必然要求每年生产的剩余产品只能在满足人民必要的消费之后，再用于积累，基本建设一定要同国力相适应，使积累和消费的结构趋于合理化。

第三，我国现代化经济建设必须建立合理的管理体制。

建立什么样的经济管理体制，是以什么样的经济制度为前提。我国现阶段的社会主义经济，是同商品经济相统一的计划经济。为了满足人民日益增长的需要，必须建立与之相适应的经济体制。在社会主义商品经济中，企业是相对独立的商品生产者。企业的这种地位和作用，决定了应当把它的经济权利、经济责任、经济利益统一起来。首先，要赋予企业应有的经济权利。现在扩大企业权限，只是在利润分配方面有一定的自主权。要使企业真正成为内有动力、外有压力的相对独立的商品生产者，就需要逐步地赋予企业应有的合理的生产计划权、资金支配权、物资采购权、产品销售权、价格调整权、择优招工权等，并使一些中小企业变成独立自主、自负盈亏、以税代利的经济实体。其次，企业要实行经济责任制。现在有的工业企业开始学习农业上联产计酬的生产责任制，初见成效。工业企业实行经济责任制，关键是改革企业的领导制度。要加强和改善党的领导，建立党委领导下的厂长负责制和党委领导下的职工代表大会制。要在民主管理的基础上，加强厂长的统一指挥权，划分厂长、副厂长、总工程师、总会计师、总调度师和科室、车间、班组等各级负责人的职权范围，建立生产、技术、财务、调度各个系统的管理责任制。大力发挥工程技术人员和专家的作用，使全厂每个职工都在自己的岗位上各尽其职，各负其责。最后，要正确处理企业内外的各种经济利益。国家对企业，企业对职工都按照完成任务的好坏，贡献大小，责任轻重，该奖的奖，该罚的罚。把企业的经营成果和劳动者的物质利益直接挂起钩来，使企业的工资制度和奖励制度都真正符合按劳分配的原则。既要重视物质鼓励，又要加强政治思想教育。

要改变部门和地区分割的状态，必须建立各种形式的经济联合体。我国现在的工业企业是按部门、按地区管理的，部门林立，条块分割，多头领导，管理分散，自搞一套，自成体系，割断了商品经济发展的横的联系，严重地阻碍了技术进步和劳动生产率的提高。

要改变单一的计划调节的状况，必须把计划调节和市场调节结合起来，发挥市场调节的辅助作用。市场调节要依靠国家计划来指导，计划调节要通过市场机制来实现。二者是统一的。在我国目前阶段，根据经济发展和国计民生的需要，该由国家计划控制的商品一定加强计划控制，该由市场调节的商品要发挥市场调节的作用。要逐步地减少指令性计划和扩大指导性计划的范围，并在国家计划的指导下，逐步扩大市场调节的合理范围，以使我国国民经济的发展达到“统而不死，活而不乱”。

第四，我国现代化经济建设必须注重经济效果。

物质产品再生产的实现，是同经济效果分不开的。在社会主义社会中，满足人民日益增长的物质文化需要的状况，也表现在生产的经济效果上，表现在人民得到的实惠上。我国在第一个五年计划期间和三年调整期间，社会扩大再生产安排得比较好，经济效果比较高，因而城乡人民的物质文化生活都得到较大的提高。可是，在后来的几个五年计划期间，在“左”的思想指导下，重积累轻消费，重基建轻生产，只追求速度，不重视效果，只追求产值，不重视产品效用，加上“大炼钢铁”“大办五小工业”“大搞三线建设”，投入的人力、物力、财力很大，却没有创造出多少最终产品，从发展速度上看不算慢，而人民得到的实惠却很少。这是一条高消耗、低效益的路子，于国于民都没有好处。过去走的这条路子投资大，消耗高，增加社会财富少，不符合我国的国情，今后不能再走，也走不下去了。出路何在？出路就在于提高经济效果。

要走低消耗、高效益的路子，除了建立合理的经济结构和经济体制外，在进行社会主义扩大再生产中，还应当注意处理好以下几个关系：（1）要处理好简单再生产和扩大再生产的关系。简单再生产是扩大再生产的基础和出发点，应当按照这种内在联系，在安排经济建设时，要“先生产，后基建”，这样才能取得较好的经济效果。（2）要正确处理外延扩大再生产和内涵扩大再生产的关系。这两种类型的扩大再生产在实际经济生活中是交织在一起的。但随着科学技术的发展，社会扩大再生产的一般趋势是使内涵扩大再生产的作用越来越重要，由粗放为主转向集约为主。我国工业生产已经有了一定的数量和初步的技术基础，必须按照社会扩大再生产发展的客观趋势，由外延为主转向内涵为主。今后相当长的时期内国民经济的发展，除必要的新建外，主要不是依靠建新厂、扩大基本建设规模，而是依靠发挥现有企业的作用，进行挖潜、革新、改造。（3）要正确处理宏观经济发展和微观经济发展的关系。社会再生产运动是所有单个企业再生产运动互相交错、互为前提的有机总和。宏观经济效果的实现是以微观经济活动为基础；微观经济效果的实现是以宏观经济活动为条件。因此，企业和地方的经济效果一定要服从全国的经济效果，全国的经济效果也要尽可能地照顾地方和企业的经济效果，使两者统一起来，都能以最少的投入取得最大的经济效益。

综上所述，我们所要走的社会主义现代化经济建设的道路，是一条同社会主义现阶段主要矛盾的不断解决相一致的道路。走这条路子，是从满足人民日益增长的物质文化需要出发，在合理的经济结构和经济体制的保证下，促进社会生产力稳步增长，促使经济效果不断提高。走这条路子，能够使社会生产符合社会需要，使生产资料的生产同最终消费品的生产相适应，使重工业的发展同农业和轻工业的发展相适应，使积累同消费相适应，从而使整个国民经济有计划按比例地发展，实现良性循环。走这条路子，能够发挥生产和流通的相互促进作用，充分发挥计划机制和市场机制的调节作用，全面实现国家、集体、个人的物质利益，可以充分调动全国人民的社会主义积极性，充分发挥社会主义制度的优越性。

基本建设规模一定要和国力相适应*

我国当前经济形势大好，同时又暂时出现了财政不平衡、信贷不平衡、物资不平衡、外汇不平衡的问题。那么，原因何在呢？主要就在于长期以来在“左”的思想指导下，基本建设的规模超过了国家财力物力的可能。怎样对待和解决这个问题，是当前国民经济调整的一个关键。

陈云同志早在 1957 年就明确指出：“建设规模的大小必须和国家的财力物力相适应。适应还是不适应，这是经济稳定或不稳定的界限。”陈云同志的这个意见，是把马克思主义具体运用到我国社会主义经济建设中，得出的一个极为重要的科学结论。

从马克思的社会再生产原理来看，要保证社会总产品在生产规模扩大中实现，第一部类所要补偿和追加的生活资料的价值量，必须和第二部类所要补偿和追加的生产资料的价值量相等。这就要求，在每年的扩大再生产中，作为积累用的生产资料，不能超过第一部类产品在补偿了两大部类原有生产消耗之后的剩余部分；作为积累用的消费资料，不能超过第二部类产品在补偿了两大部类原有生活消费之后的剩余部分。由此可见，在国

---

* 这是在全国学习《陈云文稿选编》等经济学方面的三本书时，针对当时经济建设中一个突出问题撰写的一篇论文。原载《社会科学研究》1981 年第 3 期。

民收入中有多少用于积累，在积累中有多少用于生产资料生产的基本建设，并不取决于我们主观的愿望，而是取决于社会再生产的客观规律。

马克思关于社会再生产的原理，在社会主义条件下也是完全适用的。社会主义社会再生产的特点，是在生产资料公有制基础上的不断的扩大再生产。再生产的目的，是保证满足整个社会经常增长的物质和文化的需要。服务于这一目的手段，是在高度技术基础上使生产不断增长和不断完善。社会主义再生产的这个基本特点和规律，不仅要求国民经济要有计划按比例地发展，而且也决定了建立和保持国民经济综合平衡的基本原则。

为了实现国民经济综合平衡，第一，在按比例分配社会总产品时，必须首先保证满足全体劳动者对生活资料消费的需要，否则劳动力就不能进行再生产，从而也就不可能进行物质产品的再生产，社会的发展也就会停止。这是一个十分普通的常识，也是人类社会发展的一般规律。这个一般规律，在社会主义条件下，是直接同社会主义基本规律的客观要求相一致的。

因此，在安排国民经济计划时，必须正确处理生产和生活的关系。陈云同志说，“经济建设和人民生活必须兼顾，必须平衡。”我国第一个五年计划时期，这两者之间的关系处理得比较好。消费额，1957 年比 1952 年增加了 225 亿元；积累额，1957 年比 1952 年增加了 103 亿元；积累率，平均每年为 24.2%。五年中，职工平均工资共增长 48.8%，农民收入共增长 27.9%。同时，工农业总产值也平均每年增长 10.9%。在进入第二个五年计划之后，积累率一下子从 1957 年的 24.9%，猛增到 1958 年的 33.9%，接着第二年又猛增到 43.8%，第三年仍保持在 39.6%。结果，第二个五年计划期间，职工平均工资下降了 7%，农民每人平均分配收入 1959 年比 1957 年少了 3 元多。工农业总产值 1958 年和 1959 年虽然一时有了较大的增长，但从 1959 年开始，先是农业总产值连续三年大幅度下降，紧接着工业总产值又连续两年大幅度下降，出现了三年严重的经济困难。

1962 年，陈云同志受党中央的委托，在研究制订国民经济调整方案时强调指出："现在我们面临着如何把革命成果巩固和发展下去的问题，关键就在于要安排好六亿多人民的生活，真正为人民谋福利。"这深刻地说明，安排好人民的生活，不仅是一个重大的经济问题，也是一个重大的政治问题。陈云同志还特别强调要十分注意改善农民的生活。我国人口 80% 以上在农村，必须使他们有吃有穿，而且一年比一年生活过得好。农民是个大头。农民的生活不断好起来，中国的大局也就必然是稳定的。因此，必须把人民生活安排好，特别是把农民生活安排好，这是我国三年调整时期经济得以迅速恢复和发展的重要原因之一。

第二，在按比例分配用于生产建设的那一部分社会产品时，必须首先保证补偿原有生产消耗的需要。这是因为，简单再生产是扩大再生产的基础和出发点。为着体现社会主义的生产目的，更需要先安排好原有生产，再安排基本建设。对此，陈云同志曾经这样指出："先保证生产、后供应基本建设这种排队的必要，主要是为了维持最低限度的人民生活的需要，避免盲目扩大基本建设规模，挤掉了生活必需品的生产。"

可是 1958 年以来，在"左"的思想指导下，盲目追求高指标、高积累、高速度，热衷于大搞基本建设。从 1958 年到 1976 年的十九年中，基本建设投资占财政支出 30%—35% 的年份有四年，占 35%—40% 的年份有八年，占 40% 以上的年份有七年。并且，在基本建设投资总额中，生产性建设占的比重又一直过大，"二五"时期占 86.8%，"三五"时期占 89.4%，"四五"时期占 86.6%，到 1978 年，仍占 81.6%。在物资方面，近十年，用于基本建设的钢材占国内消费量的 1/5 到 1/4，木材占 1/4 到 1/3，水泥占 1/3 到 1/2。不难看出，基本建设，特别是生产性的建设，占这么多的资金，用这么多的生产资料，不仅破坏了"骨头"和"肉"的合理的比例关系，也严重地影响了现有企业的正常生产和固定资产更新。

应当看到，原有生产规模总是扩大再生产总体中最重要的一部分，原有生产能力所创造的剩余产品总是进行扩大再生产的源泉，原有生产设备的更新也经常伴随着生产效率的提高。如果不先满足现有生产的最低限度的需要，一味盲目地扩大基本建设规模，甚至不惜挖基础盖楼顶，这是破坏国民经济综合平衡的非常危险的做法。陈云同志针对三年“大跃进”中出现的这种情况，又明确地重申：“满足了当年生产方面的需要，再搞基本建设。有多大余力，就搞多少基本建设。今年如此，今后也要如此，使人民的生活一年一年好起来。”这说得是多么有道理啊！

第三，在按比例分配用于生产性建设的那一部分社会产品时，在有了一定基础之后，要首先满足老企业的挖潜、革新、改造的需要。要进行社会扩大再生产，一是采取以提高生产效率为特征的内涵扩大再生产的方式；二是采取以扩大生产规模为特征的外延扩大再生产的方式。但由于扩大再生产的方法不同，在基本方面的区别还是明显的，前者主要表现在老企业的挖革改上，后者主要表现在新建企业和扩建企业上。在社会主义建设中，怎样安排这两种类型扩大再生产的发展规模，是关系如何从实际出发，根据不同时期经济建设的基础，来确定国民经济发展道路的重要问题。

毫无疑问，在建设初期，由于当时生产力水平低，技术基础薄弱，用于新建企业的投资比重会大一些。我国“一五”时期，在投资总额中，新建占46.4%，改建扩建占52.3%。这个比例基本上是符合当时需要的。

特别是重工业生产有了一定规模时，基本建设投资的重点是继续放在新建企业上呢，还是逐步转移到老企业的挖革改上呢？长期以来，我们的做法却是前者而不是后者。“二五”时期，新建占57.6%，改建扩建占36.7%；“三五”时期，新建占54.6%，改建扩建占39.9%；“四五”时期，新建占57%，改建扩建占37.3%。新建企业所占投资比重一直这么高，势必忽视和挤压对老企业的改造。这是造成我国国民经济比例关系失调，投资效果下降的一个主要原因。据现有材料，改造老企业和建设新企业相比，增加同样的生产能力，资金可以节省2/3，材料设备可以节省60%。因此，在我国工业建设的过程中，当具有了一定的基础之后，就应当逐步地把改造老企业放到优先的地位。从这个基础出发，引进技术，更新设备，或者填平补齐，成龙配套。陈云同志说，这是重点所在。

1979年，我国工业企业已有35万多个，全民所有制固定资产达3200亿元，职工队伍3000多万人，国家机关和国营企业有470万科技人员。这是一个相当雄厚的家当。要实现四个现代化，必须从这个阵地出发。据有关部门计算，现有国营企业资金，如果每100元实现的税利增加1元，全国一年就可增加收入60多亿元。可见，老企业进行挖革改，这是一条事半功倍的道路。当然也不能忽视新建扩建。根据我国的特点，在优先发展内涵扩大再生产的同时，也要结合进行外延扩大再生产。在今后新建扩建企业中，要有计划地建设一些技术密集型的大企业，以作为骨干，但要大量地建设的是劳动密集型的中小企业，以充分发挥我国人力资源丰富的优势。

第四，在按比例分配用于新建扩建的那一部分社会产品时，应当首先满足投资少、周期短、收效大的建设项目的需要。陈云同志非常强调，在进行基本建设中要重视经济效果。他指出：速度和质量，这两方面是统一而不可分割的，要“加快建设的进度，同时使一切建设起来的工程都能够有良好的质量，最大限度地发挥投资效果”。又指出：“企业的布点既要考虑建设快慢和投资多少，也要考虑到企业投入生产以后的经济效果。”社会主义基本建设，是为了不断扩大生产的规模和科学教育等社会公共事业的规模，从而不断满足人民日益增长的物资和文化的需要。为了达到这样的目的，就要求以最少的投资取得最大的经济效果。经济效果好，即使国民经济增长速度不太快，人民也会得到实惠；经济效果不好，即使国民经济增长速度好像很快，人民生活也不会得到应有的改善。

总结我国三十一年的历史经验，从基本建设投资效果来看，“一五”时期比较好。大中型项目建设周期平均为六年；投资回收期限平均为三年半；新增固定资产交付使用率平均为83.7%；每增加1元国民收入所需投资为1.68元。“一五”以后，在指导思想上急于求成，重速度轻质量，基本建设的投资效果不断下降。到“四五”时期，大中型项目建设周期平均延长为十一年，投资回收期限估计至少延长一倍（1970年以后建成的项目，到现在还没有一个收回投资）；新增固定资产交付使用率平均降为61.4%；每增加1元国民收入所需投资提高到3.76元。

基本建设投资效果下降的经济原因很多，其中一个主要原因是在投资方向上过分突出重工业，忽视轻工业。重工业和轻工业的投资比例，“一五”时期为8∶1，“二五”时期提高到10.8∶1，“三五”时期又提高到14∶1，“四五”时期仍保持在10.1∶1。马克思指出：“有些事业在较长时间内取走劳动力和生产资料，而在这个时间内不提供任何有效的产品；而另一些生产部门不仅在一年间不断地或者多次地取走劳动力和生产资料，而且也提供生活资料和生产资料。在社会公有的生产的基础上，必须确定前者按什么规模进行，才不致有损于后者。”[①] 轻工业正是具有投资少、周期短、积累快的特点，它的经济效果比重工业高得多。按1975—1978年平均计算，全民所有制企业每100元固定资产提供的产值，轻工业为265元，重工业为74元，轻工业等于重工业的3.6倍。同时期每100元固定资产提供的积累，轻工业为61元，重工业为17元，轻工业也等于重工业的3.6倍。因此，要取得国民经济发展的最优比例和最优效果，必须在农业发展的基础上，合理地确定轻、重工业的投资比例和建设规模，使农轻重的比例关系协调起来，并在一定时期，使轻工业的增长速度快于重工业，以保证满足人民生活水平不断提高的需要。

总之，在国民经济综合平衡中，每年用于基本建设的财力物力，只能是在社会总产品和国民收入中，先补偿了简单再生产的生活消费和生产消耗之后，才能把作为积累的那一部分剩余产品用于新建企业，特别是用于重工业大型新建企业的财力物力，只能是在积累中，在先满足了农业和轻工业的发

① 《马克思恩格斯全集》第24卷，人民出版社1972年版，第473—474页。

展需要，满足了老企业挖革改需要之后，才能使用的那一部分剩余产品。这说明，基本建设的规模和国家财力物力相适应，正是社会总产品实现的重要组成部分。基建规模如果超过了国家财力物力的可能，必然要破坏两大部类的实物替换和价值补偿的平衡关系，造成整个国民经济比例关系严重失调。

为了制约基本建设规模超过国家的财力和物力，陈云同志在总结我国三年恢复和第一个五年计划经验的基础上，提出了著名的“四大平衡”的思想，即财政平衡、信贷平衡、物资平衡、外汇平衡。“四大平衡”，从两大部类的实物和价值的平衡关系，深刻地揭示了社会总产品实现的关键，把握了国民经济综合平衡的主要内容。“四大平衡”之间是互相联系的。物资平衡是财政、信贷、外汇平衡的基础。财政、信贷、外汇平衡是物资平衡的反映。在整个国家资金平衡中，财政平衡又是处于核心的地位。

要建立和保持“四大平衡”，必须使积累基金和可供积累的物资相平衡。基本建设规模过大，物资不够，就会出现缺口。投资过多，国家财政入不敷出，就会出现赤字。财政向银行透支过多，就会导致多发票子。市场上的票子超过了所需要的货币流通量，必然要引起通货膨胀。再加上外汇不足，就会更加困难。这些因素，到了一定的时候，就会有爆炸的危险。怎样才能有效地扭转这种局面呢？必须毫不迟疑地压缩基本建设的规模。陈云同志在回顾 1956 年的经验时指出：“我当时的办法就是‘砍’，‘砍’到国家财力、物力特别是农业生产所能承担的程度才定下来。”这个“砍”，是完全必要的。它不是什么消极的退却，恰恰相反，正是为了站稳脚跟，巩固阵地，再积极地前进。因此，要“砍”就不能怜惜，就不能怕痛。在 1962 年进行国民经济大调整时，陈云同志果断地建议：“要准备对重工业、基本建设的指标‘伤筋动骨’。重点是‘伤筋动骨’这四个字。要痛痛快快地下来，不要拒绝‘伤筋动骨’”。正因为那时的决心大，方法对，步调一致，全党全国人民同心同德，因此比较快地渡过了难关，重新走上了稳步发展的道路。

要建立和保持“四大平衡”，还必须使消费基金和消费品的可供量相平衡。消费资料生产发展缓慢，赶不上人民生活提高的需要，会造成市场可供商品量同社会购买力之间的重大差距。或者，各种渠道用于生活消费的基金一时过多，消费水平提高的速度超过了社会劳动生产率提高的速度，也会造成和扩大这个差距。在我国的经济生活中，长期出现的是前一种情况。无论是哪一种情况，社会购买力和商品供应量之间重大差距的出现，都是国民经济比例关系失调的表现。陈云同志说："应该看到，如果当年的财政收支不能平衡，社会购买力和商品供应量之间不能大体平衡，物价就会乱涨，市场就会混乱，这对于经济的发展和人民生活的稳定都会带来十分不利的影响。"要积极地解决这个问题，一方面，必须坚决降积累、压基建，保证消费资料生产，主要是农业和轻工业的生产要迅速地发展起来，以便为市场提供更多更好的生活用品；另一方面，要有计划地控制社会购买力增长的速度。通过这两方面的办法，来使消费品的供应量逐步和社会购买力恢复平衡。

我国的历史经验证明，凡是建立和保持"四大平衡"的时候，国民经济的发展就稳定，就顺利；凡是忽视和破坏"四大平衡"的时候，国民经济的发展就遭受挫折，甚至倒退。我们必须清醒地认识长期以来基本建设规模超过国力所造成的后果，清醒地认识当前经济中潜伏着的危险。因此，要下定决心，坚决贯彻执行党中央和国务院的战略决策，对国民经济进行一次深刻的全面的调整，以保证四个现代化的胜利实现。

为了做好当前的调整工作，应当着重抓住以下环节：

第一，端正指导思想，摆脱"左"的束缚。总结我国三十一年经济建设的经验，为什么基本建设规模老是超过国力？为什么国民经济综合平衡不断遭到破坏？为什么经济结构愈来愈不合理？为什么对人民生活欠账这么多？尽管原因是多方面的，但主体方面的错误是"左"的错误。六十年代初，我们曾对国民经济进行过一次大的调整，费时五年。但由于没有从指导思想上进行彻底清理，经济情况一好转，老毛病又犯，而且一次比一次严重，以致又酿成当前的经济困难局面。还应当看到，在当前调整中遇到的阻力，也主要是来自“左”的思想影响。“左”的思想不清除，调整工作就不能真正搞好，并且也难保今后不会再出现经济比例严重失调的情况。因此，应当从更深刻的意义上来认识这次经济上的大调整，也是我们经济工作思想上的大调整。只有从指导思想上彻底摆脱“左”的束缚，真正统一到党的三中全会的精神上来，才能切实按照社会主义的经济规律办事，才能做到实事求是，量力而行，才能走出一条符合我国国情的既能保证经济稳定发展，又能保证人民生活水平不断提高的新路子来。

第二，压缩基本建设，恢复“四大平衡”。既然国民经济综合平衡的破坏，主要是“四平”失衡引起的，而“四平”失衡又主要是基本建设规模超过国力引起的，那么，在当前调整中，理所当然地应当从压缩基本建设入手。只有基本建设退够，才能使我们经济工作重新站稳脚跟，变被动为主动，以赢得将来的“起飞”。基本建设退够，就是要退到财政平衡、信贷平衡、物资平衡、外汇平衡得到恢复的程度。不要怕伤筋动骨，不要顾虑割瘤去肿，也不要怜惜暂时的一些损失。不退够就不能继续前进。当然，在调整中也是有退有进。对农业、轻工业和有关人民生活的日用品的生产，对能源、交通建设以及科学教育卫生文化事业，还要尽可能地增加投资，促使这些部门较快地发展起来。

第三，加强集中统一，服从根本利益。社会主义国民经济是建立在生产资料公有制基础上的统一整体。只有有计划按比例地发展，社会生产才能稳步增长，人民生活才能逐步提高。因此，在国家集中统一领导下，建立和保持国民经济的综合平衡，是人民的根本利益所在。在当前的调整中，某些局部利益受到损失，正是为了维护人民的根本利益所必需的。同时，整个国民经济调整好了，“四大平衡”恢复了，局部的个人的物质利益也才能真正得到实现。所以，我们一定要从维护人民根本利益出发，在国家集中统一领导下，坚决地把国民经济调整好。

努力争取国家财政经济情况根本好转 *

当前，我国国民经济开始走上稳步发展的轨道。五届人大四次会议的政府工作报告指出，争取国家财政经济根本好转，是今后一个时期经济发展的主要任务。仅就这个问题，谈两点肤浅的学习体会。

一

国家财政经济情况根本好转的基础，是实现国民经济良性循环。社会主义经济是有计划的商品经济，有可能通过经常地自觉地调节社会再生产各个环节的比例关系，建立综合平衡，实现国民经济良性循环，从而保证国家财政经济情况不断改善和提高。

从历史上看，在我国国民经济发展的三次关键时刻，都提出了争取国家财政经济情况根本好转的任务，从而起了和即将起重大的推动作用。第一次，是在建国后，为了在旧社会的废墟上建立起新的社会主义大厦，党中央和毛泽东同志在 1950 年提出要“为争取国家财政经济状况的基本好转而斗争”，并指出获得根本好转的三个条件是：（1）土地改革的完成；（2）

* 原载《财政问题研究》1982 年第 3 期。

现有工商业的合理调整；（3）国家机构所需经费的大量节减。为此目的，还具体规定了八项工作方针。经过三年的恢复，就有计划地展开了第一个以五年为期的经济建设，使国民经济顺利地走上了良性循环的轨道，国家财政经济情况出现了欣欣向荣的景象。第二次，是为了扭转在“左”的思想指导下三年“大跃进”所造成的困难局面。1962 年党中央再次发出争取国家财政经济情况根本好转的号召，并采取果断措施，实行财政经济工作统一管理、统一指挥，坚决压缩超过国力的基本建设规模，动员 2000 万职工转到农业战线。经过三年的重大调整，国民经济又从不良循环重新走上良性循环，经济形势显著好转。第三次，是为了恢复和发展在“文化大革命”十年中遭到严重破坏的国民经济。按照党的十一届三中全会的精神，在经济上制定了调整、改革、整顿、提高的方针，但由于“左”的思想没彻底清除，1978 年继续搞高指标，高积累，因而进一步加重了长期以来潜在的危险，致使财政经济出现了较大困难。党中央在 1980 年 12 月及时召开了工作会议，作出了在经济上实行进一步调整，政治上实现进一步安定的重大决策。经过一年的努力，实现了财政基本平衡，国民经济又开始走上稳步发展的轨道。在这关键的时刻，党中央和国务院在五届人大四次会议上再一次提出了争取国家财政经济根本好转的伟大任务，并科学地总结了我国的历史经验，制定了十大建设方针。这是党的三中全会路线的继续，是“调整、改革、整顿、提高”方针的具体化。

三次大的转折，三次走上稳步健康发展轨道的历史说明，要争取国家财政经济情况根本好转，必须创造条件，实现国民经济良性循环。怎样才能创造条件，实现国民经济良性循环呢？从社会再生产的过程来看，就是要保证生产、分配、交换、消费四个环节，按照内在的必然联系，协调地有效地运转。

从生产和消费之间的关系来看，生产是为了满足生活消费和生产消费的需要，消费又反过来对生产提出新的需求。因此，社会生产和社会需要必须在相互制约中求得平衡。只有社会生产的比例符合社会需要的比例，社会再生产才能协调地运转，社会总产品才能以最优的速度最优的效果得到实现，国民经济才能表现为良性循环。我国“一五”时期，农业总产值占工农业总产值的比重，最高为56.9%，最低为48.7%；轻工业总产值占工农业总产值的比重，最高为30.2%，最低为27.8%；重工业总产值占工农业总产值的比重，最高为21.7%，最低为15.3%。总的来说，在当时的条件下，农轻重的比例关系是协调的，生产资料的生产同生产消费的需要，消费资料的生产同生活消费的需要是相适应的。因而，五年内，工农业总产值平均每年增长10.9%，国民收入平均每年增长8.9%，每百元固定资产投资增加的利税为20元，相当于“四五”时期的5倍。全国职工实际工资增长30.5%，农民收入增长20%左右。当然，社会生产的比例能否符合社会需要的比例，还要取决于作为中间调节者的分配比例和交换比例如何。

从生产和分配之间的关系来看，生产出产品才能进行分配，而在产品分配之前，先要有社会劳动总量在国民经济各部门之间按一定比例的分配，或新创造的社会劳动总量在积累和消费之间按一定比例的分配。在社会主义条件下，对主要产品生产所需要的社会劳动量的分配，主要是通过国家计划进行的。在国家计划中，积累和消费的比例，对各部门投资的比例安排得是否合理，必然影响社会生产的比例能否符合社会需要的比例，从而影响国民经济能否稳步地健康地发展。在“二五”时期，在“左”的思想指导下，改变了原来在周恩来同志主持下制定的比较符合实际的五年计划，片面地强调发展重工业，盲目追求钢铁产量翻番，这就使积累率在1958年、1959年、1960年分别达到了33.9%、43.8%和39.6%。这三年在基本建设投资总额中，对重工业的投资都在55%以上，对农业的投资只是10%到13%，而对轻工业的投资最高才占7.3%，最低仅是4%。结果，第一年重工业总产值比上一年猛增78.8%，同年农业只增长2.4%。可是，从第二年起，农业增长速度连续三年大幅度下降为负数，接着从第三年起，轻工业增长速度又连续三年大幅度下降为负数，紧接着从第四年起，重工业增长速度也连续两年大幅度下降为负数，重工业最低下降到负 46.6%。整个五年中，每百元固定资产投资增加的利税仅是 3 元。职工工资不仅没有增加，反而下降了近 7%，农民的收入也下降了许多。后来经过三年的全面调整，才使国民经济比例关系逐步协调，增长速度逐步回升，经济效果逐步提高。此外，还要看到，社会主义计划经济是发展商品生产和商品交换的计划经济，社会总劳动量的分配，主要是通过统一分配这个环节由国家计划来安排，同时也要通过商品交换这个环节，辅之以市场调节。因此，我们在坚持实行计划经济的前提下，必须充分重视发挥市场调节的辅助作用。

从生产和交换之间的关系来看，产品生产的比例是产品交换比例的前提，而交换比例的实现，也制约着生产比例的实现。市场上某一商品供求平衡，证明这种商品生产符合社会需要；市场上某一商品供求不平衡，证明这种商品生产不符合社会需要。在我国“三五”和“四五”时期，由于受到“文化大革命”的冲击，国民经济比例关系又出现了严重的而且是长期的失调。这种失调除表现在生产领域、分配领域外，也明显地表现在流通领域中。从 1966 年到 1979 年，社会购买力同社会商品零售总额（包括农民对非农业居民零售）相差数百亿元。同一时期，木材、钢材、水泥一般只能满足需要的 60% 到 80%。商品不足，渠道少，环节多，流通不畅，严重地影响了人民生活的改善和生产建设的发展。据统计，全国每人平均占有的消费品零售额（不包括农民对非农业居民零售）1957 年为 67 元，1975 年为 11 元。全国大中型项目平均建设工期，“一五”期间为五年，“三五”“四五”以来为八年。不仅建设工期大大延长，而且由于主要原材料和能源短缺，许多工业企业也严重开工不足。很显然，国民经济是处在不良循环之中。直到党的十一届三中全会后特别是经过近一年来的进一步调整，情况才逐步得到扭转。

理论和实践都告诉我们，要保证国家财政经济情况稳定健康的发展，一定要争取国民经济良性循环，防止和及时纠正不良循环，避免恶性循环，关键在于：

第一，一定要有正确的指导思想。就是要从一切为人民的思想出发，在生产不断发展的基础上，保证人民生活逐步得到改善。指导思想是战略决策的灵魂。指导思想错了，战略决策必然失误，从全局上会造成比例关系严重失调，增长速度大上大下，经济效益很差。这种损失是严重的，也是一时难以挽救的。

第二，一定要保持合理的比例关系。在社会再生产过程中，生产比例、分配比例、交换比例、消费比例是相互联系、相互制约的。我们在综合平衡中，应当根据各个时期的客观条件，建立和保持相互适应、相互促进的各种比例关系，才能保证四个环节协调地有效地运转。

第三，一定要确定切合实际的增长速度。在社会再生产过程中，比例关系协调，增长速度就快；比例关系不协调，增长速度就慢，甚至下降。因此，要根据各个时期各种比例关系的现状和调整的要求，恰当地确定农业、轻工业、重工业以及整个国民经济和国民收入的增长速度。盲目地追求高速度，势必欲速则不达。不去争取能够实现的最优速度，也对国民经济发展不利。

第四，一定要保证有较高的经济效益。从社会再生产来看，经济效益是社会总产品的价值和使用价值实现的综合反映。比例关系合理，增长速度实在，就能以最少的投入取得最大的产出，为社会创造出更多的财富。否则，会是较大的投入取得较少的产出，造成极大的浪费。我们的经济工作和计划工作，必须以满足人民日益增长的物质文化需要为目的，千方百计地提高生产、建设、流通等各个领域的经济效益。

二

国家财政经济情况根本好转的主要标志，是当年能够实现财政平衡、信贷平衡和物资平衡。实现了财政、信贷、物资平衡，也就是在主要环节上实现了国民经济的综合平衡，在根本要求上体现了社会再生产的内在联系，从而，必然能够促使国民经济良性循环，保证社会主义经济建设健康而又迅速地发展。

我们知道，社会再生产实现的核心，是建立两大部类之间一定比例的价值补偿和实物替换的平衡关系，这个平衡关系的根本点是：（1）价值平衡：第一部类当年用以补偿和追加消费资料的价值一定要和第二部类当年用以补偿和追加生产资料的价值相平衡；（2）实物平衡：第一部类的年产品一定要和当年两大部类所必须补偿和追加的生产资料相等，第二部类年产品一定要和两大部类当年所必须补偿和追加的消费资料相等；（3）价值和实物之间的平衡：第一部类当年用以购买消费资料的价值量一定要和第二部类为其提供的商品量相适应；第二部类当年用以购买生产资料的价值量一定要和第一部类为其提供的商品量相适应。由此可见，建立和保持财政平衡、信贷平衡和物资平衡，是和建立和保持两大部类之间的实物平衡、价值平衡以及实物和价值相互平衡的根本点一致的。

长期以来，在我国社会主义经济建设中，由于“左”的错误，财政平衡、信贷平衡和物资平衡屡遭破坏，造成了国民经济比例关系严重失调。近两年所出现的财政赤字、货币投放量过多和市场物价不稳，正是长期以来在国民经济中形成的潜在危险的突出表现。因此，要争取财政经济情况根本好转，必须努力实现财政平衡、信贷平衡和物资平衡。

首先，要进一步恢复财政平衡。自 1980 年 12 月的党中央工作会议以来，我国人民在党和政府的领导下，经过一年的艰苦努力，把财政赤字从 1979 年的 170 亿元、1980 年的 127 亿元，减少到 1981 年的 27 亿元，实现了财政收支基本平衡。这确是一件很不容易的事情。它极大地鼓舞了人们前进的信心和增强了对社会主义制度的自豪感。但也要看到，国民经济中潜在的危险还没有完全消除，所取得的财政收支基本平衡是在紧缩支出的条件下实现的，是不巩固的。要实现财政平衡，略有节余，还需要继续作出艰苦的努力。在当前来说，第一，必须努力增加生产。毛泽东同志早在抗日战争时期就指出："财政困难，只有从切切实实的有效的经济发展上才能解决。"① 毛泽东同志的这一论断仍然具有现实的指导意义。我们一定要振奋革命精神，扎扎实实地促进生产的发展，为国家多作贡献。第二，积极提高经济效益。由于目前处在调整时期，在短期内不可能有较快的增长速度。因而，提高经济效益是解决财政困难的主要途径。现在，无论是在基本建设上，还是在工业生产上，反映经济效益的一些重要指标，不仅低于经济发达的国家，而且低于我国历史上曾经达到过的水平。这说明，既存在着巨大的浪费，也存在着巨大的潜力。据计算，全民所有制工业企业每百元资金实现的利税，如果从 1980 年的 24.8 元提高到 1965 年的 29.8 元，一年增加的数额等于 1980 年工业部门上缴利润的 41.2%，等于全国财政收入的 17.4%。可见，工业生产经济效益差，是影响国民经济发展和财政收入增加的主要原因。因此，当务之急是大力提高经济效益。第三，进一步进行财政体制的改革，逐步减少国家对亏损企业的补贴和物价补贴，逐步使税收成为财政收入的主要来源。第四，发行一定数量的国库券，适当提高烟酒的销售价格。第五，严肃财经纪律，坚决堵塞跑冒滴漏。

其次，进一步恢复信贷平衡。近两年来，银行每年增发货币几十亿元，出现了货币流通量增多的新情况。对这个新情况怎么看？应当一分为二。有正常的因素，主要是农副产品和工业消费品增多，流通渠道增多，农民和职工手持现金也增多，这就必然要求流通中货币量多一些。同时，也有不正常因素，主要是国家财政为了弥补赤字，向银行透支，银行多发了一些票子，因而存在着轻微的通货膨胀。在这两种因素交织的情况下，货币流通量虽然增多了，但却没有超过警戒线，没有引起恶性通货膨胀。为了

① 《毛泽东选集》第 3 卷，人民出版社 1991 年版，第 892 页。

稳定经济，实现信贷平衡，必须是：第一，要严格控制和尽快停止财政性货币发行，稳定农副产品收购价格，制止不合理的扩大农副产品议购和超购加价的范围，制止滥发奖金的现象，努力消除迫使增加货币投放的各种非正常因素。第二，大力发展工业消费品生产，积极回笼货币。第三，适当提高银行存款利息，大力开展城乡人民储蓄。第四，要把银行筹集的社会资金的一部分，在有物资保证的限度内，以中短期贷款的形式，用于投资少、周转快、收效大的轻纺工业和老企业的技术改造上，并纳入国家综合财政计划，同基本建设资金统一安排使用。这既可以加速货币周转和货币回笼，不致引起信用膨胀和通货膨胀，又可以变死钱为活钱，帮助解决当前国家建设资金不足的困难。

最后，进一步恢复物资平衡。目前市场上，一方面紧俏商品短缺，另一方面，滞销商品的库存又在增加。这反映了社会生产不符合社会需要、商品可供量不适应社会购买力的矛盾。为解决这个矛盾，要做到：第一，切实保证生产建设同国家财力物力相适应。陈云同志曾经指出："在原材料供应紧张的时候，首先要保证生活必需品的生产部门最低限度的需要，其次要保证必要的生产资料生产的需要，剩余部分用于基本建设。"这是我们安排物资分配、进行经济建设的一个重要原则。在当前贯彻这个原则时，一方面，要着重调整重工业的服务方向，使之逐步转到为农业和消费品工业服务，为国民经济技术改造服务的轨道。这就要求对那些不符合服务方向的质量差、消耗高、长期亏损、污染严重、产品产量供过于求的企业，坚决实行关停并转，使国家有限的能源和原材料，用于那些产品质量好、消耗低、经济效益高的企业。另一方面，要大力发展能源、交通运输和建筑材料等短线生产，逐步改善这些部门的生产条件和供不应求的紧张状况。能源的发展，必须实行开发和节约并重的方针。如果节能搞得好，再重点开发一些煤炭资源，就能有效地支持 1982 年"保四争五"的增长速度和整个"六五"期间预计的增长速度，甚至还会更快一点。同时，还能为长远的发展作准备。第二，逐步使市场商品可供量同社会购买力相适应。为此，一方面，要毫不动摇地依靠政策和科学，加快农业的发展，加快轻纺工业的发展，以生产出丰富多彩的物美价廉的各种消费品，不断满足市场需要，满足城乡人民物质文化生活需要。另一方面，在保证人民生活随着生产不断提高而提高的前提下，注意控制消费的增长不能超过劳动生产率的增长。否则，也会产生不良后果。

我国财政经济情况已开始走向好转，国民经济的发展也正步入一条速度比较实在、经济效益比较好、人民可以得到更多实惠的新路子。只要我们坚定不移地沿着这条道路走下去，展望来来的前景，“七五”的发展速度有希望比“六五”更快一些，在二十世纪末的最后十年，将很有可能开创一个新的经济振兴时期。因此，任何悲观的论点都是没有根据的。让我们加倍努力，争取尽快地实现国家财政经济情况根本好转，为迎接新的经济振兴时期的到来而打下良好的基础。

牢固地树立“全国一盘棋”的思想 *

党的十二大报告中强调指出：“我们必须牢固树立‘全国一盘棋’的思想。”这个思想，是实现二十年宏伟奋斗目标的重要保证，也是克服当前经济工作中分散现象的有力武器。

社会主义经济是建立在公有制基础上的有计划的商品经济。为了使各个部门、各个地方都围绕着社会主义生产目的协调一致地发展，使全国的人力、物力、财力按照统一计划得到合理利用，使国家利益、集体利益和个人利益在服从人民根本利益的基础上很好地结合起来，必须树立“全国一盘棋”的思想。毛泽东同志曾经指出：“为了建设一个强大的社会主义国家，必须有中央的强有力的统一领导，必须有全国的统一计划和统一纪律，破坏这种必要的统一，是不允许的。”①

我们在发展社会主义经济中所要求的集中统一，是必需的集中统一，也是必要的集中统一。不是说，集中得越多越好，统得越死越好。我国过去经济管理体制的一个主要弊端，就是集中过多，统得过死，束缚了地方、企业和劳动者的积极性，妨碍了国民经济的发展。近几年来，在初步进行

* 原载《理论动态》1982 年第 387 期。

① 《毛泽东选集》第 5 卷，人民出版社 1977 年版，第 272 页。

体制改革中，实行了中央和地方财政“分灶吃饭”，在一部分国营企业进行了扩权试点和实行了经济责任制，这对于纠正过于集中的偏向，搞活经济，是必要的，成绩也是显著的。但由于改革中同步配套不够，宏观必要的控制没有跟上，也出现了一些过于分散的现象。主要表现在：一方面，国家的财政收入有所减少，亟待进行的重点建设缺乏资金。从 1978 年到 1981 年，国家财政收入占国民收入的比重，已由 37.2% 下降到 27.4%，国家投资占基本建设投资总额的比重，已由 82.6% 下降到 48.5%。另一方面，地方、企业自有资金增加较多，很大一部分用于扩大加工工业的生产能力。从 1979 年到 1981 年，在基本建设投资总额中，地方、企业自筹资金增长了 68%，工业企业增加了 33000 多个，其中绝大部分是小棉纺、小化纤、小机械、小皮革、小糖厂、小烟厂、小酒厂等等，这种新增加的小企业占新增加工业企业的 97%。这么多的自筹资金和新建小企业，有些是必要的，但也有不少是盲目投资、盲目发展的。而且，这些新建的小厂有许多是用的大中型厂淘汰下来的旧设备，既与大工业争原料、争能源，产品质量又差，消耗也高。

这种分散现象，是不符合社会主义经济发展原则的，也是不利于经济发展战略目标顺利实现的。如果让这种分散现象继续下去，那就很难把我们有限的财力、物力用到国家急需的生产建设上去。有些关系国计民生的大的建设项目，需要几十亿，甚至几百亿的资金，需要十几年，甚至几十年才能建成，建成后也许一时不能赢利或赢利很少。这样的项目，地方不可能办，也办不了，而从整个国民经济发展战略来看，又非办不可。要能够办成几件大事，就必须由国家集中必要的财力、物力来搞。特别是，在当前能源、交通运输等基础设施的生产能力同国民经济发展很不相适应的情况下，只有国家集中必要的资金用于重点建设，把这些最薄弱又最重要的环节搞上去，才有把握在九十年代进入一个新的经济振兴时期，才能保证到 2000 年使工农业年总产值翻上两番。这是全国人民根本利益之所在。

为此，我们在认真贯彻执行党的十二大所制订的战略目标、战略重点、战略步骤和一系列正确方针中，必须牢固地树立“全国一盘棋”的思想。这就要求：

第一，局部的经济发展要服从全局的经济发展。各个部门、各个地方的经济是局部，整个国民经济是全局。在社会化大生产的条件下，各个部门、各个地方的经济活动都是整个国民经济活动的一个组成部分。整个国民经济比例关系协调，各个部门、各个地方的经济发展就有了有利的条件，产、供、销的实现就有了前提。整个国民经济的比例关系失调，各个部门、各个地方的经济就不可能顺利发展，产、供、销也难以全部实现，想买的买不到，想卖的卖不出去。这就是说，全局活不了，各个局部的发展也必然受到很大限制。

第二，局部的需要要服从全局的需要。国民经济按比例发展，归根到底就是要求社会生产符合社会需要。各个部门、各个地方的需要，同整个社会的需要有统一的一面，也有矛盾的一面。如果局部所需要的财力、物力和兴办的事情，符合社会再生产的比例关系，这种需要就是一致的；反之，就是矛盾的。近几年所出现的一些地方和企业用自筹资金进行新建扩建，从局部看，是急需的，合理的，从有计划按比例地发展国民经济的全局看，有些则是不需要、不合理的，这就造成了盲目生产、重复建设。所以，进行新建、扩建企业，不但要考虑本部门、本地区的需要，更要考虑全局的需要。

第三，局部的优势要服从全局的优势。各个部门、各个地方都有自己的优势。有的是自然资源优势，有的是技术优势，有的是资金、某种产品或其他优势。要发展经济，就要扬长避短，发挥优势。但社会主义经济要求局部的优势要服从全局的优势。优势也是一个综合因素，不能孤立地看。比如，这个地区适于生产某种原料，就这一点来说是优势，但生产的原料却是在本地用落后的技术设备、落后的方法加工的，生产出来的产品很差，而具有先进技术设备的工厂，却因缺乏原料开工不足，这就没有真正地发挥优势。

第四,一般建设要服从重点建设。为了实现四个现代化，为了迎接经济振兴时期的到来，各个部门、各个地方都需要进行建设，而且需要建设的项目很多，但在人力、物力、财力有限的条件下，就必须排一排队，要用得恰当。所谓恰当，就是从全局出发，统筹安排，合理地解决迟用、早用、多用、少用、先用、后用、缓用、急用的问题。一定要先保证急需的重点项目，不能齐头并进，平均使用力量。

以上几点归结起来，就是局部利益一定要服从整体利益，眼前利益一定要服从长远利益。如果没有这一条，社会主义建设就不能成功。

坚持“全国一盘棋”的思想，不是不要局部，不要一般，而是在服从全局、服从重点的前提下照顾局部、照顾一般。因此，在实行必要的集中统一的过程中，特别是在集中必要资金的过程中，仍然要适当照顾地方、企业的需要。地方、企业在财力、物力上拥有一定的机动能力，有利于发挥他们的积极性，因地制宜地解决一些本地区、本单位生产和人民生活迫切需要解决的问题，符合统一计划地去办那些适于地方、企业办的事情。这对国家集中资金，进行重点建设，也是重大的支持。

我们一定要把全国的统一性、计划性同发挥各个部门、各个地方的积极性、主动性很好地结合起来，把实现战略目标的伟大任务同广大人民群众的切身利益很好地结合起来，在全国统一的一盘棋上，群策群力，各尽其能，形成一种巨大的力量。这必然推动我国的社会主义现代化建设朝着宏伟的奋斗目标稳步而又迅速地向前发展。

2000年的奋斗目标*

中国的社会主义现代化经济建设，正进入一个新的历史时期。从1981年到二十世纪末的二十年内，要在不断提高经济效益的前提下，力争使全国工农业年总产值翻两番，即由1980年的7100亿元增加到2000年的28000亿元左右。

到那时，工业主体部分的生产技术将达到经济发达国家现在（即70年代末、80年代初）的水平，有些领域将接近本世纪末国际水平，整个国民经济将成为一个用现代科学技术装备起来的门类齐全的独立完整的体系。到那时，国民收入总额和主要工农业产品产量将居于世界前列。能源总产量大约可达到12亿吨标准煤，钢产量大约可达到7000万吨，发电设备大约可达到2000万千瓦，粮食大约可达到9000多亿斤，棉纱大约可达到3000多万件，化学纤维大约可达到250万吨，其他各种产品也都会有一倍到数倍不同程度的增长。在此基础上，人均国民收入可达800美元，全国人民的生活将达到小康水平。

这是一个宏伟的战略目标。要实现这个目标，工农业总产值年平均增

* 本文是《北京周报》于1982年下半年邀请部分经济理论工作者，就“中国现代化问题”所撰写的系列报导之一，在该报英文版1983年上半年刊出。之后，该报和中国展望出版社相继汇集成英文和中文论文集出版。此文原载《中国现代化的几个问题》，中国展望出版社1983年版，第19—28页。

长速度需要达到7.2%。有一些同志怕再犯“大跃进”“高指标”的错误，担心不能实现。我们说，只要全党全国团结一致，认真贯彻党的十二大制定的经济纲领，就一定能够实现。因为，这个纲领所提出的这个战略目标，不是凭空想象出来的，而是有科学依据的。下面就来谈谈实现这个战略目标的科学依据。

一、历史的事实

新中国成立三十多年来，工农业总产值年增长7.2%的速度，并不算高。即使把新中国成立头三年恢复时期增长特别快的情况除外也不算高。

工农业总产值年增长速度达到和超过7.2%的年份

年份	1950	1951	1952	1953	1954	1956	1957	1958	1959	1963	1964
比上年增长%	23.4	19.0	20.9	14.4	9.5	16.5	7.9	32.2	19.5	9.5	17.5

年份	1965	1966	1969	1970	1971	1973	1975	1977	1978	1979	1980
比上年增长%	20.4	17.3	23.8	25.7	12.2	9.2	11.9	10.7	12.3	8.5	7.2

工农业总产值年增长速度低于7.2%的年份

年份	1955	1960	1961	1962	1967	1968	1972	1974	1976	1981
比上年增长%	6.6	5.4	−30.9	−10.1	−9.6	−4.2	4.5	1.4	1.7	4.5

这三十二年，我国工农业总产值平均每年递增9.2%，即使不算恢复时期三年，平均每年递增仍为8.1%。如果以二十年为期，从1953年到1972年平均每年递增8.4%，从1658年到1977年平均每年递增7.4%。值得注意的是，在这三十二年的历史过程中，只要是在正常的情况下，年增长速度都达到或大大超过7.2%，而达不到7.2%的年份，都是在“左”的思想指导下，搞“高指标”造成的。一是“大跃进”期间的“高指标”，导致了1960年到1962年的增长速度陡降。一是十年动乱期间的“高指标”，导致了1968年至1976年之间的几年大幅度下降。即使遭受这样的挫折，它们前后二十年间平均增长速度仍在7.2%以上。如果说，在“六五”和“七五”期间还不能以较高的速度增长，那也是长期以来，特别是1978年前的“左”的错误所导致的结果。正因为我们吃了“高指标”的大苦头，吸取了深刻的教训，所以，预计今后二十年平均增长7.2%，仅是历史上正常年份完全能够达到的速度。这是实事求是的，留有余地的。1981年和1982年这两年的事实也说明了这一问题：确定的指标是“保四争五”，实践的结果都超过了5%。因此，二十年翻两番的增长速度和过去那种“高指标”是根本不同的，不能简单地相提并论。

二、国外的先例

从世界上一些国家所走过的历史过程看，在二十年左右，国内生产总值翻两番，或者平均每年增长7%以上，是有先例的。

苏联社会产品总产值从1956年到1975年二十年间翻了两番，实际平均每年增长率（扣除通货膨胀）为7.5%。日本的增长速度是比较快的，从1952年到1978年国内生产总值翻了五番。如果按翻两番时间计算，从1952年到1964年、从1964年到1973年，都只用了十年左右的时间，年平均增长速度为 13.7% 至 20.1%。西德从 1950 年到 1980 年也翻了五番。如果按翻两番的时间计算，从 1950 年到 1963 年、从 1971 年到 1980 年也都只用了十年左右的时间，年平均增长速度为 11.5% 至 15.9%。可见，二十年左右翻两番在国际上并不是罕见的现象，不仅发达国家做到了，不发达国家的印度、马来西亚、泰国、新加坡、象牙海岸、巴西等国也已经做到了。

国别	社会产品总产值或国内生产总值增长情况	时间	经过年限	增长倍数	年平均增长速度
苏联	从 1530 亿美元增加到 8660 亿美元	1956—1975 年	20	翻两番	9%
美国	从 2871 亿美元增加到 16781 亿美元	1950—1976 年	26	翻两番	7%
日本	从 173 亿美元增加到 9739 亿美元	1952—1978 年	26	翻五番	
日本		1952—1964 年	12	翻两番	13.7%
日本		1964—1973 年	9	翻两番	20.1%
西德	从 233 亿美元增加到 8191 亿美元	1950—1980 年	30	翻五番	
西德		1950—1963 年	13	翻两番	11.5%
西德		1971—1980 年	9	翻两番	15.9%
罗马尼亚		1960—1980 年	20	翻两番	8.9%
印度		1960—1978 年	18	翻两番	7.6%
马来西亚、泰国、新加坡、象牙海岸、巴西		1960—1980 年	20	翻两番	7.1%—9.1%

三、物质的基础

中国经过三十多年的经济建设，已建立起比较坚实的物质基础。工业门类已比较齐全，各个产业部门都具有相当规模。现在，有工业、交通企业近40万个，固定资产和流动资金8000多亿元，一些主要产品产量可以同一些经济发达国家60年代水平相此。

国别 \ 主要产品年产量	电力（亿度）	粗钢（万吨）	煤炭（亿吨）	石油（万吨）
中国（1980年）	3006	3712	6.20	10595
苏联（1961年）	3276	7076	5.06	16607
日本（1961年）	1320	2827	0.59	66
西德（1961年）	1246	3346	2.40	620

这个比较说明，中国今后二十年起点的物质基础，同苏联、日本从50年代到70年代翻两番初期的物质基础不相上下。

当然，经济的增长，不完全取决于现有的物质基础，固定资产投资可能增加的数量和效果，也是一个重要因素。中国今后二十年，每年的积累率要比过去低一些，但大体可以平均保持在30%以内。并且，随着对外经济交流的扩大，利用外资的规模也必将逐步增加。这样，国家用于固定资产的投资额，基本上可以适应能源、交通等重点建设和整个国营工业扩大再生产的需要。除国家的投资外，不用国家投资的集体所有制的工业和农业，都有相当规模的积累，在今后随着多种经济形式的发展，集体所有制固定资产投资的规模也将不断扩大。初步预测，集体所有制工业的产值占工业总产值的比重，将由目前的21.3%上升到2000年的30%左右。这样计算下来，今后二十年，工农业总产值翻两番所需要的固定资产投资，基本上是能够取得的。

四、技术的进步和经济效益的提高

近几年来，生产、建设、流通领域的经济效益虽有提高，但许多指标仍未达到历史最好水平，和世界上经济发达的国家相比，差距更大。这说明，中国经济的发展，还存在着很大的潜力。以近几年能源的利用效率为例：

项目＼国别	中国	日本	美国	英国
总的能源利用效率	30	57	51	40
每亿美元国民收入所消耗的标准煤（万吨）	32.5	5.5	13.1	3.1

我国能源利用效率大约比经济发达国家低2/5，每亿美元国民收入所消耗的标准煤大约高1—10倍。经济效益不高的原因是多方面的，包括有某些不可比的因素，但生产技术落后则是一个重要原因。在机器设备方面，中国目前的状况是：有30%到35%为60年代到70年代的水平，有60%以上还是40年代到50年代的水平。就是说，有一半以上的固定资产亟待更新。按照一般规律，固定资产的大规模更新，就是经济高涨的起点。中国的工业正进入一个固定资产大规模更新、科学技术大发展的新阶段。从现在起，将用十年左右的时间，有重点有步骤地对老企业进行技术改造，从而把国民经济逐渐转移到新的技术基础上来。这样，用同等数量的钢、煤、油、木材、棉纱等初级产品，就能够使工业总产值得到成倍的增长，使经济效益逐步达到较好的水平。再以能源利用效率为例，按发达国家的惯例，国民生产总值每增长1%，能源约需增长1.2%。而在中国，由于过去的能源利用率太低，上述的比例关系就不适用了。今后二十年，即使按比较保守的估计，使工业产品的单位能耗低一半，也是完全可能的。这样，工业总产值每增长1%，能源消耗只需增长0.5%。到本世纪末，中国能源总量只要增加一倍，即达到12亿吨标准煤，就能够满足创造28000亿产值的生产需要。同经济发达的国家比较，即使工业产品单位能耗降低一半，也只是达到它们现在能源利用率的最低水平，这不能说是难以达到的。

五、农业的振兴和经济的全面高潮

近四年来，由于正确执行了一系列农村政策，实行了以包产到户、包干到户为主要形式的联产计酬生产责任制，极大地调动了广大农村干部和社员的生产积极性，农业发展方兴未艾。

比上年增长 % / 年份 / 项目	1978	1979	1980	1981
农业总产值	9.0	8.6	2.7	5.7
其中：林、牧、副、渔业产值	8.0	11.5	10.5	6.3

从1977年至1981年农业总产值平均每年递增6.5%，其中林、牧、副、渔业产值平均每年递增9.1%。这种发展趋势，预示着两个前景：一个前景是，农业总产值的增长快于粮食、棉花等主要农产品产量的增长。这是合乎农业发展的一般规律的。中国从1953年到1980年，粮食和棉花产量平均每年递增2.4%和1.8%，而农业总产值平均每年递增3.4%。今后二十年，我国粮食、棉花等主要农产品平均每年的增长速度可能比过去略低一些，但由于多种经营的迅速发展，林、牧、副、渔业产值将会大幅度增加，因而农业总产值的增长速度有可能更快一些。初步预测，林、牧、副、渔业产值占农业总产值的此重将由1980年的35.7%提高到2000年的50%左右。在这种发展趋势下，农业总产值的增长速度，平均每年将可能达到5%—5.5%。

第二个前景是，我国农业的迅速增长，必将促进工业和整个国民经济以较快的速度增长。这也是被历史经验证明了的。从1952年至1956年，农业总产值平均增长4.5%，同期工业总产值平均增长18%，工农业总产值平均增长10.9%。从1963年至1965年，农业总产值平均增长11.1%，同期工业总产值平均增长17.9%，工农业总产值平均增长15.7%。而在其他时期，由于农业生产下降或增长缓慢，工业和整个国民经济的增长速度一般也呈现下降或增长缓慢状态。根据现在农业振兴的势头，如果今后二十年，农业总产值能够保持平均每年以5%—5.5%的速度增长，那么，在粮食、原料、资金、农村市场等方面，就能够有效地支持工业发展的需要。在这种形势下，再加上工业企业技术改造的逐步实现，经营管理的逐步提高，预计工业总产值就有可能翻两番多，即平均每年递增7.5%—8%。这样，整个工农业总产值平均每年的增长速度也就有可能达到7.2%。

综上所述，设想把工农业总产值由1980年的7100亿元增加到2000年的28000亿元左右，平均每年增长7.2%，是有一系列经济技术条件为依据的，是实事求是的。所以说，只要全国人民坚持不懈地努力是能够实现的。

当然，二十年翻两番，也是一项艰巨的任务，并不是轻而易举的事。过去长期造成的产业结构、产品结构、企业组织结构以及经济管理体制不合理，需要花相当长的时间去进行调整和改革；能源和交通运输的紧张状况，在短期内不可能有根本的改变；重大科学技术的攻关，原有企业的技术改造，由于技术力量和资金不足，也不可能在短期内全面展开，只能有重点地进行；人才的培养、管理水平的提高，也需要有一个过程；经济效益的提高，也需要一定时间进行艰苦的努力。正因为也充分研究了这些比较薄弱的环节和困难的因素，所以在今后二十年的经济发展战略中，把农业、能源、交通、教育和科学作为发展的重点，并确定分两步走：前十年，主要是解决历史上遗留下来的问题，经济发展速度不可能很高，以便打好基础，积蓄力量，创造条件；后十年，就可以在前十年打好的基础上，进入一个新的经济振兴时期，使整个国民经济以较好的经济效益、较高的增长速度向前发展。这样，在前进的道路上，就可以充分利用有利条件，积极克服不利条件，并使不利条件转化为有利条件，从而保证翻两番的目标胜利实现。

走提高经济效益的路子 *

党的第十二次代表大会，为我国的经济和社会发展绘制出一幅宏伟的蓝图。这幅蓝图展现出这样一种美好的前景：从 1981 年到二十世纪末的二十年，全国工农业的年总产值翻两番，使人民物质文化生活达到小康水平。实现这个经济建设战略目标，必须走提高经济效益的路子。

中华人民共和国成立以来，我国社会主义经济建设成绩巨大，速度较快，经济效益起初也比较好。可是由于“左”的错误，在一个相当长的时期内，盲目地追求高指标、高积累、高速度，结果导致了国民经济比例严重失调，经济效益差，在经济上造成的损失和浪费是极其严重的。许多反映经济效益的重要指标，不仅同世界先进水平相比差距越拉越大，就是同我国“一五”时期相比也降低很多。历史经验告诉我们，经济效益差的高速度，是得不偿失的。如“二五”“三五”“四五”时期，在经济建设中不顾经济效益，单纯追求产量和产值的增长速度，损失和浪费了大量人力、物力、财力。反之，经济效益好的增长速度，才是实打实的速度，持续稳定增长的速度。“一五”和“三年调整”时期的速度，是从保持和恢复国民经济综合平衡、提高经济效益出发，结果社会财富增加了，人民也得到了

* 原载《人民日报》1982 年 10 月 12 日第 5 版。

实惠。因此，我们在社会主义经济建设中，必须把经济效益和增长速度统一起来，在提高经济效益的前提下加快速度，既要争取有较好的经济效益，又要争取有较快的增长速度，这样的路子才是正确的。

十一届三中全会以后，经过拨乱反正，国民经济的发展开始转向速度比较实在，经济效益比较好、人民可以得到更多实惠的新路子。这是一个重大的战略转变。近三年来，我国的农业经济效益有了显著提高，农业产值平均每年递增 4.1%，增长速度不仅超过前几年，而且也快于“一五”时期。同时在提高能源利用效果、调整和扭转亏损企业、加快流动资金周转、增加固定资产交付使用率等方面，也取得了初步成果。但是，长期形成的经济效益差的状况还没有根本好转，生产、建设、流通领域中的浪费现象还十分惊人，不少重要经济效益指标仍然低于历史上已经达到的最好纪录。这说明，我国经济发展的潜力还是很大的。现就近三年来和近三十年来全民所有制工业企业经济效益变化的对比情况，粗略地算几笔账。

每百元资金（固定资产净值加定额流动资金）实现的利润、税金，从 1979 年到 1981 年三年平均比 1976 年提高 26%，但仍比“一五”时期低 24%。如果提高到“一五”水平，一年就可以多提供利润和税收约 300 亿元。每百元生产性积累增加的国民收入，1979 年至 1981 年三年平均比“四五”时期提高 117%，但仍比“一五”时期低 24%。如果提高到“一五”水平，一年就可以多提供国民收入 100 多亿元。每百元产值占用的流动资金，1981 年比 1978 年减少 1.8 元，但仍比“一五”时期多占用资金 6%。如果流动资金占用额减少 1%，一年就可以节约资金 30 多亿元，如果提高到“一五”水平，一年可节省资金近 200 亿元。

上述情况表明，努力提高生产、建设、流通各个领域的经济效益，是争取实现财政经济状况根本好转、实现两个倍增目标的重要环节。要在二十年内使工农业年总产值翻两番，平均每年增长速度要达到 7.2%，并且是没有虚假成分的。这样的增长速度，在现有生产条件下，单靠每年新增生产能力所提供的资金和能源数量，显然是很不够的。这就必须从提高经济效益中要资金，要能源，要速度。

怎样才能沿着以提高经济效益为中心的轨道，保证实现宏伟的奋斗目标呢？各个领域、各个部门、各个单位的措施和办法很多，从长期的根本的方面来考虑，应当在坚决贯彻落实十二大精神的前提下，着重抓住以下几个环节。

要保证宏观决策正确，保证国民经济协调发展。周恩来同志曾经指出，计划所造成的节约是最大的节约，计划所造成的浪费是最大的浪费。要提高经济效益，首先要保证宏观决策符合客观实际，制订的长期、中期、年度等各种发展计划一定是积极可靠的。在正确的宏观决策的指导下，逐步实现经济结构合理化，真正把消费品生产放在重要地位，把生产资料生产转到为消费品生产、为全社会技术改造服务的轨道上来。要搞好国民经济的综合平衡，妥善地安排好社会再生产各个环节、各个部门的主要比例，使国民经济按比例协调地发展。

要改革经济管理体制，充分调动中央、地方、企业和劳动者的社会主义积极性。我国长期以来经济效益不高的另一个重要原因，是经济管理体制和分配体制有缺陷，不能充分调动各方面的积极性。近几年来，已在一些城市和一批企业进行了改革试点，取得了显著的成效。我们一定要按照党中央和国务院的战略部署，在巩固和完善已经实行的初步改革的基础上，经过充分准备，有计划有步骤地把改革推向前进。通过改革，逐步使经济管理体制合理化，使中央、地方、企业和劳动者都有应有的经济责任、经济权力、经济利益，充分发挥自己的创造性。

要积极发展科学技术，有重点有步骤地进行技术改造。我国实现四个现代化的关键是科学技术现代化。只有用现代化的技术装备把整个国民经济武装起来，才能大大地提高劳动生产率，提高经济效益，使我国社会经济面貌根本改观。因此，在实现四个现代化的过程中，一定要紧紧围绕着提高经济效益，有重点地对老企业进行设备更新和技术改造。在改造中要以节约能源、节约原材料为中心，不断降低消耗，提高产品质量，促进产品更新换代。

要有效地整顿企业，努力提高企业的经营管理水平。企业经营管理水平如何，是决定经济效益好坏的一个重要因素。因此，必须对企业分期分批地全面进行整顿。通过整顿，切实加强领导班子，并建立健全经济责任制，提高经营管理水平。

谈谈宏观经济管理中的十个主要关系 *

社会主义的宏观经济管理，是国家采用一定方式对社会再生产活动进行组织和调节，使其沿着社会主义的方向和良性循环的轨道不断向前发展。在宏观经济管理中，如何从实际出发，认真学习和运用马克思的社会再生产理论，正确地解决国民经济全局性的经济关系和经济活动，对于推动中国社会主义现代化经济建设的顺利进行，具有十分重要的意义。

马克思在《资本论》第二卷第三篇中，从宏观经济的角度，科学地分析了社会总产品实现过程中各方面的关系，深刻地揭示了社会再生产运动的规律。这些关系和运动规律的一般性，无疑在社会主义社会也是存在的。因而，马克思所阐明的社会再生产的基本原理，也是我们搞好宏观经济管理的科学指南。

中国共产党十一届三中全会后确定实行的调整、改革、整顿、提高的方针，是中国国民经济从不良循环走向良性循环的起点。怎样才能使中国国民经济按照八字方针的战略决策，尽快地走出一条符合中国国情的速度比较实在，经济效益比较好，人民可以得到更多实惠的新路子呢？就宏观经济管理来看，在正确处理社会再生产的主要经济关系和主要经济活动中，

---

* 原载《经济管理讲座选编》，求实出版社 1982 年版，第 49—68 页。

应当着重处理好以下十个关系。

一、社会生产和社会需要的关系

宏观经济管理的中心是如何使社会生产符合社会需要。从社会再生产两大部类的交换关系来看，如果把交换中介抽象掉，卖者一方都是商品生产者、供应者，买者一方都是商品消费者、需求者。因此，两大部类的实物替换和价值补偿的关系，归根到底是社会生产和社会需要的关系。

怎样才能使社会生产符合社会生产消费和生活消费的需要呢？关键是社会总劳动量能否按照合理比例在国民经济各部门进行分配。马克思说："要想得到和各种不同的需要量相适应的产品量，就要付出各种不同的和一定数量的社会总劳动量。"[①] 也就是说，分配给第一部类的劳动量所生产出来的产品量，恰好符合两大部类补偿和追加生产资料的需要量；分配给第二部类的劳动量所生产出来的产品量，恰好符合两大部类补偿和追加消费资料的需要量。这样，社会生产和社会需要的矛盾就能得到正确解决，国民经济就能在良性循环中不断发展。

在社会主义改造基本完成以后，中国所需要解决的主要矛盾，是人民日益增长的物质文化需要同落后的社会生产之间的矛盾。针对社会主要矛盾的转移，党和国家的工作重点也必须及时地转移到以经济建设为中心的社会主义现代化建设上来，大大发展社会生产力，并在这个基础上逐步改善人民的物质文化生活。

可是，长期以来，在"左"的思想指导下，错误地把阶级斗争仍然作为社会主义社会的主要矛盾，没有坚定不移地实现这个战略转移，因而给

① 《马克思恩格斯选集》第 4 卷，人民出版社 1972 年版，第 368 页。

国民经济的发展和人民生活的提高，都造成了严重的损失。为了彻底纠正这种错误，党的十一届三中全会依据国内主要矛盾已经转移的客观事实，果断地停止使用“以阶级斗争为纲”这个不适用于社会主义社会的口号，重新决定把工作重点转移到社会主义现代化建设上来，并且积极而又慎重地开始了经济结构的调整和经济管理体制的改革，从而开创了中国国民经济发展的一个新阶段。

二、生产资料生产和消费资料生产的关系

在宏观经济管理中，要建立合理的经济结构，实现合理的比例关系，一个重要的环节是安排好生产资料生产和消费资料生产两大部类之间的关系。这个关系，在简单再生产的条件下，表现为第一部类当年已消耗掉的消费资料价值加上剩余产品价值必须和第二部类当年已消耗掉的生产资料价值保持平衡，即 $\mathrm{I}(V+m)=\mathrm{II}C$。那么，在扩大再生产的条件下，两大部类之间是否也必须保持平衡呢？回答是肯定的，必须保持平衡。其平衡条件是，第一部类当年用于消费资料补偿和追加的价值必须和第二部类当年用于生产资料补偿和追加的价值相等，即 $\mathrm{I}(V+\frac{m}{Z}+\frac{m}{X})=\mathrm{II}(C+\frac{m}{y})$。① 也就是说，这个新的平衡必须以积累为前提，而且是以既要有生产资料积累，又要有消费资料积累为前提。

由此可见，在进行扩大再生产时，如果只重视生产资料的积累，忽视消费资料的积累，只强调 $\mathrm{I}(V+m)>\mathrm{II}C$，不注意 $\mathrm{I}(V+\frac{m}{Z}+\frac{m}{X})=\mathrm{II}(C+\frac{m}{y})$，这在理论上是违背马克思扩大再生产原理的，而且在实践上必然导致两大部

① $\frac{m}{y}$ 代表剩余产品价值用于生产资料的追加部分；$\frac{m}{Z}$ 代表剩余产品的价值用于消费资料的追加部分；$\frac{m}{X}$代表剩余产品的价值用于生活消费部分。

类比例关系失调。

两大部类之间的比例关系，具体到实际的国民经济生活中，基本上体现为农业、轻工业和重工业三个产业部门之间的比例关系。新中国建立以来，农、轻、重之间的关系，有过比较协调的时期，如第一个五年计划期间、三年调整期间。也有过极不协调的时期，如“大跃进”期间、“文化大革命”期间。造成农轻重之间比例关系不协调的根本原因，是片面强调发展重工业，盲目追求钢铁生产的高指标，忽视了消费品生产，放松了能源、交通等基础设施部门的建设。结果，经济结构畸形发展，国民经济陷入不良循环。

当前，我们在国民经济调整中，一定要根据马克思扩大再生产的原理，着重抓住生产资料生产和消费资料生产必须保持合理比例平衡这一重要环节。生产资料生产的扩大不能离开消费资料生产，同样，消费资料生产的扩大也不能离开生产资料生产。这两者是互为市场、互为条件、互相制约的关系。

但是，两大部类的平衡关系，以谁为出发点，这要取决于社会经济关系的性质和生产的目的。马克思在揭示资本主义扩大再生产运动规律时，是把第一部类作为建立平衡关系的出发点，这虽然是在假定的数字公式中假定的方法，却在某种程度上反映了资本主义“为生产而生产”的特点。列宁在《评经济浪漫主义》一文中指出：在资本主义制度下，“为了扩大生产（绝对意义上的‘积累’），必须首先生产生产资料，而要做到这一点，就必须扩大制造生产资料的社会生产部门，就必须把工人**吸收到那一部门中去**，这些工人也就**对消费品提出需求**。因而，‘消费’是跟着‘积累’或者跟着‘生产’而发展的”[①]。在社会主义制度下，社会生产的目的是满足人民日益增长的物质文化需要，实现这个目的的手段是在高度技术基础上

① 《列宁全集》第2卷，人民出版社1959年版，第125页。

使社会生产不断增长和不断完善。目的决定手段，手段服从于目的。因此，社会主义扩大再生产两大部类平衡关系的建立，应当从第二部类出发，第一部类要随着第二部类积累而积累，随着第二部类扩大而扩大。

三、积累和消费的关系

积累是扩大再生产的重要源泉和物质基础。恩格斯曾经把积累称作“社会的最重要的进步职能”①。我们要保证国民经济良性循环，就一定要正确认识积累的意义。既不能盲目地追求高积累，也不能贬低积累的重要作用。

为了进行扩大再生产，剩余产品必须分为两部分。这样，就产生了积累和消费的关系。怎样才能使积累和消费的比例关系安排得合理呢？主要的关键是：

（一）积累如何提取，并不取决于人们的主观愿望，而取决于客观的物质基础。

马克思说：“已经在一个国家执行职能的生产资本（包括并入生产资本的劳动力，即剩余产品的创造者）越多，劳动的生产力，从而生产资料生产迅速扩大的技术手段越发展，因而，剩余产品的量无论在价值方面或在价值借以体现的使用价值量方面越大”，那么，积累也就越大。②这说明，剩余产品多，在满足人们必要的生活消费之后剩余部分也多，积累占的比重才能大；反之亦然。我们在社会主义经济建设中，也必须按照剩余产品多少这个物质基础来恰当地确定积累率。剩余产品多，积累率可以高一些，

---

①《马克思恩格斯选集》第 3 卷，人民出版社 1972 年版，第 350 页。

②《马克思恩格斯全集》第 24 卷，人民出版社 1972 年版，第 560 页。

剩余产品少，积累率就应当低一些。要增加财政收入，增加积累，首先应当增加生产，提高经济效益。离开了客观的物质基础，人为地从分配上扩大积累的比重，势必挤了人民的消费，甚至挤了简单再生产，这样的积累越多，国民经济的比例关系破坏得也就越厉害。

（二）积累如何分配，不取决于人们的主观愿望，而取决于客观规律。

从马克思揭示的社会扩大再生产的规律来看，第一部类积累的分配，在价值上一定要符合本部类追加生产基金和追加消费基金之间的比例关系，在实物上一定要符合两大部类追加生产资料的比例关系；第二部类积累的分配，在价值上也一定要符合本部类追加生产基金和追加消费基金之间的比例关系，在实物上则一定要符合两大部类追加消费资料的比例关系。在社会主义经济建设中，我们应当按照两大部类这个平衡关系的要求，合理地安排经济发展中投资的方向和比例，既要注意基本建设的规模和国家财力物力相适应，又要注意“骨头”和“肉”相适应。积累的分配不合理，即使积累率正确，也会造成国民经济比例关系失调。

四、价值平衡和实物平衡的关系

两大部类的关系，积累和消费的关系，又统一地具体地表现为价值平衡、实物平衡、价值和实物之间的平衡关系。这是在宏观经济管理中，搞好综合平衡的主要环节。就扩大再生产的实现条件 $\text{I}(V+\frac{m}{Z}+\frac{m}{X})=\text{II}(C+\frac{m}{y})$ 的平衡关系来看，首先，它表现为第一部类用以补偿和追加的消费资料价值必须等于第二部类用以补偿和追加的生产资料价值。这是价值平衡。其次，它又表现为第一部类为第二部类提供的生产资料必须等于第二部类所需要补偿和追加的生产资料，第二部类为第一部类提供的消费资料必须等于第一部类所需要补偿和追加的消费资料。这是实物平衡。最后，它还表现为第一部类用于消费资料的购买力，必须等于第二部类为其提供的商品量；第二部类用于生产资料的购买力，必须等于第一部类为其提供的商品量。这是价值和实物之间的平衡。社会再生产的其他实现条件也同样体现了价值平衡、实物平衡以及价值和实物之间平衡的内在联系。

由此可见，两大部类之间的价值平衡、实物平衡、价值和实物之间的平衡，是社会再生产规律的根本要求，也是宏观经济综合平衡的主要环节。陈云同志提出的“四大平衡”的原则，正是体现了社会再生产所有实现条件的共同点，把握了综合平衡的关键之处。财政平衡，是体现在国家财政收支上的那一部分价值平衡，它是社会主义社会再生产价值运动的重心。信贷平衡，是体现在银行信贷收支上的那一部分价值平衡，它是国家财政平衡的重要补充。外汇平衡，是体现在进出口收支上的平衡，它是国内社会再生产价值平衡的延伸。物资平衡，是国家计划部门和商业物资部门所安排的生产资料和消费资料各自的供求平衡，它是社会主义社会再生产实物运动的主体。在“四大平衡”中，物资平衡是财政、信贷、外汇平衡的基础，财政、信贷、外汇平衡是物资平衡的反映。为了实现“四大平衡”，首先必须保证在价值形态上的积累基金和实物形态上的可供积累的物资相平衡。对此，陈云同志特别强调基本建设不能超过国家财力物力的可能。同时，必须保证在价值形态上的消费基金和实物形态上的消费品可供量相平衡。对此，陈云同志也特别强调市场商品可供量必须和社会购买力基本符合。实践证明，“四大平衡”的原则，是马克思的社会再生产原理在中国社会主义现代化经济建设中的具体运用，是完全正确的。

在当前国民经济进一步调整中，根据“四大平衡”的要求，应当着重抓好以下几个方面：第一，要在上一年财政收支基本平衡的基础上，采取各种增收节支的措施，努力发展生产，提高经济效益，以争取尽快地实现财政经济情况根本好转；第二，在努力发展生产中，一定要把消费品工业的发展放到重要地位，这不仅有利于市场商品可供量和社会购买力逐步趋于平衡，而且有利于两大部类的发展逐步趋于协调；第三，从我国有十亿人口、八亿农民的国情出发，既要保证能吃饭，又要保证能建设。饭不能吃得太差，也不能吃得太好。这就需要十分注意人民生活改善的步伐必须同生产发展的步伐相适应，同劳动生产率提高的步伐相适应。

五、简单再生产和扩大再生产的关系

在宏观经济管理中，原有生产和基本建设的关系处理得不好，也会导致国民经济比例失调。如何处理原有生产和基本建设的关系，实质上也就是如何处理简单再生产和扩大再生产的关系。

马克思指出："简单再生产总是积累的一部分，所以，可以就简单再生产本身进行考察，它是积累的一个现实因素。"[①] 并且还指出："扩大再生产的物质基础是在简单再生产内部生产出来的。"[②] 马克思的这些论断，清楚地说明了简单再生产和扩大再生产的关系。具体来说：第一，在扩大再生产总体中，简单再生产总是最大最重要的一部分，因而原有生产的状况如何，直接影响扩大再生产的安排和实现；第二，扩大再生产所需要的追加生产资料和追加消费资料，都是从原有生产所创造的剩余产品中提取的，没有这些物质基础，扩大再生产就难以进行；第三，生产规模和生产能力的增加，往往是由于原有设备的更新改造而引起的，在老企业的不断更新改造中，必然程度不同地伴随着生产的不断扩大；第四，扩大再生产的平衡关系 $\text{I}(V+\frac{m}{Z}+\frac{m}{X})=\text{II}(C+\frac{m}{y})$，是在简单再生产的平衡关系 $\text{I}(V+m)=\text{II}C$ 的基础上建立起来的，它们实现的基本条件都是要求第一部类所需要的消费

① 《马克思恩格斯全集》第 24 卷，人民出版社 1972 年版，第 438 页。
② 《马克思恩格斯全集》第 24 卷，人民出版社 1972 年版，第 560 页。

资料的价值必须和第二部类所需要的生产资料的价值相平衡。总起来说，简单再生产是扩大再生产的基础和出发点。如果简单再生产遭到破坏，扩大再生产也必然遭到破坏。

因此，我们在安排国民经济计划和进行经济建设时，必须坚持“先补偿、后追加”“先生产、后基建”的原则，首先满足现有企业生产发展对人力、物力、财力的需要，充分发挥它们的生产能力，在这个基础上再确定新建扩建的规模和速度。这是使中国国民经济走投资不多、收效较大的新路子的一个重要内容。

六、外延扩大再生产和内涵扩大再生产的关系

在宏观经济管理中，如何处理外延扩大再生产和内涵扩大再生产的关系，是关系中国国民经济走什么路子的又一个重要问题。所谓外延扩大再生产，是指生产技术没变，只是依靠增加生产资料和劳动力的数量来扩大生产规模，也可以说是“粗放的”扩大再生产。所谓内涵扩大再生产，是指在技术进步的基础上，通过对生产资料和劳动力使用效率的提高来扩大生产规模，也可以说是“集约的”扩大再生产。这两种扩大再生产，在现实经济生活中往往是交织、结合在一起进行的。外延中带有内涵的因素，内涵中也带有外延的因素。这就需要分析和确定在什么时期、什么情况下，以哪种扩大再生产为主适宜。

从扩大再生产发展的历史过程来看，在社会生产力水平还比较低，在机器劳动代替手工劳动的初期机械化时期，社会扩大再生产主要是外延型的；在社会生产力水平比较高，生产技术的发展进入高效率机器体系代替低效率机器体系的全面机械化、自动化阶段，社会扩大再生产主要是内涵型的。在中国社会主义建设初期，为建立工业现代化的基础，用于工业建

设的投资大一些，新建项目多一些，无疑是对的。当中国现代化工业体系和国民经济体系已初步建立起来，工业固定资产和技术队伍都有了一定基础时，就必须从外延型为主向内涵型为主过渡，这是社会生产发展的必然趋势。

再从扩大再生产两种类型的具体表现形式来看，一般情况是，外延扩大再生产主要表现在新建企业和扩建企业上，内涵扩大再生产主要表现在老企业的更新改造上。两者相比，扩大同样的生产能力，前者花钱较多，效益较低，后者花钱较少，效益较高。总之，无论是社会生产发展的历史趋势，还是经济效益提高的比较，都说明在中国当前社会主义现代化经济建设中，必须走以内涵扩大再生产为主的道路。

走以内涵扩大再生产为主的道路，并不是完全不进行外延扩大再生产。合理的外延扩大再生产还是需要的。因此，在处理外延扩大再生产和内涵扩大再生产的关系时，应当注意防止两种偏向：一种偏向是，一说扩大再生产，就是增人、增设备、增投资，好像除了上新项目，铺新摊子之外，就没有其他的途径；另一种偏向是，一听以内涵为主，就不管中国人口多、底子薄的特点，该合理发展的外延扩大再生产也不去发展。我们应当把生产技术发展的趋势和中国的实际情况结合起来，既要坚持以内涵扩大再生产为主，同时又不忽视必要的合理的外延扩大再生产。

不仅如此，对“外延”和“内涵”也要作具体分析。外延扩大再生产的具体形式基本上也可以分为两种：一种是在生产技术不变的前提下，主要依靠增加生产资料来扩大生产规模，即多用物化劳动，少用活劳动；另一种是在生产技术不变的前提下，主要依靠增加人力来扩大生产规模，即少用物化劳动，多用活劳动。我们在进行必要的合理的外延扩大再生产时，有些适于前者，有些适于后者，并且要尽可能地多发展那些劳动密集型的建设项目。内涵扩大再生产的具体形式基本上也可以分为两种：一种是不用积累或少用积累，主要依靠技术改造来提高现有企业生产能力；另一种是使用大量积累，采用世界上最先进的技术装备，大幅度地提高劳动生产率。在中国当前条件下，主要是前者而不应是后者。

七、比例和速度的关系

在宏观经济管理中，必须把速度和比例统一起来，争取以最优比例取得最优速度。从马克思分析扩大再生产实现条件的数字公式来看，除第一年外，两大部类的产品生产和社会总产品生产的逐年增长速度是一样的。因为在原有生产的基础上提取和分配积累的比例是一样的。这说明，在外延扩大再生产中，一定的增长速度，是一定比例关系的必然结果。两大部类的比例关系不变，增长速度也不变。由此可见，制约扩大再生产增长速度的最基本因素，一个是积累，一个是两大部类的比例关系。在积累一定的条件下，保持两大部类最优的比例关系就能取得最优的增长速度。

从马克思分析扩大再生产实现条件的数字公式还可以看到，除第一年外，两大部类逐年增长的速度是平行的。因为技术进步的因素被抽象掉了。列宁正是把这个因素引入了马克思扩大再生产的公式，得出了“生产资料的生产比消费资料的生产增长得更快”[①]的结论，这就是通常所说的生产资料生产优先增长的规律。在中国社会主义经济建设中，由于受“左”的思想影响，对生产资料生产优先增长的规律作了片面的理解和运用，一味强调优先发展重工业，一味强调“以钢为纲”，致使国民经济发展遭受了严重损失。这能不能说这个规律就不存在，或者在社会主义经济中不存在呢？不能。特定的经济规律总是和特定的经济条件相联系。只要技术不断进步，只要资金有机构成不断提高，只要在消耗的总劳动中，物化劳动的消耗相对

① 《列宁全集》第1卷，人民出版社1959年版，第72页。

不断增多，活劳动的消耗相对不断减少，为了保持两大部类合理比例的平衡，在其他条件不变时，对生产资料的需要相对地就比对消费资料的需要增加得快一些。就这个意义来说，它是一个规律，并且在社会主义经济中也是存在和发生作用的。规律总是体现客观事物的一种内在联系，表现了事物发展的一种历史趋势。它的存在和发展，不仅受特定的条件所制约，而且也受其他条件的影响。如果在国民经济发展中，两大部类的比例关系因消费资料发展缓慢而遭到破坏，或者在消耗的总劳动中物化劳动的节约超过活劳动的节约，为了恢复和保持两大部类合理比例的平衡关系，客观上也要求在一定时期消费资料生产的增长比生产资料生产的增长快一些。但是，只要技术进步的历史趋势不变，生产资料生产优先增长的历史趋势也不会改变。

在当前国民经济进一步调整中，为了改变重工业发展超过农业、轻工业所能负担程度的状况，对不符合综合平衡的重工业关停并转一些，同时对长期落后的农业和轻工业给予优先发展，并使轻工业的增长速度在一个时期超过重工业的增长速度，轻工业占工业总产值的比重有所上升，这是完全正确的。不这样，严重失调的比例关系不能调整过来。但是，重工业增长速度的下降不能低于国民经济发展的需要，否则，也会造成新的比例失调。因此，我们在调整期间，既要大力发展消费品工业，又要使重工业保持一定的发展速度。经过调整，两大部类的比例关系协调了，整个国民经济技术改造的步伐加快了，生产资料生产优先增长规律也必然更加充分地发挥作用。

八、经济结构和经济效益的关系

经济结构和宏观经济效益的关系，也就是社会再生产的结构和投入产出的关系。社会再生产的结构则是生产、分配、交换、消费四个环节各自的和相互的构成。它既包括生产力的因素，又包括生产关系的因素，既有量的比例，又有质的规定。在扩大再生产条件下，按照积累和消费一定比例重新组合的两大部类各个部分的构成合理，社会总产品才能顺利实现，宏观经济效益才能不断提高。因此，建立合理的经济结构，是保证宏观经济活动以尽可能少的投入取得尽可能多的产出的重要前提。

长期以来，中国的经济结构很不合理。主要表现在：重工业畸重，农业、轻工业畸轻；冶金、机械工业畸长，能源、交通运输事业畸短；初级产品、中间产品畸多，最终消费品畸少。这种畸形化的经济结构，是中国国民经济陷入不良循环的一个主要原因。针对这种情况，我们在调整经济结构中，必须把消费品生产的发展放在重要地位，使重工业转到为农业、轻工业服务、为国民经济技术改造服务的轨道上来，并着重发展能源、交通等基础设施工业部门。

把消费品工业，扩大一点说，把消费品生产的发展放到重要地位，是促使当前中国经济结构合理化的关键。要大力发展消费品生产，首先要求尽快地发展农业，并在农业内部合理地开展以粮食生产为中心的多种经营。其次，要求在一定时期优先发展轻纺工业，并通过对轻纺工业的改组，建立起合理的技术结构、产品结构和组织结构。最后，也要求重工业生产提供出日益增多的群众欢迎的耐用消费品。

随着消费品生产的大力发展，也必然要求机械、电力、化工、冶金、建筑材料等部门相应地发展，以便能够提供更多更好的新的技术设备和各种原材料，同时也必然促使能源、交通运输等这些突出短线的生产部门，赶快地发展起来。这样，就会使重工业逐步转到为农业、轻工业服务、为国民经济技术改造服务的轨道上来，使社会经济结构逐步合理化。

在当前国民经济技术改造中，应把对老企业的技术改造作为重点。建国已经三十二年了，不算中华人民共和国成立前遗留下来的工业设备，就是中华人民共和国成立后新建的工矿交通企业，许多机器、厂房都到了更新改造时期，有些早就超过了折旧年限。如果不再有计划地采用新技术，更换新设备，那就还是老牛拉破车，越拉越慢，整个国民经济都会被拉垮。所以，对现有企业进行技术改造，势在必行。

尤其值得注意的是，轻纺工业的技术设备的老化更为严重。据调查，在全国轻工系统二千多种设备中，有五六百种需要淘汰。同时，能源和交通的技术改造也很迫切。在现代化经济建设中，能源、交通上不去，其他生产部门也很难上去。因此，在对老企业进行技术改造中，又应把对轻纺工业技术设备的更新改造，把对能源、交通技术设备的更新改造，放在优先的地位。

经济结构合理了，技术改造有重点有步骤地实现了，在社会主义扩大再生产中，就必然会投入少，产出多，整个宏观经济效果就会不断提高。

九、宏观经济和微观经济的关系

把宏观经济活动和微观经济活动有机地结合起来，是社会主义经济管理体制建立和改革的主要方向。中国共产党的十一届三中全会公报指出："现在我国经济管理体制的一个严重缺点是权力过于集中，应该有领导地大胆下放，让地方和工农业企业在国家统一计划的指导下有更多的经营管理自主权。"这个决定是完全符合中国社会主义经济发展要求的。

社会主义经济是以生产资料公有制为基础的有计划的商品经济。为了有计划地发展国民经济，如何处理中央集权和地方分权的关系，是经济管理的一项主要内容。必须明确：一方面，地方没有单独的所有制，也不允许搞地方所有制。地方的经济权利，是国家经济权利的一部分，它代表国家在地方贯彻执行中央统一的决策，统一的计划；另一方面，地方机构也是本地区经济利益的代表者，应具有对本地区经济的直接管理权，对地方国营经济还应有较大的决策权。基于这种情况，在保证中央集中统一决策和领导的前提下，多给地方一些管理权限，兼顾中央和地方两方面的利益，发挥两个积极性，既能使微观经济活起来，又能使宏观经济活起来。

社会主义经济既是有计划的经济，又是商品经济，是发展商品生产和商品交换的有计划经济。这决定了国营企业都是相对独立的社会主义经济单位，必须拥有相应的经济权利、经济责任和经济利益。这是微观经济活动的内在动力。在生物体中，细胞有活力，生物体才会有旺盛的生命力。同样，企业有了自己应有的自主权，才能充分发挥积极性。所以，扩大企业自主权，是经济管理体制改革的重要一环。企业应当拥有哪些自主权呢？主要是生产计划权、独立核算权、企业自有资金支配权、物资采购权、产品销售权、利润分成权、劳动调配权等。企业有了这些权利，才能作为一个相对独立的社会主义经济单位，按照国家计划的要求和市场的需要，组织资金循环、生产循环、商品循环，并使这三个循环统一起来，从而促使微观经济活动顺利进行，经济效益不断提高。

发挥地方和企业的积极性，实际上是为了更好地发挥劳动者个人的积极性。扩大企业自主权，归根到底是扩大劳动者管理企业的权利。劳动人民是社会主义国家的主人。民主管理是社会主义经济体制的根本原则。为了加强企业的民主管理，应当逐步实行党委领导下的职工代表大会制和党委领导下的厂长负责制。同时，在党委的领导和厂长的指挥下，实行各种形式的经济责任制，使每个职工的权、责、利都很好地结合起来，这才真正能激发广大职工的革命干劲，振奋革命精神，有力地推动社会主义建设事业迅速地向前发展。

社会主义经济是一个有机的统一整体，全国人民的根本利益也是一个统一的整体。这就要求微观经济活动必须在宏观经济活动的指导下进行，个人、企业、地方的利益必须服从国家整体的利益。不这样，社会主义事业就没有保证。因此，企业和地方的生产活动，首先要保证国家合理分配任务的实现；企业和地方的市场活动，一定要服从国家计划的指导；企业和地方的利润分配，应当把国家利益放在第一位，在此前提下兼顾国家、集体和个人的利益。遵循这些原则才能保证微观经济活动和宏观经济活动协调一致，才能充分发挥中央、地方、企业、劳动者个人各方面的积极性。

十、生产和流通的关系

宏观经济的管理，总起来看，也是如何搞活国民经济流通的问题。社会再生产本身就是广义的流通，是直接生产过程和流通过程的统一。在这个总流通过程中，生产起着决定作用，流通反过来在片面形式上又决定生产。流通中断，社会再生产也必然中断。由此可见，社会主义经济管理体制的建立，必须符合社会主义商品总流通的规律，充分发挥生产和流通的相互促进作用。可是，中国现行经济管理体制，既束缚了生产的发展，也束缚了流通的发展。这就要求，在改革生产管理体制的同时，必须改革流通管理体制。

要改革流通管理体制，首先必须在国家计划指导下，充分发挥市场调节的补充作用。市场是商品交换的场所。生产能否符合需要，能否继续发展，关键看生产的产品能否在市场上卖出去。如果市场销售很快，盈利增多，反过来就会促使生产迅速地发展；如果市场销售呆滞，盈利减少，甚至亏损，反过来就会限制生产的发展。市场的这种调节作用，归根到底是价值规律的作用。在生产资料公有制的基础上，价值规律是在社会主义基本经济规律的制约下和国民经济有计划按比例发展规律结合发生作用的。因而，发挥市场的调节作用，只能按照社会主义生产目的的要求，在国家计划指导下进行。

要改革流通管理体制，还必须把少渠道、多环节、封闭式的商品流通体系，改为多渠道、少环节、开放式的商品流通体系。在传统经济管理体制下，生产资料基本被排除在商品之外，其他商品的流通，绝大部分是由国营商业一家统购包销，层层设站，流通堵塞，产销经常脱节，同时还受地方所有制和部门所有制的封锁，人为地割断了商品流通的自然联系。要进行改革：第一，应当承认生产资料和消费资料都是商品，都要按照社会主义商品经济的原则组织流通。生产资料进入市场，可根据当前国计民生的需要，分别采用国家统购统销、商业部门和消费单位订货，自由买卖等各种形式。第二，在公有制占绝对优势、多种经济成分并存的条件下，应当开辟国营商业、供销合作社、农村集市贸易多种流通渠道，建立贸易中心、贸易货栈、展销门市部等多种交易场所，以减少环节，打破行政部门和行政区划的界限，使产需直接见面。各种流通形式，都要按照社会主义原则办事，绝不允许用非法手段扰乱社会主义的商品流通。

要改革流通管理体制，还必须相应地改革价格体制。现行价格体制不合理，严重地影响商品生产和商品流通的发展。但在当前情况下，价格不宜大调。从长远来看，应根据现阶段社会主义经济的特点，实行国家统一规定价格、浮动价格、自由价格三种价格结合的体制。这是发展在国家计划指导下发展商品生产，开展市场竞争，改进经营管理，提高经济效益所不可少的条件，也是建立合理的经济管理体制所不可少的条件。

综上所述，从全局上正确处理社会主义再生产各方面的关系，以最少的投入取得最大的产出，是宏观经济管理最基本的任务。为了更好地实现这个任务，我们必须在加强宏观经济管理的集中统一的前提下，充分发挥微观经济活动的主动性和积极性，以保证国民经济沿着良性循环的轨道持续稳定地向前发展。

试论生产资料生产和生活资料生产协调发展*

五届人大四次会议的政府工作报告阐述经济建设十大方针时指出："按照马克思主义的再生产理论，生产资料和生活资料两大部类之间的比例关系越是协调，交换和周转越快，整个经济的发展就会越迅速。保持两大部类的协调发展，是我国的长远方针。"这一方针的确立和认真贯彻，对于建立合理的经济结构，保证国民经济良性循环，具有十分重要的意义。

一、把消费品工业的发展放到重要地位

把消费品工业的发展，再扩大一点说，把消费品生产（即生活资料生产）放到什么地位，是关系到社会主义生产目的能否顺利实现，国民经济能否正常运转的一个重大战略问题。

国民经济中三个主要生产部门——农业、轻工业和重工业之间的关系，基本上反映了社会再生产两大部类之间的关系。只有建立和保持两大部类之间一定比例的平衡关系，社会生产才能周而复始地协调地通畅地运

* 原载《经济问题》1982 年第 6 期。

转。但是，两大部类的这种平衡关系，在不同的社会却有不同的表现形式。

资本主义是为了榨取剩余价值而生产，因而也必然是“为生产而生产”。在以生产资料公有制为基础的社会主义社会，生产的目的是满足人民日益增长的物质文化需要，而达到这一目的的手段是在高度技术基础上，使生产不断增长和不断完善。生产目的决定生产手段，生产手段服从生产目的，表现在社会再生产两大部类的平衡关系上，也必然要求以生活资料生产为出发点，生产资料生产要随着生活资料生产的积累而积累，随着生活资料生产的扩大而扩大。

由此可见，在我国社会主义经济建设中，把消费品生产放到重要地位上，不是由人们的主观愿望决定的，而是取决于社会再生产的内在联系和社会主义经济的实质。

三十多年来，我国农业和轻工业的发展缓慢，而重工业，特别是为新建项目服务的重工业的发展过快，因而，同满足国民经济发展和人民生活提高的需要很不适应。1978 年和 1949 年相比，重工业总产值增长了 90.6 倍，农业和轻工业的总产值，分别只增长了 2.4 倍和 19.8 倍。在工农业总产值中，1957 年，农业占 43.3%，轻工业占 31.2%，重工业占 25.5%；1978 年，农业所占比重下降到 27.8%，轻工业下降到 31.1%，重工业却上升到 41.1%。这种状况，虽然在党的十一届三中全会后，通过调整，有了一定的改变，但国民经济的不良循环还没有从根本上扭转过来。

怎样才能从根本上使国民经济从不良循环走上良性循环呢？首先必须使经济结构合理化。要使经济结构合理化，关键在于把消费品生产放在重要地位。消费品生产发展了，相应地就会要求机械、电力、化工、冶金等生产部门生产出更多更好的技术装备和原材料，要求能源、交通运输、建筑材料这些目前突出短线的生产部门赶快地发展起来。一句话，要求生产资料生产以合理的比例和速度相应地发展。这样，严重失调的国民经济各部门之间的内在联系就会逐步得到恢复，生产结构和消费结构就会更好地衔接起来，从而使整个国民经济结构逐步合理化。

还必须看到，随着经济结构的合理化和社会经济生活的逐步提高，在大力发展消费品生产中，工业消费品生产的发展，越来越居于重要的地位。这是因为：

第一，它是满足人民日益增长的物质文化需要的重要来源。据调查，在我们国家的消费总额中，以农产品为主的吃的部分，城市由1957年的58.4%下降到1980年的56%，乡村由1978年的67.7%下降到1979年的63.9%；以工业消费品为主的穿和用的部分，城市由1957年的23.6%上升到1980年的34.1%，乡村由1978年的19.3%上升到1979年的21.4%。为适应消费构成的这种变化，大力发展消费品工业势在必行。

第二，它是带动农业和重工业发展的重要环节。目前，我国轻纺工业的原料来自农业的占70%左右，来自重工业的占30%左右。今后随着生产建设现代化的发展，来自重工业的比重会有所增加，但来自农业的绝对量会增加得更快，品种会更多。同时，轻纺工业的设备更新改造，也必然对重工业生产提出很大的需求。这说明，大力发展轻纺工业，必将带动和促进农业、重工业的发展；农业、重工业的进一步发展，也要求轻纺工业有长足的发展。

第三，它是回笼货币和增加财政收入的重要渠道。1981年同1980年相比，轻纺工业总产值增长了12%以上，消费品零售额增长了11.5%。市场上各种日用工业消费品都有了大幅度增长，手表、自行车、缝纫机、电视机、洗衣机、电风扇等耐用工业消费品，随着生产的发展，有的增长了百分之几十，有的成倍增长。1981年上半年净回笼货币39.8亿元，比1980年同期增加了15.4亿元，创造了中华人民共和国成立以来最高纪录。这一年全年的货币净投放量比上一年减少了36%。轻纺工业的发展，不仅通过商业上缴利润的形式增加了财政收入，而且还通过直接上缴利润的形式增加财政收入。据统计，1952年到1979年，轻工业系统提供的利税占国家财政收入的 15.4%，相当于国家预算内基本建设投资总额的 44%。事实证明，消费品工业的发展，有利于繁荣市场，稳定经济，有利于国家财政经济情况的根本好转。

第四，它是提高经济效益的重要途径。消费品工业具有投资少、周转快、能耗低、利润高、就业广、外汇多的特点。根据我国二十多年实际的经济效益各种指标的平均计算，每一元投资取得的利税，重工业是 1.7 元，轻工业是 13 元，高 6.6 倍；投资回收年限，重工业为五年零七个月，轻工业为一年零十个月，快三年九个月；每万元产值能耗（折合标准煤），重工业是 13.8 吨，轻工业是 2.6 吨，节省 11.2 吨；每百元固定资产容纳的劳动力，重工业为 94 人，轻纺工业为 254 人；在出口工业品换汇总额中，重工业占 34.6%，轻工业占 65.4%。

当然，轻重工业在国民经济中的地位和作用，不能完全从经济效益一个方面来衡量。但从国民经济发展的全局出发，把消费品工业的发展放在重要地位，是一条速度比较实在、经济效益比较好、人民可以得到更多实惠的新路子。

二、摆正重工业发展的服务方向

重工业的发展，扩大一点说，生产资料生产发展的服务方向是什么？也是关系到经济结构是否合理，国民经济运转是否正常的一个重大的战略问题。

不可否认，生产资料生产也要为自身服务，如钢厂为机器制造厂提供各种钢材，机器制造厂为发电厂提供发电设备，发电厂为钢厂、机器制造厂提供电力，等等。马克思曾经这样指出："如果生产是社会公有的，而不是资本主义的，那末很明显，为了进行再生产，第 I 部类的这些产品同样会不断地再作为生产资料在这个部类的各个生产部门之间进行分配，一部分直接留在这些产品的生产部门，另一部分则转入其他生产场所，因此，在这个部类的不同生产场所之间发生一种不断往返的运动。”①

生产资料生产内部这种不断往返的运动，在某种程度上对消费品生产有“不依赖性”，但不能绝对化、片面化。长期以来，在我国社会主义经济建设中，把重工业优先发展绝对化，片面强调“以钢为纲”，实际上是以钢铁为中心来安排各项生产建设，结果是“一马当先”“万马落后”。重工业不仅没有很好地为农业、轻工业服务，反而在资金、原材料和能源等方面挤了农业和轻工业。

在当前国民经济调整中，一个重要任务就是彻底改变长期以来片面强调发展重工业，一些重工业过多地为自身服务的偏向，使其转向为农业和消费品工业服务的轨道上来，从而使生产资料生产发展的规模和速度同生活资料生产的发展规模和速度相适应。

重工业为农业和消费品工业服务，实质上是为这些生产部门的技术改造服务，为整个国民经济的技术改造服务。在当前来说，重点是为现有企业的技术改造服务。由此可见，实现重工业转轨，加强对现有企业的技术改造，对建立合理的经济结构、促使社会主义经济现代化、振兴我国经济来说，同样具有重大的现实意义。

中华人民共和国成立以来，虽然我国国民经济的物质技术基础已有了相当的规模和水平，但由于长期受“左”的思想影响，在生产建设中偏重于外延扩大再生产，忽视内涵扩大再生产，偏重于新建企业，忽视现有企业的技术改造。从全国现有机器设备的技术水平和运行状况来看，具有六十年代到七十年代水平的，大约占20%左右，它们是先进和比较先进的；具有五十年代到六十年代水平的，大约占20%到25%左右，技术虽然

① 《马克思恩格斯全集》第24卷，人民出版社1972年版，第473—474页。

已经落后，但陈旧程度还不算严重，设备基本完好，大体上还能够适应我国目前生产的技术要求。以上两部分合计占40%到45%。具有五十年代以前水平的占55%到60%。其中有20%到25%的设备已经老化，加工精度降低，能耗、物耗增高，亟待更新改造。还有35%左右的设备十分陈旧，只能勉强运转，早已是“超龄服役”，大部分需要报废。从轻纺工业来看，中华人民共和国成立前制造的棉纺设备仍占1/5以上，虽然不断改装，技术还是相当落后。这说明，对现有企业进行技术改造，是当前国民经济发展最迫切的任务。

我国现有企业的技术改造应当走什么路子呢？从我国的国情出发，应当走投资省、见效快、效益高的路子。我国是一个十亿人口八亿农民的不发达的社会主义国家。这是基本的国情。由此决定了在相当长的时期内，不能统统要求最新技术，片面追求自动化。必须立足于现有的人力、物力、财力和技术资源的条件，要紧紧围绕着如何有利于节约能源、节约原材料、降低消耗、降低生产成本；如何有利于改革产品结构，使产品升级换代，提高性能和质量；如何有利于综合利用资源、增加劳动就业等。总之，要紧紧围绕着提高经济效益这一目标，有重点有步骤地展开。当前的重点，是要把节能和开发能源的技术改造、把发展消费品工业的技术改造，放在优先的地位。所采用的技术，是要有最新技术，但大量的应当是在现有技术基础上逐步提高的改良技术。所提高的经济效益，既是本企业、本行业、本部门的效益，更重要的应当是国民经济发展的全局的效益。不这样做，我们的技术改造就会走弯路。

三、两大部类协调发展与生产资料生产优先增长

在社会主义社会再生产过程中，两大部类应以谁为出发点来建立一定

比例的平衡关系，和建立这种平衡关系要求谁优先增长，是两个问题，而不是一个问题，不能混为一谈。

马克思在《资本论》第二卷中，分析资本主义社会扩大再生产时，所建立两大部类平衡关系的数字公式，逐年的增长速度，除第一年外，都是平行的。为什么呢？列宁指出："这个公式未予注意的正是技术进步。"[①]

但这不是说，马克思忽视了技术进步，而是因为建立公式的主要任务在于揭示社会总产品是怎样实现的。列宁正是在马克思这个理论的基础上，进一步把对资本主义经济发展具有重要意义的技术进步引进到公式中，得出了"生产资料的生产比消费资料的生产增长得更快"[②]的结论。这个结论告诉我们，只要技术是在不断进步，有机构成是在不断提高，只要在消耗的总劳动中，物化劳动的份额相对地不断增多，活劳动的份额相对地不断减少，为了建立和保持两大部类之间的平衡关系，在其他条件不变时，对生产资料的需要相对地就比对生活资料的需要增长得快一些。就这个意义说，它是一个规律，并且在社会主义经济中也是存在和发生作用的。

历史的事实也是这样。由于两大部类是个抽象的理论概括，不可能有实际的精确的统计资料。但从工业总产值中重工业和轻工业增长速度的对比情况来分析，大体上也可以探讨出两大部类发展关系的基本趋势。在我国社会主义经济建设的历史过程中，"一五"时期，重工业的增长速度快于轻工业。五年中，重工业平均增长25.4%，轻工业平均增长12.9%，两个部门都是上升的，比较平稳。"二五"时期，重工业的增长速度虽然还是领先，但波动很大，最高达到78.8%，最低下降到负46.6%。轻工业增长速度最高是23.7%，最低是负21.6%。五年中，重工业平均增长6.6%，轻工业平均增长1.1%，两个部门同时下降时，相比之下，轻工业反而比

① 《列宁全集》第1卷，人民出版社1959年版，第69页。

② 《列宁全集》第1卷，人民出版社1959年版，第72页。

重工业的速度快一些。在1963年至1965年的三年调整时期，轻工业的增长速度是居于领先地位。三年中，轻工业平均增长21.2%，重工业平均增长14.9%。但逐年的对比也不一致，第一年仍然是重工业快于轻工业，为13.8比2.3，实际上只有两年轻工业增长速度快于重工业。从1966年“文化大革命”开始，到1978年党的十届三中全会召开，这十三年中，除有几年轻工业快于重工业外，总的又是重工业的增长速度领先。其中：“三五”时期，重工业平均增长14.7%，轻工业平均增长8.4%；“四五”时期，重工业平均增长10.2%，轻工业平均增长7.7%；粉碎“四人帮”后的三年，重工业平均增长10.1%，轻工业平均增长9.1%。但波动亦是很大，重工业有三年下降为负数（1967年、1968年、1975年），最低下降到负20%。轻工业有两年（1967年和1968年）也同时下降为负数，最低下降到负7.1%。从1979年起至1981年，即最近这三年又出现轻工业的增长速度领先。三年中，第一年轻工业增长9.6%，重工业增长7.7%；第二年，轻工业增长18.4%，重工业增长1.4%；第三年，轻工业增长12%多，重工业下降不到5%。并从去年九月开始重工业增长速度已逐月上升。

以上是我国三十年来轻重工业增长速度对比的初步分析。在这个分析中有两个问题：（1）轻工业生产消费品，但也生产生产资料，重工业生产生产资料，但也生产消费品，并且轻重工业的划分本身也不十分科学；（2）主要生产消费品的部门不只是轻工业，还有农业。社会生产部门，更不只是轻工业和重工业，除农业外，还有交通运输业、邮电业、商业、服务业等。因此，轻重工业增长速度的对比，不能等同于两大部类增长速度的对比。但是，在承认有这两个问题的前提下，根据重工业和轻工业产品最终用途的主要方面，再考虑到我国目前轻工业产品的价值和使用价值大部分转自农业，那么，轻重工业增长速度的对比，也能够从一个主要侧面反映出两大部类对比关系的发展趋势。

是什么样的趋势呢？第一，从我国有计划地进行社会主义建设起，尽管由于“左”的错误出现了很大曲折，受到重大损失，但国民经济的技术水平大大提高了。也就是说，三十年来，总的趋势是技术在不断进步，因而总的趋势也是以重工业为主的生产资料生产在优先增长。第二，生产资料生产优先增长有个合理的限度，即以一定比例的两大部类平衡关系为基础，破坏了两大部类一定比例的平衡关系，增长速度就会出现大起大伏。如“二五”时期和1966年至1978年时期。第三，恢复两大部类一定比例的平衡关系，必须自觉地（或被迫地）调整国民经济各部门，主要是农业、轻工业、重工业的比例关系和增长速度。在调整时期，把超负荷的重工业发展规模和速度，缩小和降低到合理限度是必要的，正确的。因而，在一定时期，轻工业的增长速度快于重工业，或者说生活资料生产的增长速度快于生产资料生产，这也是符合社会再生产两大部类平衡关系的要求的。第四，当两大部类一定比例的平衡关系得到恢复或基本恢复，随着国民经济技术改造的进一步开展，必然仍旧是生产资料的生产比生活资料的生产增长得更快。技术进步的历史趋势不变，生产资料生产优先增长的总趋势也不会改变。当然，由于技术进步的条件本身有了变化，也不排除会出现两大部类平行增长或有时生活资料的生产增长得快一些。但从全社会技术进步的总趋势来看，这种情况是一种例外，起码在今后的一个时期是一种例外。

生产资料生产优先增长为什么要有一个合理的限度？这是因为生产资料生产优先增长归根到底是为了满足生活资料生产增长的需要。只有在满足这种需要的条件下，才能保持两大部类协调发展。那么，什么是生产资料生产优先增长的合理限度呢？也就是说，两大部类增长速度的协调发展有没有一个数量界限？由于长期以来，国民经济的比例严重失调，增长速度大起大伏，要从我国实践中找到合乎规律性的数量界限，尚缺少可靠的资料。但是，理论上的数量界限是存在的。从马克思的再生产原理来看，这个界限就是：生产资料积累的数量，在价值上要恰好等于第一部类所必需的追加生产基金和追加消费基金之和，在使用价值上，要恰好等于两大部类所必需的追加生产资料之和；生活资料积累的数量，在价值上要恰好等于第二部类所必需的追加生产基金和追加消费基金之和，在使用价值上，要恰好等于两大部类所必需的追加生活资料之和。因此，在技术进步的条件下，生产资料生产优先增长，符合这些数量界限，就是合理的，破坏了这些数量界限，就是不合理的，必然破坏国民经济的顺利发展。

综上所述，我们在国民经济发展中，必须保持生产资料生产和生活资料生产协调发展。在协调发展中，既要求把消费品工业的发展放在重要地位，重工业要转向为农业和消费品工业服务、为国民经济技术改造服务的轨道，又要求在消费品生产发展的基础上，生产资料生产要随着技术进步而优先增长，同时也要求在一定时期一定条件下，生活资料的生产比生产资料的生产增长得更快一些。它们不是对立的，而是相辅相成的。两大部类协调发展是社会主义社会扩大再生产内在联系的体现，因而也是我国进行社会主义现代化经济建设一个具有重大意义的战略方针。

正确处理生产和生活关系的重要指导思想 *

——学习《邓小平文选》

正确处理发展生产和改善人民生活关系的问题，是从经济上实现拨乱反正伟大历史转变的重要内容之一，也是确定我国现代化经济建设正确道路战略决策的重要内容之一。邓小平同志从1978年到1982年，在一系列重要讲话、谈话中，对这个问题进行了科学的论述，为我们处理生产建设和人民生活的关系提出了正确的指导思想。现就我对《邓小平文选》有关论述的初步学习，谈几点肤浅的体会。

一、在不断发展生产的基础上不断改善人民生活

在社会主义制度中，不断发展生产和不断改善人民生活，是相互联系的、辩证统一的。邓小平同志1978年在中国工会第九次全国代表大会上的致词中，针对长期以来“左”的思想对改善人民生活重视不够的错误，明确地阐明了这一辩证统一的关系。他指出：我们应当“不断地扩大再生产，

* 原载《中州学刊》1983年第5期。

增加利润，同时不断地改善职工生活，从而确实保证国家利益、集体利益和个人利益的统一”[①]。这段话，深刻地阐明了社会主义生产的实质。

社会主义生产，是劳动者同生产资料直接相结合的生产。联合的劳动者共同占有生产资料，共同在国营和集体经济中进行劳动，共同分享劳动的成果。社会主义劳动者同生产资料结合的这种方式，决定了社会生产目的是不断满足人民日益增长的物质文化生活的需要。同时，也决定了实现这个目的的手段是在高度技术基础上使生产不断增长和不断完善。正是这一对矛盾的内在的本质联系，制约着社会经济生活的一切主要方面和一切主要过程。社会主义生产目的和生产手段辩证统一的这个本质特点，集中地反映了社会主义制度的优越性。正如邓小平同志指出的：“发挥社会主义的优越性，归根到底是要大幅度发展社会生产力，逐步改善、提高人民的物质生活和精神生活。”[②]

中华人民共和国成立以来，随着生产资料公有制的建立和国民经济有计划地发展，人民生活逐步得到了改善。如果不算恢复时期增长最快的三年，从 1953 年到 1981 年，工农业总产值每年平均增长 8.1%，全国农民消费水平每年平均提高 2.2%，职工（包括其他非农业居民）消费水平每年平均提高 3.1%。具体来说，反映了以下特点：

（一）人民生活水平的提高大体上是同生产的发展相一致的。“一五”时期和 1963—1965 年调整时期，对生产和生活的关系处理得比较好，工农业总产值分别每年平均增长 10.9% 和 15.7%，农民消费水平分别每年平均提高 3.2% 和 8.2%，职工消费水平分别每年平均提高 4.8% 和 12.3%；而在“大跃进”的“二五”时期和十年“文化大革命”时期，由于“重生产轻生活”的错误，农民和职工的消费水平都下降很多，或者只有少许提高，

① 《邓小平文选》第 2 卷，人民出版社 1994 年版，第 137 页。

② 《邓小平文选》第 2 卷，人民出版社 1994 年版，第 251 页。

工农业总产值也下降很大或是只有缓慢地增长。党的十一届三中全会以后，经过拨乱反正，在生产发展的基础上，城乡人民生活又有了明显的改善。1982 年与 1978 年相比，工农业总产值增长了 32.6%，农民平均纯收入增长了 102%，职工平均工资增长了 30%。以上情况，深刻地反映了社会主义生产目的和达到目的的手段之间相互促进、相互制约的关系。目的决定手段，同时要靠手段来实现；手段保证目的，同时必须服务于目的。因此，不能离开社会主义生产目的，片面地去发展生产，“跟满足社会需要脱节的生产是会衰退和灭亡的”（斯大林语）。但也不能离开发展生产而片面地去“改善”生活，与社会生产发展脱节的生活也是会衰退和灭亡的。

（二）个人收入的增加是和集体福利的增加相结合的。从 1952 年到 1981 年，全民所有制单位工资总额由 68 亿元增加到 660 亿元，职工平均工资由 446 元提高到 812 元。同一时期，全民所有制单位劳动福利费由 9.52 亿元增加到 132.4 亿元，相当于工资总额的比重由 14% 提高到 20%。此外，国家用于职工生活方面的集体福利，还有公费医疗、困难补助、退休金、抚恤金、价格补贴等等。目前仅农产品价格补贴和其他补贴每年就有 320 亿元，占财政支出的 1/3 以上。这个情况，一方面，体现了社会主义生产的发展和社会财富的增加，都是直接或间接地为人民谋福利。人民生活的改善，不仅是由于劳动者个人收入的增加，也还包括国家用于劳动者身上各种各样的集体福利的增加，而且后一部分在人民生活改善中占有相当大的比重；另一方面，也体现了人民生活的改善，不论是个人收入的增加，还是集体福利的增加，都离不开生产的发展和社会财富的增加。劳动者提供的劳动越多，创造的社会财富越多，在社会作了必要扣除后，按照劳动数量和质量分配给劳动者个人的劳动报酬也越多，同时在社会扣除部分中通过各种各样集体福利的形式返还给劳动者的部分也越多。没有生产发展和社会财富增加这个前提，劳动者个人收入和集体福利都难以提高，即使一时提得很高，也难以维持下去。

二、生产的扩大和人民生活的改善都一定要量力而行

社会主义国民经济是有计划按比例发展的。在安排和调整国民经济比例关系时，不仅要看到社会扩大再生产的规模和速度是否符合综合平衡，也必须看到人民生活水平提高的幅度是否符合综合平衡。1980年12月中央工作会议决定，对长期以来，特别是1978年“左”的错误所造成的严重失调的国民经济进一步进行调整。当时，邓小平同志在《贯彻调整方针，保证安定团结》的讲话中，十分强调对超过国力的基本建设规模一定“要退够”，并进一步指出：“生产建设、行政设施、人民生活的改善，都要量力而行，量入为出。”[①] 所谓量力而行，量入为出，就是根据一定时期国力的大小，按照综合平衡的原则，实事求是地安排各项事业的发展规模和速度，每一项开支都绝对不能超过国家财力负担和物力供应的可能。

量力而行，量入为出，是符合马克思再生产理论的一个重要原则。马克思再生产理论告诉我们，为了保证社会总产品顺利实现，生活消费的扩大，在价值上，不能超过两大部类可能用于追加消费基金的总额，在实物上，不能超过第二部类可能提供的追加消费资料的总量。当然，生产消费的扩大，也必须在价值上和实物上同可能提供的追加生产基金和追加生产资料相平衡。不保持一定比例的平衡，“超力而行”“超入为出”，势必破坏社会扩大再生产内在的比例关系，到头来，生产发展受到挫折，生活改善也必然受到严重影响。

为此，邓小平同志针对我国的实际情况，明确指出：“我们的国家还很落后，工人的福利不可能在短期间有很大的增长，而只能在生产增长特别是劳动生产率增长的基础上逐步增长。”[②] 这是十分正确的指导思想。

---

① 《邓小平文选》第2卷，人民出版社1994年版，第355页。

② 《邓小平文选》第2卷，人民出版社1994年版，第137—138页。

近年来，在全民所有制单位固定资产投资方面，由于没有认真执行量力而行、量入为出的原则，出现了投资过大过猛，超过国力负担的倾向。同时，在消费水平提高方面，也存在着忽视量力而行、量入为出的原则，出现了个人消费增长过多过急的现象。

（一）消费基金的增长速度过快，超过了国民收入的增长速度。从1978年到1981年，国民收入增长29.1%，1982年初步计算比上年增长7.4%。而从1978年到1981年，消费基金增长了46.1%。在可供分配的国民收入中，个人所得部分由48%上升到57%。1982年还是继续上升的趋势。消费基金的增长速度超过国民收入的增长速度，意味着在新增加的国民收入中，过多地用于个人消费，因而也就必然挤了必要的积累。目前，我国每年新增加的国民收入大约300亿元，如果30%用于积累，才90亿元，其中农村集体经济新增积累大约占1/3，国家新增积累只有60亿元。在这样的情况下，如果因个人消费增长过快而再减少积累，显然是不利于社会再生产持续稳定地扩大，不利于四个现代化顺利实现的。

（二）工资总额的增长速度过快，超过了劳动生产率的增长速度。1982年，全民所有制工业企业职工工资总额比上年增长了5.2%，全员劳动生产率只比上年提高2.3%。1980年和1981年也是这种趋势：工资总额分别增长17%和4.3%，而全员劳动生产率仅分别提高2%和负1.8%。社会劳动生产率提高所创造的剩余产品，不仅是社会积累的主要源泉，也是包括物质生产部门和非物质生产部门在内的整个社会消费水平提高的主要源泉。全民所有制工业企业工资总额增长速度超过社会劳动生产率提高的速度，不仅挤了社会必要的积累，挤了社会集体福利，也挤了非物质生产部门必要的消费水平的提高。这是不利于生产的发展，不利于安定团结的。

（三）奖金总额的增长速度过快，超过了上缴国家税金和利润的增长速度。近几年来，在全民所有制工业企业的税利总额中，国家所得部分逐年下降，1978年为97.5%，1979年为93.2%，1980年为90.7%。从上缴国家利润总额来看，1980年比1979年减少19亿元，1981年又比1980年减少23亿元。1982年计划国营工业企业上缴利润增长5.2%，实际只维持上年水平。可是，这几年滥发奖金、滥发实物和补贴的情况，却越来越严重。我们知道，奖金是超额劳动的报酬。如果滥发奖金，就失去了发放奖金的意义。邓小平同志在1980年1月关于《目前的形势和任务》的讲话中指出："有的人、有的单位只顾多得，不但不照顾左邻右舍，甚至不顾及整个国家的利益和纪律。比如，去年我们疏忽了一点，出了一股滥发奖金风……。这股滥发奖金风，'改善'了少数人的生活，但是增加了全国人民很多的困难。"[①]这个批评，深刻地说明了滥发奖金的错误实质和危害性，我们必须坚决刹住这股不正之风。

总之，既要反对林彪、"四人帮"提倡的那种穷社会主义、穷过渡、穷革命的荒谬反动的观点，也要反对现在要在中国实现所谓福利国家的观点。"我们只能在发展生产的基础上逐步改善生活。发展生产，而不改善生活，是不对的；同样，不发展生产，要改善生活，也是不对的，而且是不可能的。"[②]过去几年，为了解决长期遗留下来的人民生活欠账问题，有意地把改善生活的步子迈得大一些，这是特定时期的特定政策。是应当这样做的。现在的情况有了很大变化，消费和积累的比例应当在新的基础上转入正常的轨道。

三、把国家、集体、个人三者利益结合起来

如何正确处理国家、集体、个人三者利益关系，是如何正确处理发展生产和改善人民主活的重要环节。邓小平同志指出：在社会主义社会必须

① 《邓小平文选》第2卷，人民出版社1994年版，第258页。

② 《邓小平文选》第2卷，人民出版社1994年版，第257—258页。

把国家、集体、个人利益结合起来，才能调动积极性，才能发展社会主义的生产。把国家利益、集体利益和个人利益结合起来，其实质就在于首先要保证国家利益，同时兼顾集体利益和个人利益。从全民所有制企业新增纯利润的分配来说，就是首先要保证国家得大头，同时兼顾企业得中头，个人得小头。这是社会主义经济发展的根本要求，也是社会主义物质利益原则的根本要求。

国家得大头，是指在国营企业新增加的纯利润中，国家占有大部分。为什么国家必须得大头呢？这是社会主义经济的特点和国家的地位所决定的。社会主义经济是公有制的经济，国家代表社会是全民所有制生产资料的占有者。国家利益体现了全体劳动人民的根本利益。因而，不仅在国营企业原有纯利润的分配中，而且在新增纯利润的分配中，都应得大头。社会主义为了有计划地发展国民经济，就需要国家运用政治和经济两种职能，通过税收和提取利润等各种形式，掌握必要的财政收入，集中必要的资金，用以全面安排各项事业的发展，用以进行关系国民经济全局的重点建设。试想：如果国家手里没有必要的财力、物力、人力，还有什么重点建设呢？

企业得中头，是相对国家得大头、个人得小头而言。社会主义国营企业是全民所有制经济的基层生产单位，也是相对独立的经营单位，应当有自己相应的自主权和物质利益，但这种物质利益，是在实现了作为全民所有制单位必须履行国家计划规定的经济责任之后，才有权得到。因而，企业的利益相对国家利益来说，只能是第二位的，在企业新增加的纯利润分配上，企业所得应当小于国家所得，从比例上看，一般占40%左右为宜。企业有一定的机动的财力、物力，有利于调动它们发展生产和改善职工生活的积极性。因此，对企业合理的经济利益，也一定要尊重和保护，使它们真正有权按照规定自行支配，不能随便平调。

个人得小头，是贯彻国家得大头，企业得中头同一原则的组成部分。

社会主义的劳动者，在全民所有制经济中，他们通过国家和企业是生产资料的直接占有者、管理者，又是在国家、企业直接组织、指挥下的生产劳动者。他们向以国家为代表的社会所提供的劳动，首先表现为企业的盈利。国家对他们提供的劳动，即对企业的盈利在作了必要扣除以后，又通过企业按照劳动的数量和质量，以工资、奖金等各种劳动报酬形式，分配给每个劳动者。这就决定了每个社会主义劳动者都相应地有自己的物质利益。同时也决定了个人利益相对集体利益来说，也只能是第二位的。因此，在企业所得新增纯利润的分配上，应当是用于职工奖金、福利方面的费用小于用于发展生产、技术改造方面的费用，在比例上，一般不超过企业留利的 40% 为宜。也要看到，集体利益高于个人利益，但不能代替和取消个人利益。我们必须在加强政治思想教育的同时，使每个劳动者从个人利益上关心集体利益和国家利益。只有这样，才能更加充分地调动劳动者的社会主义积极性，更好地发展和兼顾三者的利益。

我们是社会主义大国，又是一个经济不发达的穷国。要使国家和人民都富起来，就必须认真贯彻执行党的十二大所制定的经济纲领，遵循邓小平同志为制定这个纲领所提出的各方面战略决策的指导思想，其中包括正确处理发展生产和改善人民生活关系的指导思想，这样才能到二十世纪末胜利实现工农业年总产值翻两番和达到小康生活水平的伟大历史任务。

以经济建设为中心和实现社会主义现代化*

不断发展生产力是社会主义时期的根本任务。社会主义经济制度的优越性及其旺盛的生命力，要通过生产力的发展，通过社会经济生活的不断繁荣和人民物质文化生活水平的不断提高，体现出来。因此，工人阶级和广大劳动人民在夺取政权后，必须及时地将工作中心转移到经济建设上来，集中力量把国民经济搞上去。

我国是一个在半殖民地半封建社会的废墟上建立起来的社会主义国家。四十年来的经济建设，取得了巨大的成就，也出现了不少的失误。认真总结经验教训，进一步认识以经济建设为中心和实现社会主义现代化的特别重要的意义，正确制定进行经济建设的战略和发展国民经济的方针，才能实现建设社会主义现代化强国的历史任务。

一、发展生产力是巩固和发展社会主义制度的根本问题

马克思主义最注重发展生产力，尤为注重社会主义制度建立后的生产

* 本文选自赵曜、吴雄承主编的《当代社会主义若干问题》（中共中央党校出版社 1990 年版）中由作者撰写的第 5 课题的一部分。载该书 140—153 页。

力发展。马克思和恩格斯在《共产党宣言》中指出：无产阶级取得政治统治并把一切生产工具集中在国家手中之后，就要“尽可能快地增加生产力总量”[①]。列宁在十月革命以后非常强调建立社会主义的物质基础的问题，他指出：“无产阶级取得国家政权以后，它的最主要最根本的利益就是增加产品数量，大大提高社会生产力。”[②]邓小平同志总结我们党自中华人民共和国成立以来的经验教训时指出：“在社会主义国家，一个真正的马克思主义政党在执政以后，一定要致力于发展生产力，并在这个基础上逐步提高人民的生活水平。”[③]

社会主义的历史实践表明，如果生产力得不到发展，人民生活得不到改善，就会影响社会主义的信仰度和凝聚力。经济搞得好不好，始终是涉及社会主义国家政治全局和社会稳定的大问题。我们必须站在这样的高度，去认识和对待发展社会生产力这个极端重要的问题。

（一）只有促进社会生产力不断提高，拥有不断增强的物质基础，才能使刚刚诞生、正在成长的社会主义制度，有能力抵御和粉碎国内外形形色色反人民民主势力的武装进攻和“和平演变”的种种阴谋活动，以争得生存权利，使自己立于不败之地

我们知道，世界上第一个社会主义国家诞生不久，就遭受到来自14个国家的武装干涉和国内白匪军叛乱的破坏，它们妄图把苏维埃政权扼杀在摇篮之中。为了保卫新生的社会主义制度，广大劳动人民在列宁和布尔什维克党的领导下，一方面，及时果断地剥夺了资本家和地主占有的银行、工厂、铁路、土地等生产资料，初步建立了社会主义公有制经济，并动员和集中了可能动员和集中的物质力量，保证了在极端困难的条件下渡过难关。另一方面，迅速建立和扩大了工农红军的力量，给了敢于进犯和反抗

① 《马克思恩格斯选集》第1卷，人民出版社1972年版，第272页。
② 《列宁选集》第4卷，人民出版社1972年版，第586页。
③ 《建设有中国特色的社会主义》（增订本），人民出版社1987年版，第15页。

者以粉碎性打击。当国内外敌对势力的干涉和反抗被平息后，恢复和发展经济则成了最突出的问题。这时，列宁明确指出："随着剥夺剥夺者及镇压他们反抗的任务大体上和基本上解决，必然要把创造高于资本主义社会的社会经济制度的根本任务，提到首要地位；这个任务就是提高劳动生产率。"[①] 为了实现这个根本任务，斯大林在列宁逝世后，坚定不移地集中一切力量搞社会主义工业化。不论斯大林犯了什么样的错误，他确实把工业搞上去了。到 1937 年，工业总产值比 1929 年增长 428%，较第一次世界大战前增长了 7 倍以上。正是因为苏联在短短十多年间拥有了较为强大的经济实力，才没有被不可一世的希特勒率领的德国闪电般的进攻所打垮，反而在第二次世界大战中取得了反法西斯战争的决定性胜利。

中国社会主义制度的诞生，是继十月革命后人类历史发展的又一重大事件。随着人民解放战争的胜利推进，把以蒋、宋、孔、陈为代表的官僚资本榨取人民血汗所形成的 100 亿—200 亿美元的财产，收回到劳动人民手中，使在解放区破土茁壮成长的公有制经济壮大为国民经济的主要支柱。同时，在广大农村进行了轰轰烈烈的土地改革运动，实现了"土地还家"。正当中国人民刚开始医治战争的创伤和整治破碎的家园时，美帝国主义发动了侵朝战争，把战火烧到我国边境，并对我国实行了欲置于死地的经济封锁。站起来了的中国人民，不畏强暴，不怕困难，一面积极恢复经济，一面进行抗美援朝。在抗美援朝接近胜利时，开始了第一个有计划的五年经济建设，并有步骤地对农业、手工业和资本主义工商业进行了有中国特色的社会主义改造，使社会主义经济占据了统治地位。到 1956 年，公有制经济占国民收入的比重，由 1952 年的 21.3% 上升到 93%，以公有制经济为主体的工业总产值由 1952 年的 349 亿元增加到 624 亿元，初步建立起社会主义工业基础，同时也宣告了帝国主义经济封锁的彻底失败。但在此

① 《列宁选集》第 3 卷，人民出版社 1972 年版，第 509 页。

之后，由于“左”的错误不断发展，严重干扰了工作中心向经济建设转移。邓小平同志在总结我国历史经验时着重指出：“社会主义阶段的最根本任务就是发展生产力。社会主义的优越性就是体现在它的生产力要比资本主义发展得更高一些、更快一些。如果说我们建国以后有缺点，那就是对发展生产力方面有某种忽略。”[①]党的十一届三中全会以后，经过拨乱反正，明确了新时期的历史任务是实现社会主义现代化，并进一步形成了以发展生产力为中心、坚持四项基本原则、坚持改革开放为主要内容的基本路线。在党的正确路线指引下，从1978年到1988年，国民生产总值平均每年增长9.6%，大大高于世界上绝大多数国家平均每年增长2%—4%的速度。正当我们继续阔步前进的时候，西方反动势力利用我国去年春夏之交的动乱和反革命暴乱，实行所谓“经济制裁”，妄图利用制造经济障碍，迫使我国就范于他们所要求的“自由化”的轨道。如果说，在我国社会主义制度的物质基础刚开始建立、还很薄弱的时候，武装恐吓和经济封锁都没有得逞，那么，在今天已建设起相当强大的物质技术基础和独立的、比较完整的工业体系的时候，再搞什么“经济制裁”，也必然注定失败。

我们必须看到，西方的反动势力对十月革命后许多走上社会主义道路的国家，无时无刻不想颠覆之。为达到这一目的，它们从来也没有放弃武装干涉和进攻，并从50年代以来又随着历史条件的变化，竭力进行渗透和推行“和平演变”。特别是，趁社会主义国家经济建设没有搞好，改革出现了一些失误，严重影响了人民生活的困难时机，里应外合地制造混乱，掀起几股资本主义复辟的逆流。这从反面敲了一记响亮的警钟：社会主义国家如果经济建设搞不好，人民生活水平长期不提高，就有被利用、被颠覆、被毁灭的危险！

（二）只有促进社会生产力不断提高，才能使饱受旧社会煎熬的广大劳

① 《建设有中国特色的社会主义》（增订本），人民出版社1987年版，第52—53页。

动人民，在努力建设新社会的劳动中不断提高生活水平，尽快摆脱贫穷和落后，走上共同富裕，有效地增强社会主义的凝聚力。

社会主义之所以能够代替资本主义，之所以能够粉碎国内外敌对势力的包围、干涉、渗透、“演变”和颠覆，使自己不断发展壮大起来，就在于其有极为强大的内在力量。这个力量就是已成为生产资料主人、社会主人的广大劳动人民，他们的根本利益是同这个新制度的命运紧密联系在一起的。

社会主义全体劳动者共同占有生产资料，不仅铲除了少数人致富、多数人受穷的社会根源，而且为不断满足人民日益增长的物质文化需要提供了可靠的保证。因此，社会主义制度的本质正是在于消灭贫穷，实现共同富裕。而要发挥社会主义制度这个本质特点的优越性，还必须充分地发展社会生产力。只有尽可能快地增加生产力总量，才能提供日益增多的丰富多彩的物质产品和文化产品，才能为创造更多更丰富的物质产品和文化产品积累更多更先进的物质生产手段，才能在此基础上使原来贫穷的人们逐步摆脱贫穷，过上日益富裕的幸福生活，使原来落后的国家逐步摆脱落后，跻身于发达国家之列。如果生产力发展不了，社会物质产品匮乏，市场上的货架子空空的，即使建立了以公有制为基础的社会主义制度，贫穷现象也难以消除。这正如马克思所说：如果没有生产力的发展，“那就只会有贫困的普遍化；而在极端贫困的情况下，就必须重新开始争取必需品的斗争，也就是说，全部陈腐的东西又要死灰复燃”①。因此，在劳动人民掌握生产资料的前提下，尽快地发展社会生产力，创造出日益增多的社会财富，不断提高全社会的物质文化生活水平，才能充分地展示出社会主义制度比资本主义制度具有鲜明的优越性和吸引力。更重要的是，从关系广大劳动人民的根本利益上，能够促进人类历史的进步因素尽快成长，防止旧的陈腐的东西死灰复燃。

① 《马克思恩格斯选集》第 1 卷，人民出版社 1972 年版，第 392 页。

我国是在旧社会遗留下来的“一穷二白”的基地上建设社会主义的。人口多，底子薄，全国人民的物质文化生活水平比较低。彻底改变这种贫穷落后、受气挨打的状况，曾是多少志士仁人为之前仆后继奋斗牺牲的理想。但在旧的社会制度下，这种理想根本不可能实现。只有在中华人民共和国成立后，在中国共产党领导下，依靠全国人民的辛勤劳动，才有了较大改观。四十多年来，人均国民收入已从 1949 年的 66 元增加到 1988 年的 1081 元，平均每年递增 27 元。城乡居民消费水平从 1953 年的 87 元增加到 1988 年的 639 元，平均每年递增 3.7%。今昔对比，这是一个了不起的变化。尽管有了这样大的改变，但由于底子太薄，人口增长又快，加上在经济发展中几次出现大上大下的折腾，现在人均国民生产总值，仍属于世界穷国之列。邓小平同志说：“贫穷不是社会主义，社会主义要消灭贫穷。不发展生产力，不提高人民的生活水平，不能说是符合社会主义要求的。”[①] 这就要求我们必须真正把发展生产力放在一切工作的中心位置，兢兢业业地继续进行现代化建设。如果把国民经济搞上去了，人民生活比现在更好了，国家比现在更富了，社会主义制度就会更加固若金汤。反之，那就会削弱我们国家赖以生存的群众基础，削弱社会主义制度的自我完善、自我发展的内在支持和推动力量。

（三）只有促使社会生产力不断提高，满足人民需要的社会财富不断涌现，才能使社会主义制度不断完善和发展，为最终消灭阶级、向共产主义过渡创造条件

社会主义是共产主义的第一阶段。它在经济、道德和精神各个方面都还带有资本主义社会刚刚脱胎出来的旧的痕迹。因此，社会主义的生产关系，就联合劳动者同生产资料直接结合的社会形式而言，是历史上迄今为止最先进的，同生产力的发展是相适应的。但就它还带有刚刚脱胎出来的

① 《建设有中国特色的社会主义》(增订本)，人民出版社 1987 年版，第 104 页。

旧社会的痕迹而言，还是不成熟、不完善的，表现在它的生产、分配、交换、消费关系的某些具体实现形式上，或在不同发展阶段上，同生产力的发展又还存在着不相适应的矛盾。社会主义生产关系要不断完善和发展，不断向较高阶段过渡，就必须大大地发展生产力，并根据生产力的现实水平和发展要求，自觉地调整改革生产关系的实现形式及其运行机制。

社会主义生产关系不断完善和发展的过程，是和社会主义民主政治和精神文明不断完善和发展相伴随的过程。联合劳动者同生产资料直接相结合，从根本上决定了社会主义民主是绝大多数人享有的最广泛的民主，社会主义精神文明是提高全民族思想政治素质，培养有理想、有道德、有文化、有纪律的社会主义新人的精神文明。因此，高度的民主和高度的精神文明是社会主义制度的重要特征。这种民主政治和精神文明固然对物质文明的发展起着保障和推动的作用，但归根到底，其发展都要取决于社会主义新型的人和人关系的发展，取决于社会生产力的提高。列宁指出："要成为文明国家，就必须有相当发达的物质生产资料的生产，必须有相当的物质基础。"① 这说明，社会主义民主和精神文明的发展程度最终是物质文明发展程度的反映。只有社会生产力提高了，物质产品和文化产品更加丰富了，才能在日益强大的物质文明的支持下，促使社会主义民主政治和精神文明不断向更高阶段发展。

从人类历史发展规律来说，社会主义社会必将向共产主义社会过渡。实现向共产主义过渡最根本的是消灭阶级。阶级的产生是以生产力一定发展而又相对不发展为前提，阶级的消灭也必须以生产力高度发达为基础。列宁指出："为了完全消灭阶级，不仅要推翻剥削者即地主和资本家，不仅要废除他们的所有制，而且要废除任何生产资料私有制，要消灭城乡之间、体力劳动者和脑力劳动者之间的差别。这是很长时期才能实现的事业。要

---

① 《列宁选集》第4卷，人民出版社1972年版，第688页。

完成这一事业，必须大大发展生产力。”[①]只有在生产力高度发达的基础上，劳动者得到全面发展，劳动已成了人们生活的第一需要，才能最终地消灭旧的社会分工，消灭阶级，消灭事实上的不平等，进入共产主义社会。

综上所述，社会主义的诞生开辟了一个新的时代。这个时代中两种社会制度的对抗，也突出表现为两种社会制度的物质生产和经济实力的对抗。国家的昌盛，人民的富裕，说到底要有强大的经济力量。社会主义要粉碎国内外敌对势力的进攻，要显示出比资本主义具有无比的优越性，要保证国家的长治久安，要最终战胜资本主义向共产主义过渡，就必须创造出比资本主义更高的劳动生产率，生产出日益丰富的不断满足人民需要的社会产品总量。这是保证新生的社会主义制度不断前进、避免倒退的物质基础。如果在两种社会制度的对抗和竞争中，不能不断壮大自己的经济力量和取得经济发展的优势，就难以避免已取得的胜利成果有完全丧失的危险。这是值得我们高度重视的问题。

二、必须把现代化经济建设作为社会主义一切事业发展的中心

社会主义社会的产生、成长以及向更高历史阶段的过渡，同任何社会一样，都是生产力同生产关系、经济基础同上层建筑之间相互辩证的矛盾运动过程。生产力是这一运动过程的物质基础和最终决定力量。社会主义制度在不同阶段的完善和成熟，各项事业的提出和实现，都必须适应生产力的发展要求，必须随着生产力在不同阶段的变化而变化。因此，在整个社会主义历史时期，都必须始终把经济建设放在首要位置，放在发展战略的中心。

---

① 《列宁选集》第4卷，人民出版社1972年版，第11页。

我国目前处在社会主义初级阶段。这是一个刚完成了从新民主主义向社会主义过渡，为摆脱贫穷和落后的面貌，开始向较发达的社会主义迈进的特殊历史阶段。这一发展阶段的特殊历史地位，决定了尤其要以经济建设为中心，一心一意地去实现社会主义现代化。

（一）以经济建设为中心，实现社会主义现代化，是符合现阶段基本国情的中心任务

毛泽东曾经指出："认清中国社会的性质，就是说，认清中国的国情，乃是认清一切革命问题的基本依据。"[①] 在今天来说，是认清如何确定社会主义经济发展战略的基本依据。

那么，我们现阶段的基本国情是什么呢？第一，是社会主义；第二，还是比较贫穷和落后的社会主义。从第一点来说，在经济领域中已占主体地位的生产资料公有制和按劳分配，在政治领域中已成为无产阶级统治标志的人民民主专政；在思想领域中已居指导地位的马克思主义意识形态，都体现了社会主义社会的规定性。从第二点来说，主要表现在人口多、底子薄，人均物质资源和社会财富比较少，农业人口、手工劳动和自然经济、半自然经济都占很大比重，文化也比较落后。经过四十多年的改造和发展，虽然已建立起相当规模的现代经济和物质基础，但工业化的任务远未完成；虽然商品经济在不同情况下有了一定发展，但商品生产和商品交换仍不发达；虽然专业化分工协作不断扩大，但生产的社会化程度还不高；虽然现代科学技术已有较大的发展，并在某些部门接近或处于世界先进水平，但在总体上还落后二三十年。总之，社会主义经济有了很大的发展，但贫穷落后的面貌还没有根本改变。因此，我们必须在坚持巩固和发展社会主义制度的前提下，确确实实地以经济建设为中心，全面推动社会主义事业的发展，才能实现由农业人口占多数和手工劳动为基础的农业国转化为非农

① 《毛泽东选集》第2卷，人民出版社1991年版，第596页。

业人口占多数的现代化的工业国，由自然经济和半自然经济占很大比重的国家发展为商品经济发达的国家。实现了这个任务，才算是真正改变了历史遗留下来的贫穷落后的面貌，进入了比较发达的社会主义阶段。

（二）以经济建设为中心，实现社会主义现代化，是符合现阶段主要矛盾客观要求的历史任务

在我国的社会主义初级阶段，由于剥削阶级已经消灭，表明主要矛盾已经不是国内的无产阶级和资产阶级两个阶级的斗争，而转移为人民日益增长的物质文化需要同落后的社会生产之间的矛盾。这是社会主义社会生产力同生产关系的基本矛盾在现阶段的特殊历史条件下的具体反映。

劳动者共同占有生产资料的社会经济制度，决定了生产的目的是满足人民日益增长的物质文化需要。而这一目的的实现，要有日益增长的物质和文化产品总量作保证。可是，在社会主义初级阶段，由于继承于半殖民地半封建的社会生产是十分落后的，不仅同发达国家相比有很大差距，甚至同中等发达国家相比也有相当大的差距。全面开展社会主义建设以来，虽然经济发展的速度比较快，但由于起点低、基础差，在发展中又几次出现大起大落的失误，使我们与资本主义发达国家之间的差距，仍然很大。社会主义商品经济不发达，社会产品不充裕，使得社会生产的落后同人民需要不断增长之间的矛盾，成为相当长时期里人民内部矛盾的集中表现。

同时，这个矛盾的解决状况，从生产的本质上制约着经济体制改革、政治体制改革、社会主义精神文明建设的发展，制约着科学、文化、教育、卫生、体育事业的发展，制约着计划与市场、宏观与微观、城市与农村、这个部门与那个部门、这个地方与那个地方、国家与企业、企业与职工等各方面关系的状况。可见，落后的社会生产同人民日益增长的物质文化需要之间矛盾的解决，对社会主义一切事业的发展和一切社会矛盾的解决，都起着主导性的制约作用，而矛盾的主要方面是落后的社会生产。所以，

要从根本上解决这一矛盾，必须把发展社会生产力作为中心任务。

（三）以经济建设为中心，实现社会主义现代化，是符合我国现阶段发展趋势的历史任务

社会主义初级阶段的历史地位和主要矛盾的主要方面性质，揭示和指出了向较发达的社会主义阶段发展的必然趋势。这个发展趋势的基本方向是实现社会主义现代化。

从一般意义上讲，世界各国的生产力发展，随着技术进步都在向现代化方向前进，而且随着技术革命的变化在不同时期有不同的具体内容。机械化、电气化、化学化、自动化都是生产力发展一定时期的现代化标志。

但是，现代化的实现，在不同的社会制度下却有不同的道路。资本主义的现代化，是同缩短雇佣劳动的必要劳动时间、增加剩余劳动时间相联系的，因而现代化的发展过程必然是追逐和榨取剩余价值的过程。这条道路是对内残酷剥削、对外野蛮掠夺的道路，也是资本主义私有制和市场经济的发展道路。社会主义现代化，是同劳动者的全面发展和物质文化生活水平提高相联系的。现代化愈发展，劳动生产率愈提高，满足人民需要的商品也愈丰富，同时从繁重的体力劳动解放出来用以从事科学、技术、文化、艺术活动的自由时间也会相对地愈来愈多。这条道路，是促使劳动者自我解放、自我发展、自我提高的道路，也是社会主义生产资料公有制和有计划商品经济发展的道路。

我国社会主义现代化的发展，是随着社会主义生产关系的不断完善而推进的，虽在开始起步时也受到苏联优先发展重工业的影响，但在实践中不断探索适合中国国情的道路。毛泽东在 1956 年总结历史经验时指出，苏联工业化的道路对农民控制得很苦，我们应当走工业和农业相互结合、以农轻重为序的道路。之后，又指出农业的根本出路是实现机械化。1964 年周恩来代表党中央和国务院向全国人民提出了在经济建设上实现工业现代化、农业现代化、国防现代化和科学技术现代化的奋斗目标。这条现代化

的道路在形成和实现过程中，几经干扰和挫折，只有在粉碎“四人帮”之后，才重新走上正轨。到了党的十三大，根据改革实践中丰富了的内容，进一步明确提出了把实现社会主义现代化作为现阶段向新的阶段发展的历史任务。

实现社会主义现代化，就是要使现代的科学技术成为推动我国社会主义经济建设的主要因素。当今世界正经历一场新的技术革命。这场新技术革命必将促使劳动生产率发生新的飞跃，使经济结构发生新的组合，从而把社会生产力发展到一个新的高度。必须看到，世界范围的经济竞争，在很大程度上表现为科学技术的竞争。这种科学技术的竞争，特别是高技术的竞争，已逐渐成为决定综合国力竞争中胜负的重要因素。因此，当前这场新的技术革命，既是对我们的一种挑战，又是迫使我们迎头赶上的一种机遇。如果能抓住这个机遇，积极地吸取、消化、运用先进的科学技术成果，将会大大加快我国社会主义经济建设的步伐。因此，我们必须在充分利用和发挥现有科学技术力量的基础上，有重点有步骤地发展电子技术、信息技术、航空技术、生物工程技术、海洋技术、光导纤维技术、新材料技术等现代科技产业，逐步在总体上缩小同发达国家的差距。

在我国实现社会主义现代化的进程中，不仅要迎头赶上世界新技术革命，还要继续进行传统的产业革命，即在农业以及国民经济各部门普遍实行以大机器生产代替手工劳动。由于当今世界工业化的发展已远远超出传统产业革命的内涵，我们也决不能再走许多国家工业化的老路。这就要求在我国社会主义初级阶段所实现的工业化，不仅要使工业总产值在工农业总产值中占较大比重，比如70%以上，而且要使社会劳动生产率达到一个新的质的飞跃，即把农业劳动生产率提高到使农业劳动人口大部分转移到工业和其他部门，使工业劳动生产率的提高在社会劳动生产率提高中起主导的决定性的作用。

实现社会主义现代化，同发展社会主义商品经济也是相互结合的。在劳动者共同掌握生产资料的基础上，要不断提高劳动生产率，加速国民经济的发展，就要不断采用新技术，不断提高生产社会化水平。而技术进步和社会分工的发展，必然为推动社会主义商品经济的发展创造条件。商品经济的发展，又必然反过来要求加速技术进步和社会分工的发展。因此，社会主义现代化的实现，不能离开社会主义商品经济的发展。只有大力发展社会主义商品经济，发挥有计划的市场调节作用，才能更好地促进社会主义现代化的实现。

我国社会主义初级阶段的历史发展趋势表明，实现社会主义现代化，是向较发达阶段发展的历史任务。这个历史任务的实现，标志着我国社会生产力的发展进入了一个新的阶段，同时也标志着我国社会经济结构的发展进入了一个新的阶段。

实现社会主义现代化，是社会主义初级阶段的历史任务，也是把我国建设成为一个文明、富裕、繁荣的社会主义国家的途径。在今后的社会主义建设中，为了坚定不移地贯彻执行实现社会主义现代化的路线：(1)要坚持以经济建设为中心。四十多年来，我们走了一个曲折的过程。积四十多年的历史经验告诉我们，凡是把经济建设放在中心位置，国民生产总值和国民收入增长得就快，人民生活提高得也明显；凡是偏离、放弃这个中心，国民生产总值和国民收入增长得就慢，甚至下降，人民生活也难以得到改善。一定要记取这个付出沉重代价的历史教训。在今后的发展中，除了发生大规模的外敌入侵，都必须把经济建设放在中心的位置上，始终不能动摇。(2)要坚决地坚持四项基本原则。四项基本原则是社会主义制度本质规定性的反映。实践证明，离开了社会主义道路，离开了党的领导，离开了人民民主专政，离开了马列主义毛泽东思想，社会制度就会改变颜色，社会主义现代化就不可能实现。在当前经济建设中，为了清除前一段资产阶级自由化泛滥的影响，必须强调坚持正确的政治方向，加强政治思想工作。这决不意味着以经济建设为中心的方针有所改变，而正是为了保证这个方针能够得到更好的贯彻，使社会主义经济沿着正确的轨道健康发展。（3）要坚定地坚持改革开放。改革开放是社会主义经济发展的必由之路。当前的任务是，要在总结经验的基础上，使已经实行的改革政策和措施更加充实和完善，要在坚持正确方向的前提下进一步开拓改革开放的新途径。只有坚定地坚持改革开放的总方针，才能为现代化建设的迅速发展开辟更为广阔的道路。（4）要坚持社会主义物质文明和精神文明一起抓。进行物质文明建设，不仅需要有强大的物质力量，而且还需要有强大的精神力量。历史经验表明："不能设想，一个没有强大精神支柱的民族，可以自立于世界民族之林。"① 在抓物质文明建设的同时不抓精神文明建设，不仅会涣散和削弱人民群众进行社会主义现代化建设的自觉性和积极性，而且会因思想上偏离社会主义而导致实际上偏离社会主义。（5）要确定正确的经济发展战略。社会主义现代化的实现，必须有科学的整体的战略部署。只有正确地确定战略目标、战略重点和战略措施，才能从战略全局上保证社会生产力沿着正确的道路发展。

① 《在庆祝中华人民共和国成立四十周年大会上的讲话》，人民出版社 1989 年版，第 20 页。

社会主义经济发展道路的选择*

二十世纪是社会主义从一国胜利发展到多国胜利的时代，是社会主义制度同资本主义制度在世界范围内竞争和对抗的时代。由于世界经济发展的不平衡性，先取得革命胜利的社会主义国家，都不是经济发达而是经济比较落后的国家，而是社会矛盾异常尖锐，已成为资本主义世界体系薄弱环节的国家。因而，在革命胜利后都面临着由落后农业国向现代工业国转变的问题。这个问题解决得好不好，不仅关系到贫穷落后的面貌能否改变，而且关系到社会主义制度能否巩固和发展，关系到在国际上同资本主义制度的竞争和对抗能否取得最终胜利。

社会主义各国在实现从农业国向工业国转变的过程中，由于各自的历史条件不同，国情不同，指导思想不同，所选择的经济发展道路或模式也不相同。正确的经济发展道路，能够促进和体现社会主义生产关系同生产力相适应的状况，有利于推动国民经济的迅速发展；不正确、不合理的经济发展道路，会导致生产关系同生产力不相适应的状况出现，不利于，甚至阻碍国民经济的发展。可见，选择什么样的经济发展道路，与社会生产

---

* 本文选自王珏主编的《改革与发展的理论思考》（中共中央党校出版社 1991 年版）中由作者撰写的第 1 课题。载该书第 14—41 页。

力的发展关系极大。这也决定了应适应生产力发展的需要，不失时机地用新的发展道路代替旧的发展道路，成为社会主义生产方式自我发展，自我完善不可缺少的内容。

我国建国四十多年来，在恢复、发展国民经济和进行社会主义现代化建设中，取得了巨大成就，同时也经历了曲折和艰难的路程。从选择经济发展道路的角度来考察，有盲目的一面，也有自觉的一面。四十多年的经济发展过程，是一个从不自觉到自觉的过程，也是一个从旧的经济发展道路到新的经济发展道路转化的过程。当前还处在两种道路的转轨过程之中，这个转轨又是同实现社会主义现代化的任务相联系的。因此，如何实现这个转轨，是当前面临的一个重大课题。

为了保证我国社会主义现代化任务的胜利实现，特别是为了保证到二十世纪末经济发展战略目标的实现，并为实现到二十一世纪中叶的战略目标创造条件，我们应当利用当前治理整顿的时机，认真总结历史经验，更自觉地认识和掌握社会主义经济发展规律，更自觉地实现从旧的经济发展道路到新的经济发展道路的转轨，以促使我国国民经济沿着持续、稳定、协调发展的轨道前进。

一、社会主义经济发展道路选择的客观条件

一个国家从不发达走上发达，从落后的农业国走上现代的工业国，都离不开本国的国情和当代的环境。从资本主义国家的经济发展看，历史上有普鲁士的道路、美国的道路，现代有日本的模式、瑞典的模式、巴西的模式等等。社会主义国家的经济发展，也有苏联的模式、南斯拉夫的模式、古巴的模式等等。各个国家不同的发展道路和模式，各有各的特点，都有其成功之处和失败之处，不能一概而论。中国的社会主义经济发展道路和

模式的选择也必须符合中国的国情和时代环境。

（一）国情：选择我国经济发展模式的基本出发点

我国是在半封建半殖民地的废墟上进行社会主义建设的。这个不可选择的历史前提，包含和规定了我国社会主义经济发展起步时的经济条件、经济特点、经济结构、经济矛盾以及社会环境的基本国情。我们要总结四十多年的经济建设经验，必须从这个赖以起步的历史前提出发，从现实的基本国情出发。

1. 我国是一个人口大国。1949 年新中国成立时，全国人口已有 54167 万人，居世界首位。随着社会主义公有制的建立，劳动人民成了生产资料的主人和劳动产品的主人，这不仅为物质生产的发展开辟了广阔的途径，也为社会人口自身的生产提供了新的条件。但由于我们对人口增长同经济增长的关系认识不足，侧重了社会物质生产的有计划组织，而忽视了社会人口生产的有计划控制。因而，在一个较长的时间里人口增长很快。虽然 60 年代以后认识和强调了人口的增长也不能处于无政府状态，逐步加强了计划生育工作，但由于社会的、经济的、观念的、习俗的种种因素的影响和社会人口生产的管理机制不健全，城市人口的自然增长率虽呈下降态势，但乡村人口自然增长率却依然偏高。到 1990 年 6 月 11 日第四次全国人口普查时，已达到 11.33 亿人，比美苏两国人口总和的 2 倍还要多。

2. 我国不仅是一个人口多的大国，还是一个人口多的贫国，生产力水平低，底子薄。主要是自然资源和社会物质资源，从总量上看，号称“地大物博”，可是在旧中国不仅无力开采和利用，反而遭受帝国主义的疯狂掠夺。从清末办洋务起，到旧中国灭亡止，历经半个世纪，总共积累的固定资产才 100 多亿元，1949 年人均社会总产值只有 102.8 元，人均国民收入只有 66 元。可见，我国社会主义经济发展的起点是很低很低的，差不多比西方发达国家落后了一百年到两百年。新中国诞生后，经过四十年的社会主义建设，到 1988 年，累计全民所有制单位固定资产投资总额达到 21538

亿元，新增固定资产15619亿元。为发展社会生产力奠定了较为雄厚的物质基础。在此基础上，国民经济发展比较快，从1953年到1988年，国民生产总值平均每年增长7.1%，国民收入平均每年增长6.9%。1988年同中华人民共和国成立前最高年产量相比，钢为64倍，原煤为16倍，粮食为2.6倍，棉花为4.9倍。现在已有近20种主要工农业产品年产量处于世界前5名之列。事实说明，四十年来我国国民经济沿着社会主义道路克服重重困难，取得了重大成就，特别是实行改革开放以来，取得了举世瞩目的成就。但就人均财富来看，仍远远落后于世界经济发达的国家。

3. 如果全面地深入地分析我国经济发展的历史过程，由于起点低，底子薄，再加上人口多，消费大，相应地给国民经济的发展以及如何发展，带来一系列难题：

第一，自然资源短缺。人均耕地面积，1988年为1.3亩，比1957年减少了一半。人均森林、草原面积也在减少。人均水资源年径流量只相当世界平均水平的1/4，许多矿产资源储量虽居世界前列，但相对逾11亿的人口来说，又显得严重短缺。

第二，资金严重不足。四十年来，尽管创造的社会财富以几倍、几十倍的速度增长，但到1988年底人均国民生产总值和人均国民收入，分别才达到1270元和1081元，都仍居于世界第100位以后。这两项指标偏低，客观上限制了资金积累数量的增加。同时由于人口多，消费量大，一方面，减少了国民收入中可供用于积累的部分；另一方面，人均积累水平也相对降低。资金短缺一直是困扰我国经济发展的主要难题。

第三，劳动者生产装备率和劳动生产率水平低。1988年，工业企业每名职工平均装备固定资产14554元。主要工业生产设备属于国内一般水平和落后水平的仍高达65%以上。县以上工业企业中从事手工操作的工人仍占40%以上。而农业中的技术装备水平和劳动生产率水平更低，平均每一农业劳动力提供的谷物，我国只够养活3人，而美国可养活465人，英国可养活 126 人。

第四，生产社会化、商品化程度低。劳动者的社会分工，到 1988 年，第一产业部门占 59.5%，第二产业部门占 22.6%，第三产业部门占 17.9%。这种分工虽有发展，但比起生产社会化程度高的国家来，显得十分落后。美国和日本劳动者的社会分工，在 1982 年，第一产业部门分别只占 3.6% 和 9.7%，第二产业部门占 28.6% 和 34.5%，第三产业部门高达 67.8% 和 55.2%。我国生产社会化程度不高，也制约着商品生产的发展。1978 年以前，我国农业商品率只占 30%（其中粮食商品率仅占 16%），1988 年才达到 68.8%。

上述情况表明，我国的国情从根本上反映和规定了社会经济发展的起点和趋势，反映和规定了发展过程中的有利条件和不利条件。我们虽然建立了社会主义制度，但半封建半殖民地社会的痕迹不可能在短期内消除；虽然拥有丰富的自然资源，但资源又相对短缺；虽然已建设起较强大的物质技术基础，但经济实力和综合国力还不够雄厚；虽然全国的经济都发展很快，但各个地区的发展水平很不平衡；虽然现代生产技术不断提高，但手工劳动仍占很大比重；虽然生产专业化和现代生产部门不断扩大，但劳动者社会分工仍比较落后；虽然商品生产和商品交换近几年有了较大发展，但市场体系还不完善，市场机制还不健全，农业商品率仍然很低。总之，这些特点构成了我国社会主义经济发展的特殊经济条件、经济结构和经济矛盾。因此，全面深刻地认识我国国情，客观地分析经济发展中的有利因素和不利因素及其在不同发展阶段的演进形式和作用状况，才能恰当地选择适合于我国国情的社会主义经济发展道路，并且随着条件的变化而适时地向新的发展道路转轨。

（二）我国二元经济结构的矛盾：选择现阶段经济发展道路的主要依据

世界上任何国家的经济发展，一般都经历一个传统的农业和先进的工业在转化中并存的二元经济结构的发展过程。这一过程，实质上是用现代科学技术首先武装工业，进而武装农业和整个国民经济的过程。各个国家在不同的社会制度和不同的国情的条件下，二元经济结构的发展状况不同，选择实现工业化和现代化的经济发展道路或模式也不同。

我国的农业发展经历了几千年的历史。近代工业虽在十九世纪末已开始出现，但在旧中国由于深受内战和外侵之患，不可能发展起来。到1949年前，现代工业总产值只占工农业总产值的23.2%，从事农业劳动的农村人口占全国总人口的89.4%。而且资本多掌握在帝国主义和官僚资本手中，土地等主要农业生产资料多为封建地主阶级所占有。这一时期的二元经济结构，与其说是落后的农业经济向先进的工业经济转化的开始，毋宁说是半封建半殖民地经济的一种表现。

新中国成立后，才真正开始了从农业国向工业国的转变。随着社会主义制度的建立和发展，一方面，通过对农业的社会主义改造，引导一家一户为单位的个体经济走上各种形式的合作经济，为实现农业现代化和支援工业现代化创造了优越的社会条件；另一方面，通过以国家为代表的全民所有制经济的建立和发展，能够有计划地集中人力、物力、财力进行经济建设，为实现工业化和对农业进行技术改造进一步提供了优越的社会条件。同时，在生产资料公有制的基础上，农业和工业作为现代产业结构的两个主要生产部门，也都在各自的发展中加强了相互支援、相互促进的联系。这一切，都为我国工业化的发展开辟了新的途径。

但是，我国国情中的农业人口多、农业产值比重大、农业技术水平低和农业劳动力素质差的历史性特点，也必然影响和制约着从农业国向工业国转变过程中的二元经济结构内在矛盾的特殊表现形式。其特殊表现形式，集中地反映了我国社会主义初级阶段经济发展的历史特点。

1. 在劳动力转移上的矛盾。任何国家实现工业化的过程，都表现为农村过剩人口向城市转移的过程。我国在这一转移过程中，一方面，由于人口多，为了维持社会人口生存需要，在生产力不发达的情况下，不得不用占总人口80%的人去从事农业劳动，即通常说的“10亿人口有8亿搞饭吃”。这种依靠多投入劳动力而增加农产品产量的粗放经营方式，既掩盖了低生活水平的农村过剩人口的存在，又限制了通过提高劳动生产率而促使农村人口必然向城市转移。而且这种依靠多投入农业劳动力提高农产品产量的效应愈大，其掩盖和限制农村剩余劳动力及其转移的趋向也愈大。

2. 在资金积累上的矛盾。从农业国向工业国转变的过程，都需要资金的不断积累，而且需要有一定的初始积累。我国在这一过程中，由于底子薄，人口多，旧社会遗留下来的积累资金几乎没有，同时社会主义制度又决定了不可能走资本主义积累的老路。因此，必须依靠全体劳动者从新创造的价值即国民收入中进行积累。如何积累？一是从工业中积累。可是，轻工业的比重不大，并且由于受到轻视而限制了发展，这也限制了积累的增加。重工业几乎是在“空地上”新发展的部门，在起步时不仅不能增加积累，而且需要巨量资金投入。二是从农业中积累。农业劳动力多，农业净产值占国民收入比重大，在实行合作经济的条件下，有可能提供一定的积累。但由于农业劳动生产率低和抚养自身人口多，又限制了农业净产值和农业积累的增加。在这样的情况下，如选择主要从工业中积累，就必须大力发展轻工业，并降低重工业发展速度。如果选择主要依靠从农业积累，则势必：一方面，加重农业的积累负担，这不仅会限制农民生活的改善，也会限制农业的发展；另一方面，农业的积累，既可用于工业建设，也可用于农业建设，如果把农业的积累过多地用于工业，主要是重工业建设，不仅会限制农业的发展，最终也会限制工业以及整个国民经济的发展。

3. 在市场发展上的矛盾。从农业国向工业国转变的过程，也是国内市场，主要是工业和农业互为市场的发展过程。我国在这一过程中，由于生产社会化和商品化程度不高，一方面，农业自给性生产的比重很大，商品率低，因而难以向工业和城市提供越来越多的商品粮食和副食品。如果再加上实行统购统销，会更加限制农业发展所需要的市场。另一方面，工业在“自我循环”发展中和技术水平还比较落后的情况下，也难于更多地向农业提供所需要的农业机械、化肥、农药等生产资料。如果再加上对工业生产资料实行统分统配，也会使工业发展所需要的市场受到限制。

4. 在技术投向上的矛盾。为实现从农业国向工业国转化，必须用大机器生产代替手工劳动。我国在这一过程的开始时，由于历史条件所造成的技术水平和人员素质较低，一方面，在工业生产中，虽逐步建立了一定的物质技术基础，但技术设备仍比较落后，手工劳动仍占很大比重，而且当今世界的科学技术突飞猛进地发展，为了迎头赶上，尽快实现社会主义工业化和现代化的目标，就必须首先用现代的生产技术设备对工业进行更新改造，发展新兴产业部门，提高职工素质，使工业技术水平跨进世界先进行列。另一方面，我国农业技术水平更为落后，农业劳动者的文化技术素质更低，必须在提高工业技术水平的基础上，不断用先进的生产技术改造农业和整个国民经济，不断提高农村科学文化水平，以推动农业现代化的实现。不这样，工业生产的技术水平就难以提高，不仅影响工业的发展，也影响对农业和整个国民经济的技术改造和发展；或者，农业的生产技术依然落后，劳动生产率依然低下，不仅影响农业的发展，也影响工业和整个国民经济的发展。可是，如果都要去搞，既要增加对工业的投资，发展为工业服务的科学技术和文化教育事业，又要增加对农业的投资，发展为农业服务的科学技术和文化教育事业。这种在资金、市场上的矛盾，实际上是在技术发展和投向上的矛盾。

综上所述，我国国情的特殊性，决定了二元经济结构矛盾的特殊性以及二元经济结构的发展所展现的手工劳动向大机器生产转变、农村人口占大多数向城市人口占大多数转变、封闭的经济发展状态向开放的经济发展状态转变、低水平的社会文化技术素质向高水平的社会文化技术素质转变的趋势，同时也决定了二元经济结构内在矛盾的各种表现形式，以及在转变过程中矛盾解决方式的特点。针对这些特点，必须围绕提高社会劳动生产率这个核心问题，在实现从传统的农业国向先进的工业国转变过程中，一定要正确地解决资金积累、农村剩余劳动力转移、城乡市场的发展、先进生产技术的采用、科学技术和文化教育事业的发展、人民物质文化水平的提高等矛盾。这些矛盾切合实际的解决，也就确定了我国社会主义工业化和现代化的基本方向和道路。因此，只有真正从我国国情出发，认真把握和遵循反映我国国情的二元经济结构内在矛盾，掌握反映我国国情的二元经济结构内在矛盾的特殊规律及其发展趋势，才能正确地选择合理的经济发展道路，保证社会主义经济沿着正确的轨道发展，否则，必然会遭受挫折和失败。

二、我国经济发展道路选择的历史经验

从传统的农业国向现代的工业国转变，反映了社会生产力发展的一种规律性运动。其实质在于：技术进步及其所带来的生产要素的进步，必然促进劳动生产率的提高和剩余产品价值的增多；适应这种发展趋势，现代工业部门不断把先进的技术设备向农业及其他生产部门输送，农村不断地把剩余劳动力向工业及其他生产部门转移，并在现代工业和传统农业的内在矛盾的推动下，逐步使这种二元经济结构向一元经济结构转化，即实现整个国民经济工业化和现代化。所以，如何根据不同国情的这种规律性发展趋势，选择适当的经济发展道路或模式，关系到社会生产力能否持续、稳定、协调地发展，关系到社会主义生产关系能否随着生产力发展而不断自我完善和提高。

在我国人民政权和社会主义制度建立之后，为了把全社会经济从以手工劳动为主的技术基础转移到以大机器生产为主的技术基础上来，促使社会生产力迅速发展，党中央和中央人民政府及时提出了实现国家工业化的任务。如何实现？首先存在一个经济发展道路的选择问题。囿于当时的情况，我国选择了苏联的经济发展道路，即所谓传统的经济发展道路。这种经济发展道路，是以加重农业积累、勒紧人民腰带、集中使用社会资源、追求重工业高速度发展，并相应地形成过分集中、排斥市场调节的经济管理体

制为基本内容。当时选择这种经济发展道路不是偶然的，有其理论的、实践的、国内的、国际的各方面原因。因此，新中国成立四十多年来，尽管传统的经济发展道路在一定时期对经济的发展起了推动作用，但也付出了巨大的代价，而且越来越暴露出不适应生产力发展的缺陷。在党的十一届三中全会以后，虽开始用新的经济发展道路来代替，但旧的道路毕竟已沿用了很长时间，其影响并没完全消除，而且新的道路在形成中也存在一些失误。目前还处在两种道路或模式转换过程中，相互之间存在着剧烈的矛盾和摩擦。所以，认真总结我国选择经济发展道路的经验教训，找出问题症结所在，对向新的经济发展道路或模式转换，推动二元经济结构向一元经济结构过渡，顺利完成社会主义工业化和现代化的历史任务，具有极为重要的意义。

研究和反思我国从二元经济结构向一元经济结构过渡中起初选择的传统经济发展道路，应当以历史唯物主义和辩证唯物主义的方法，从以下几个方面加以分析比较。

（一）优先发展重工业，这是传统经济发展道路的突出特点

苏联在十月革命后是唯一的社会主义国家。被推翻的俄国政治经济制度在当时欧洲列强中是最落后的。旧俄国在 1913 年工业只占工农业总产值的 42.1%，而在工业中，生产资料的生产只占 33.3%；工业总产量仅及美国的 6.9%。并且苏维埃政权一建立就遭受到十多个国家的武装干涉，后来一直处在帝国主义的包围之中。为了应付战争的威胁和尽快建立强大的社会主义物质技术基础，在确定实现国家工业化的模式上，便选择了优先发展重工业的产业倾斜方式。

我国在人民政权建立后所继承的半封建半殖民地的社会生产力，比旧俄国还落后。到 1936 年时，工业产值才占工农业总产值的 34%，重工业产值才占工业产值的 28%，比旧俄国 1913 年的水平还低。以后又连年遭受战争的破坏，到 1949 年时，与抗日战争前相比，大约工业产值下降了 50%，重工业产值下降了 70%。中华人民共和国刚一成立，也同样遭受帝国主义

的战争威胁和经济封锁，在尚没有社会主义经济建设经验的情况下，“一边倒”地学习苏联的模式，也把优先发展重工业作为国家工业化的“中心环节”。虽然通过“一五”的实践，开始认识到不能片面注重重工业、忽视农业和轻工业，要走以“农轻重”为序的工业化道路。但是，由于急于求成的指导思想和传统经济体制的作用，为了赶超英国，提出了“以钢为纲”，要在1957年一年内实现钢产量翻一番，各行各业的“万马”都要围着这“一马”去奔腾，实际上更加把优先发展重工业的路线推上了极端。后来又因中苏关系破裂，苏方断绝援助，撤走专家，索逼欠债，以至发生边境武装冲突，又把优先发展重工业作为“准备打仗”的重要战略部署。这种经济发展道路，虽在一定历史时期和特殊的国际政治经济条件下，起了促进重工业发展的明显作用，但在实践中所带来的问题也是十分严重的。

概观我国和苏联优先发展重工业的历史过程，从理论上和实践上来分析：(1)优先发展重工业在社会主义条件下尽管有一定的历史原因，而就其实行的指导思想来看，把它作为社会主义国家工业化的唯一道路却值得研究。斯大林认为，社会主义国家工业化不能走资本主义那种以追求利润为目的的、从发展轻工业开始的缓慢发展的道路，只能走从重工业开始的迅速发展的道路。这样把工业化的不同的产业倾斜方式同社会制度的性质联系起来，显然是不对的。(2)优先发展重工业的选择，重视了重工业在国民经济中的特殊地位和作用，强调“社会主义的唯一物质基础，就是同时也能改造农业的大机器工业”①，应当肯定。但在斯大林的传统理论观点和急于求成的指导思想下，却把这种地位和作用片面化了：一是脱离了国民经济综合平衡，特别是脱离了同农业和轻工业正常的比例关系，片面追求重工业高速度发展，造成了国民经济严重失调；二是在发展重工业中又片面强调加工工业和钢铁工业等个别生产部门的作用，认为工业化的中

① 《列宁选集》第4卷，人民出版社1972年版，第549页。

心，工业化的基础，“归根到底，就是发展生产资料的生产，发展本国的机器制造业”[①]。或者要“以钢为纲”，尽早让“钢铁元帅升帐”。这种“为重工业而发展重工业”的做法，形成了“重工业自我循环”。（3）优先发展重工业的选择，能够重点使用所集中的社会人力、物力、财力，这是优点。但重工业的发展多是“白手起家”，投资又大，建设周期又长，必然会导致：一方面追求粗放式的外延扩大再生产，不重视提高经济效益；另一方面促使提高积累比重，降低消费比重，限制和放慢人民生活水平的提高。

（二）把农业作为积累的主要来源，这是传统社会主义经济发展道路的重要特点

苏联在实行国家工业化的起始，首先遇到的问题是资金从哪里来。基于重工业优先发展是社会主义制度所决定的传统观点，不仅抛弃了从工业内部，即主要从投资少、见效快、利润多的轻工业积累资金的途径，而且也放弃了（在当时也没有可能）借用外债的办法。重工业有机构成高，发展重工业需要巨量资金，出路何在呢？苏联模式的自身特点也合乎逻辑地必然是主要从农业中提取积累。1926—1952年，除战争年代外，投入了巨量的工业建设资金，其中来自农业积累的占大部分。其方法，一是征收农业税，二是利用“剪刀差”取得特殊“贡赋”。斯大林说：“农民除了向国家缴纳普通税即直接税和间接税以外，还要缴纳一种超额税，即在购买工业品时多付一些钱，而在出卖农产品时少得一些钱。”[②]并把这种价格“剪刀差”所获得的积累资金称为是农民的一种“贡款”。

我国在推行传统的经济发展道路的过程中，也主要采取这种方式。征收的农业税的比重不大（1952年占农业总产值的11%，1959年占8.55%），而利用“剪刀差”所获得的“贡款”却很大。据估算，四十年来用“剪刀

---

① 《斯大林选集》上卷，人民出版社1979年版，第462页。

② 《斯大林选集》下卷，人民出版社1979年版，第148—149页。

差”的方式提取的积累资金约有13000亿元以上。除此而外，在50年代从苏联还得到较为优惠的贷款。可是，在苏联逼债之后，又极端地反对从国外借债，认为既无内债又无外债是社会主义制度的优越性。

今天回过头来进行反思，可以看出：（1）从自己国家内部，主要是从农业内部积累资金，体现了社会主义绝不能用掠夺的办法，也不能主要靠借债的办法去实现工业化的特点。但把借用外债一律视作同社会主义制度不相容，却是不妥的。同时，为了高速度发展重工业，依靠内部积累，也势必会提高积累率。我国于1958—1978年，大多数年份积累率在30%左右，1959年为43.8%，1978年为36.5%。（2）主要从农业内部积累资金，对一个农业占很大比重、工业落后的国家来说，是一种选择，但不是唯一的选择。把它作为唯一的选择，会忽视轻工业具有收效快、积累多的特点，也忽视了农轻重协调发展。过多地从农业中取得“贡款”，必然影响农业的发展。毛泽东在《论十大关系》中指出：苏联的办法把农民挖得很苦。“他们采取所谓义务交售制等办法，把农民生产的东西拿走太多，给的代价又极低。他们这样来积累资金，使农民的生产积极性受到极大的损害。”[①]我们农业税较轻，但“剪刀差”却较大。近十多年，数次提高农产品收购价格和实行部分农产品自由出售，使农民的收入有了较大增加，可是“剪刀差”仍然存在。较长时期较多地从农业中提取积累，势必会严重限制农业自身的发展。（3）主要从农业内部积累资金，又主要用于重工业发展，还带来一种后果，即：一方面由于农业生产现在还基本上靠手工劳动，要增加农业中积累，增加农业向工业提供粮食和副食品，必然靠多投入劳动力来实现，加之在农产品价格低，而来自工业的生产资料价格又高的情况下，农民宁愿增加劳动投入，而不愿采用农业机械，这会极大地限制农业剩余劳动力向工业和城市转移；另一方面，由于重工业有机构成高，据计算，每

① 《毛泽东选集》第5卷，人民出版社1977年版，第274页。

100 万元投入，重工业比轻工业少吸收 163 个劳动力，加之城市就业人口也多，这又排斥农业剩余劳动力向工业和城市转移，形成“劳动排斥资本、资本排斥劳动”的恶性循环。

（三）以多投入的粗放发展为主，这是传统经济发展道路的基本特点

苏联和我国在工业建设上，长时间都是集中资源用于新建、扩建的固定资产项目，生产的增长主要靠物化劳动和活劳动的投入，靠外延扩大再生产来取得。在优先发展重工业或追求短期利益而发展加工工业的思想支配下，1953—1975 年，我国用于更新改造的资金不到 947 亿，占同期投资总额的 16%。在这 947 亿元中，还有相当大部分是用在楼堂馆所的固定资产投资，或挪用于基本建设。

反思粗放发展的历史实践，其主要经验教训是：（1）在社会主义建设初期，因生产力落后，工业基础薄弱，百废待兴，多投资新建、扩建项目，以外延扩大再生产为主要形式，是必要的。可是，当工业发展有了基础，工业体系基本形成后，就应当及时地转到以集约发展为主、以内涵扩大再生产为主的轨道上来，着重提高原有企业的技术水平，社会生产的增长主要应靠提高劳动生产率来实现。当然，转到以内涵扩大再生产为主，不等于不进行外延扩大再生产，但后者要处于次要的地位。（2）采取粗放发展的方式，在技术水平不太高的情况下，通过增加资源投入，多上新项目，会迅速提高生产力。可是，当技术水平有了一定提高，用相同的技术去改造原有企业，相比之下，后者比前者节省投资 2/3，缩短建设周期 1/2。可见，一味地追求上新项目，搞外延扩大再生产，是不经济的。（3）外延型的扩大再生产，既适于集中巨量资金进行高技术水平的大中型项目的建设，也适用于聚集一定的资金进行低技术水平的中小项目的建设。好处是，可以发挥中央和地方、经济发达地区和经济不发达地区各方面办工业的积极性。问题是，在统一计划调控的条件下，容易产生争投资、争项目的混乱倾向；在宏观调控不利的情况下，容易出现盲目投资，盲目建设，造成资源浪费，产业结构扭曲。

（四）追求高速度，这是传统经济发展道路又一重要特点

斯大林把苏联社会主义工业化的标准定为工业产值占到工农业总产值的70%以上，又迫于当时国际国内的政治经济形势，把高速度看作是同资本主义对抗的生死存亡的关键，是“国家工业化的主要基础和关键”[①]。我国曾经把高速度看作是社会主义建设总路线的灵魂，是社会主义经济发展的一个规律，提出了“大跃进”的口号，“赶超”的口号。实际上是把追求产值增加作为最高目标，把产值增长快慢作为衡量经济好坏的唯一标准。

总结传统经济发展道路在目标的确定和实现方式的经验教训，它深刻地表明：（1）以追求产值、追求高速度为目标，尽管在一定的或特殊的时期，也推动社会生产较快地发展，也为改善人民生产提供了一定条件，但内在的“为生产而生产”“为速度而速度”，是以压消费、增积累，片面地重生产、轻生活为前提的。1952—1978年，我国工农业总产值增长778.6%，其中工业产值增加1601.6%，而居民消费水平只增长177%。结果使人民生活水平的提高受到影响，挫伤了劳动者的积极性。（2）以追求产值、追求高速度为目标，尽管使落后的工业，特别是重工业，在一定时期得到较快发展，就这个意义来说，产业结构也走向高度化，但重工业的高速度发展，是以限制轻工业和农业发展为代价的，其结果是导致整个社会生产的比例关系严重失调。我国“二五”时期，重工业平均每年增长6.6%，而轻工业和农业为1.1%和负4.4%；“三五”时期，重工业平均每年增长15%，而轻工业和农业为8.7%和2.9%；“四五”时期，重工业平均每年增长10.2%，而轻工业和农业为7.9%和3.4%；到了1978年，重轻农的比例结构呈现了42.8∶32.4∶24.8的畸形形式。（3）以追求产值、追求高速度为目标，尽管社会产值的增长也反映了社会产品的增多和产值效益指标的提高，但从社会综合效益指标来观察，一些主要的经济效益指标却是滑坡的。每百元积累增加

---

① 《斯大林选集》下卷，人民出版社1979年版，第76页。

的国民收入，历史上最好的年份1953年为71元，受“大跃进”的影响最低降到负115元，到1978年仍比最好年份少34元；企业百元资金税利率，历史上最好的年份1956年为35.2元，1978年才24元，少11.2元。经济效益低，一直是我国经济发展中矛盾不能缓解、有时反而异常尖锐的症结所在。

综上所述，社会主义国家在从落后的农业国向先进的工业国转变过程中，选择了以优先发展重工业为主要特点的粗放型的经济发展道路，应当承认有其一定的历史原因，同时也起了一定的历史作用。苏联工业的发展，1940年比1913年总产值增长了7.5倍，其中生产资料生产增长了14.5倍。同一时期，用于工业固定资产的投资增长了9.4倍，工业劳动生产率提高了3.2倍，从第一个五年计划开始到1940年，在短短十二年内，工业生产平均每年增长16.9%，其中重工业平均每年增长21.2%，基本上实现工业化，为反法西斯战争的胜利提供了强大的物质基础和国防实力。第二次世界大战后，仅仅用了几年的时间，就医好了战争创伤，开始了新的有计划的建设。工业总产值1952年又比1930年增长了230%，其中生产生产资料的工业总产值增长了280%。我国的工业发展也取得了重大成就。1949—1988年，工业总产值由140亿元增加到18224.58亿元，按可比价格计算，增长了134倍，平均每年增长13.4%。现在已建成了独立的门类比较齐全的社会主义工业体系，为增强国力，粉碎帝国主义的战争威胁和经济制裁，为推动社会主义现代化的发展和人民生活水平的提高，提供了较为强大的物质技术基础。

如果我们全面地考察和分析这种传统的社会主义经济发展道路，既要看到一定时期和特殊条件下的成效，也要看到它存在着的严重缺陷。从我国的实践来看，综合上述在产业倾斜方式、资金积累方式、资源投入方式、目标确定方式等各方面的情况，其根本性的缺陷主要在于：（1）增加了解决二元经济结构矛盾的难度。本来，我国国情所决定的二元经济结构的矛盾具有不同于其他国家的特殊性，应针对这种矛盾在各方面、各时期的表现，按照其发展趋势的内在要求，在不断解决中推动我国从落后的农业国向先进的工业国转变。可是，由于传统经济发展道路脱离了国情，在实行中导致和加剧了农业技术改造同农业剩余劳动转移的矛盾、农业剩余劳动力转移同重工业有机构成提高的矛盾，等等，因而使我国从农业国向工业国转变遇到了许多不应有的困难。（2）影响了国民经济持续、稳定、协调地发展。传统经济发展道路的要害问题是脱离国情，超越国力，急于求成，每当经济发展速度过高时，都出现了总量严重失衡，产业结构严重扭曲，经济效益急剧下降的问题，被迫停下来进行大的整顿，致使国民经济发展几次出现大起大落，造成了巨大损失。（3）妨碍了社会主义生产关系的自我完善和发展。社会主义生产关系的性质决定它能够适应生产力的发展要求不断地自我完善和发展，由于传统经济发展道路的根本立足点是社会主义产品经济，而不是社会主义商品经济，因而这种经济发展道路必然要求相应地建立过分集中的排斥市场调节的经济体制，而后者在实践中越来越严重地扼制了社会主义经济的生机和活力，也极大地阻碍了社会主义生产关系随着生产力的发展不断自我完善和发展。

三、实现有计划商品经济发展的目标模式

邓小平同志在总结我国历史经验时指出："我们的现代化建设，必须从中国实际出发。无论革命还是建设，都要注意学习和借鉴外国经验。但是照抄照搬别国的经验、别国模式，从来不能得到成功。这方面我们有过不少教训。把马克思主义的普遍真理同我国的具体实际结合起来，走自己的道路，建设有中国特色的社会主义，这就是我们总结长期历史经验得出的基本结论。"[①] 这个基本结论是对我国社会主义历史经验的最高概括。

---

① 《建设有中国特色的社会主义》（增订本），人民出版社 1987 年版，第 3 页。

建立有中国特色的社会主义，在经济上主要表现为选择适合现阶段中国国情的经济发展道路，即有计划商品经济的发展道路。这种新型的社会主义经济发展的目标模式，与传统的经济发展模式，即产品经济的发展模式，比较起来，有着不同的特点。它主要是：不是优先发展重工业，而是农轻重协调发展；不是片面在农业中实行高积累，而是在国民经济各部门，包括工业部门合理进行积累；不是片面追求高速度，而是实现比例关系协调的速度；不是以粗放的外延扩大再生产为主，而是以集约的内涵扩大再生产为主；不是封闭式的，而是开放式的，等等。综上所述，它应能够反映有计划商品经济发展道路的内在必然趋势，即主要反映我国在初级阶段受二元经济结构矛盾特殊性制约的有计划商品经济发展道路的必然趋势。因此，我们认为，所要选择的新型经济发展的目标模式应当是：以提高效益、满足人民需要为前提的匀速增长；以农业为基础、以基础产业和新兴产业为先导的产业结构方式；以市场供求中的财政、信贷、外汇、物资平衡为重点的总量动态平衡。

（一）以提高效益、满足人民需要为前提的匀速增长

我国现在处在社会主义初级阶段，现代化建设起点低，实现现代化的任务具有艰巨性、复杂性和长期性。在这个过程中，广大人民希望迅速摆脱贫穷落后的面貌和在世界两种制度的竞争中尽快把国民经济搞上去，但经济的发展又受人口多、底子薄、资源短缺、资金不足、生产技术比较落后，特别是农业劳动生产率和商品率低等因素的限制。因此，经济发展需要有一定的速度，又不能盲目追求高速度。鉴于过去屡次急于求成而导致国民经济几大颠簸的历史教训，又基于已建立起独立的门类比较齐全的工业体系，因此，在实现从传统的经济发展到新型经济发展的转轨中，一个很重要的方面就是从以速度为中心转到以提高经济效益为中心上来。

经济效益所反映的消耗的活劳动和物化劳动同创造出的产品和价值之间的比较，即投入和产出的比较，是社会生产力发展状况最具有代表性的标志。因此，以尽量少的投入取得尽可能多的产出，反映了社会生产、分配、交换、消费各个环节、各种因素综合作用的结果。投入少、产出多，意味

着创造同样多的产品和价值，花费比较少的劳动量，或花费同样的劳动量，创造出比较多的产品和价值，其实质在于节约时间。马克思说："时间的节约，以及劳动时间在不同的生产部门之间有计划的分配，在共同生产的基础上仍然是首要的经济规律。这甚至在更高得多的程度上成为规律。"[①]节约时间，既包括节约活劳动量（减少劳动者在单位产品生产中所消耗的劳动量），也包括节约物化劳动量（减少单位产品生产中生产资料的消耗量）；既包括在生产单位中合理配置生产要素，又包括在全社会合理配置资源；既包括缩短生产时间，又包括缩短流通时间，加快资金循环和周转，加快货币流通和商品流通。在社会主义条件下，投入少、产出多，意味着劳动者在共同占有生产资料的基础上，通过节约劳动时间，创造更多的国民收入和社会净产品，以保证人民日益增长的物质文化需要，为每个劳动者提供日益增多的自由时间去从事全面发展的活动。可见，节约时间，不断提高经济效益，是实现社会主义生产目的、完善社会主义生产关系的有决定意义的物质条件。

因此，我们要迅速发展社会生产力，就必须根据我国现阶段客观的经济条件，真正认识提高经济效益的重要意义。时间的节约，投入少、产出多，而且创造出的产品和价值正是符合人民需要的，这既表现了经济效益的真正提高，又表现了经济速度的正常增长。所以，在节约时间、满足人民需要的前提下，效益和速度是一致的。没有效益的速度是徒有虚名而无实惠的速度；没有一定速度的效益也很难使经济较快发展。同时，速度的增长要保持均匀、稳定的连续性，忽高忽低的速度也必然导致资源极大浪费，造成经济效益低下。而匀速的经济增长和效益不断提高的统一，关键又在于保持社会生产的合理比例关系，建立合理的产业结构。

传统的经济发展道路的根本缺陷，就在于离开了现阶段的客观条件，离开了节约时间、满足人民需要的本质要求，因而也就离开了提高经济效益这个经济发展的核心。正因为这样，传统的经济发展道路所形成的运行

---

① 《马克思恩格斯全集》第 46 卷（上），人民出版社 1979 年版，第 120 页。

机制，必然是：一方面，使重工业越来越“重”，基本建设越来越大、速度越来越高；另一方面，这种重、大、高反而使经济效益越来越低，或者一时提高了又滑下来。其症结就在于不是以节约时间、满足人民需要为立足点，而是以不计效益的过多投入为前提。这就必然造成活劳动和物化劳动投入得越多，则资金和商品周转得越慢，生产时间和流通时间拉得越长，新创造的产品和价值也越少。这不仅无法保证新的一轮扩大再生产所需要的资金和物资，而且也会影响原有生产的继续进行和人民生活的提高。年复一年的投入多、产出少，势必使国民经济发展陷入恶性循环之中。这是我国经济发展在传统模式中多次遇到重大困难的主要原因之一。

在党的十一届三中全会以后，随着经济体制改革的进行，在总结历史经验的基础上，提出了国民经济发展要以提高经济效益为核心，走良性循环的路子。这就从根本上确定必须由传统的粗放型的经济发展道路转换为新的集约型的经济发展道路。但由于当前正处在两种模式的转变之中，传统模式的影响依然存在，加之急于求成的指导思想没有完全消除，在推进社会主义现代化经济建设中仍然存在追求速度，忽视效益，甚至以牺牲效益换取高产值、高速度的倾向，因而出现了经济增长忽快忽慢的现象。当前的经济发展又遇到了新的困难，而且在走出困境的治理整顿过程中，由于经济效益不好，又出现了生产滑坡、市场疲软、企业盈利下降、国家财政收入减少等一系列连锁反应。因此，效益不高是当前许多经济矛盾扩大化的症结所在。我们要在一定时间内完成治理整顿任务，走出困境，核心的问题是必须千方百计地提高各个环节、各个方面、各个层次、各个单位的效率和效益。只有从根本上把忽快忽慢的经济发展道路转换为匀速增长、效益提高的经济发展道路，社会总产品和总价值增多了，国民收入增多了，积累资金和消费资金都按比例地增多了，才能真正使国民经济走上持续、稳定、协调发展的轨道，从根本上缓解国家与地方、集体与个人、生产与生活、简单再生产与扩大再生产、采用先进技术与众多劳动就业等各种矛盾，保证三步走的经济发展战略胜利实现。

（二）以农业为基础、以基础产业和新兴产业为先导的产业结构方式

在我国现阶段实现工业化和现代化的过程中，要保持国民经济高效益地匀速地发展，很重要的是建立合理的产业结构。只有产业结构合理，各种产品生产所投入的劳动量才都是社会所分配的劳动量，所产出的产品也才都是社会所需要的产品。在社会主义商品经济条件下，反映在产业结构关系中的投入产出的各种比例关系，是有计划地指导和控制的，同时这种有计划按比例地分配社会劳动量又是同市场调节相结合的。比例协调，结构合理，反映在市场上则表现为所提供的商品都能卖出去，所需要的商品都能买回来。这样才能使社会再生产中所消耗的使用价值都能得到替换，所消耗的价值都能得到补偿。可见，产业结构如何，关系到国民经济如何运行，如何发展。

从我国当前情况来看，由于存在着二元经济结构的特殊矛盾，以及长期以来在传统的经济发展道路和新旧道路转轨摩擦中造成的产业结构严重扭曲，需要使产业结构向高度化发展同有效的调整结合起来。首先应当确确实实地看到，农业人口多、农业产值比重大、农业技术水平低和农业劳动力素质差，是我国国情的一个极重要的特点。同时，农业是人民生活必需品的主要来源，是工业发展的商品粮、原料、资金的主要来源，是国内的主要市场。尽管随着工业化的发展，所提供的原料、资金占的比重在下降，但其重要性现在仍未根本改变。事实上，农业生产稳定，人民生活就稳定，工业以及整个国民经济的发展也稳定。因此，在实现现代化的过程中，必须牢牢地坚持以农业为基础，始终把农业生产的发展放在国民经济比例平衡和产业结构合理化的首位。其次，鉴于片面发展重工业和盲目发展加工工业而导致能源、原材料、交通运输等基础工业和基础设施严重落后，在调整产业结构中必须把发展重点放在这些关系国民经济良性循环的关键而又处于薄弱环节的部门，使它们的发展规模和发展速度都能同社会生产发展的需要相适应。最后，现代化经济发展的重要标志是电子、核能、激光、航空、海洋、生物工程等这些生产部门成为“朝阳”产业。由于我国的传统产业革命尚未完全实现，而当今世界的新兴产业发展又很快，我

们在完成传统产业革命的同时，必须积极而又切合实际地把一些新兴产业作为发展的先导。所以，这就决定了在我国产业结构的调整和推进中，应当合理地向农业倾斜、向基础工业和基础设施倾斜，向新兴产业部门倾斜。当然，在不同时期倾斜的方向和程度有所不同。只有这样，才能针对我国从落后的农业国向先进的工业国转变的特点，适应现代科学技术突飞猛进的发展趋势，使产业结构走向合理化。

传统的经济发展道路正是脱离我国现阶段的实际，按照产品经济的特点，长期把过多的劳动投入到钢铁等个别生产部门或重复生产的加工工业部门，结果造成了国民经济比例关系严重失调。要从根本上扭转这种局面，必须把落后的扭曲的产业结构改造为优化的比例关系协调的产业结构。

所以，当前治理整顿的中心环节是调整产业结构。在调整中，保证农业稳定增长，是国民经济有计划按比例发展的基础。在工业内部，要加强基础工业和基础设施的建设，有计划有重点地发展新兴产业部门，使工业的发展同技术进步相适应，使提供技术装备的工业同农业以及整个国民经济的技术改造需要相适应。同时，要针对各地区的经济条件和各时期的市场供应情况，合理地调整地区经济结构、企业组织结构和产品结构，使资源的开发和利用适于发挥地区优势，使资产存量和增量的配置和流动符合生产力布局，使活劳动和物化劳动在产品生产中的投入和消耗适于技术进步和效益提高的需要。在当前，应抓住治理整顿这个时机，先从调整产品结构入手，淘汰一批老化、质次、高消耗的产品，努力开发一批新工艺、新花色、新品种的产品。并且，在进一步完善产业政策的基础上，一方面，以充分发挥国有大中型企业的作用为中心，通过兼并、联合和股份制等各种方式，促使企业组织结构趋于合理；另一方面，以关停并转的形式，压缩和调整各地区属于结构趋同、资源浪费的产业部门和企业，扶植和发展能发挥优势，适应技术进步，又符合全国布局的产业部门和企业，促使地区经济结构趋于合理。这样，才能保证社会总供给和总需求相互平衡，保证国民经济长期沿着良性循环的轨道运行。

（三）以市场供求中的财政、信贷、外汇、物资平衡为重点的总量动态平衡

在我国从二元经济结构向现代化一元经济结构转变的过程中，制约和影响产业结构的各种因素，集中起来必然制约和影响总量平衡。社会总供给和社会总需求之间的比例关系，是社会再生产中最大的最有决定意义的比例关系，是社会生产诸多比例关系的总枢纽。如果总量失衡，那就不是一个生产部门或少数几个生产部门的比例关系失调，而是许多主要生产部门甚至是全社会各个生产部门的比例关系失调。

在社会主义商品经济条件下，总量平衡主要表现为在有计划的市场运行中商品总供求的平衡。这种平衡，在价值形态上主要表现为财政平衡、信贷平衡、外汇平衡，在使用价值形态上主要表现为物资平衡。这些平衡关系都是通过市场供求变化反映出来的。由于商品的价值和使用价值有相互背离的一面，在经济运行中，如果用于积累和消费的总额超过了国民收入的总额，或者信贷投入和财政支出过大，货币流通量过多，或者用于积累或生活消费的价值形态的分配同实物形态的分配背离太大，就会出现市场需求不足或需求膨胀。结果，必然导致通货膨胀，经济混乱。所以，在市场供求活动中，如何保持财政、信贷、外汇、物资平衡，如何保持国民收入的总额及其分配总额的平衡，是实现总量动态平衡的重点和关键。

传统的经济发展道路，由于脱离国情，长期片面追求重工业优先发展，追求高速度，造成产业结构严重扭曲，比例关系严重失调，供求总量严重失衡。在从传统经济发展道路向新型经济发展道路转轨的过程中，旧模式追求产值、追求速度的影响还存在，因而近几年来出现了投资需求和消费需求“双膨胀”，破坏了财政、信贷、外汇、物资“四大平衡”，致使总需求超过总供给的差距越来越大。经过一年多的治理整顿，已开始趋于好转，但要从根本上恢复总量平衡，还是一项艰巨的任务。

总之，为适应有计划商品经济的发展，必须从传统的社会主义经济发展道路转换为新型的经济发展道路。只有这个转轨实现了，新道路的模式基本建立起来了，国民经济才能长期走上持续、稳定、协调发展的轨道。

我国经济发展模式的转换和九十年代的经济发展*

从1991年到2000年，是我国经济发展的关键十年。在这十年内，要实现第二步战略目标，把国民经济整体素质提高到一个新的水平，一个根本的条件是实现经济发展模式的转换，即从粗放型发展转到集约型发展。只有这个转变基本实现了，我国国民经济才能基本转到持续、稳定、协调发展的轨道上来。

一、经济发展模式选择的历史条件

从社会经济发展的历史过程来看，随着社会分工的发展和技术进步，世界各国都必然从自然经济向商品经济转化，从手工劳动向大机器生产转化。这个过程，也是一个国家从落后的农业国向先进的工业国过渡的过程。社会主义国家也不例外。由于各个国家在转化中的历史条件不同，二元经济结构的特点不同，选择的经济发展模式和道路也不同。

我国在1949年后，在当时的历史条件下，选择了苏联的模式，即所谓

* 原载《江汉论坛》1991年第12期。

传统的社会主义经济发展模式。它是以加重从农业中积累、勒紧人民腰带、集中使用社会资源、主要采取外延扩大再生产、追求重工业高速发展为特征。这种模式，在中华人民共和国成立初期的条件下，对经济的发展起了较大的推动作用。但由于没有随着条件的变化而及时转换，延续时间过长，也付出了巨大代价。今天回过头来进行反思，根本问题在于脱离了国情，脱离了我国社会主义初级阶段二元经济结构转化过程的特殊性。

我国是在半封建半殖民地废墟上进行社会主义建设的。这个不可选择的历史前提，包含和规定了我国社会主义经济发展起步时的经济条件、经济特点、经济结构、经济矛盾以及社会环境的基本国情，因而必然影响和制约我国从农业国（或发展为工业一农业国）向工业国转变过程中二元经济结构内在矛盾的特殊表现。

（一）在劳动力转移上的特殊性。任何国家实现工业化、现代化的过程，都表现为农村过剩人口向城市转移的过程。我国在这一转移过程中，一方面，由于人口多，为了维持社会人口生存需要，在生产力不发达的情况下，不得不用占总人口 80% 的人去从事农业生产劳动。这种靠多投入劳动力而增加农产品产量的粗放经营方式，既掩盖了低生活水平的农村过剩人口的存在，又限制了通过提高劳动生产率促使农村人口向城市转移。而且这种依靠多投入农业劳动力提高农产品产量的效应愈大，掩盖和限制剩余劳动力转移的取向也愈大。

（二）在资金积累上的特殊性。任何国家从农业国向工业国转变的过程，都需要较多资金的积累，而且需要有一定的初始积累。我国在这一过程中，由于底子薄，人口多，旧社会遗留下来的积累资金几乎没有，同时社会主义制度又决定了不能走资本主义原始积累的老路。因此，必须依靠全体劳动者从新创造的价值即国民收入中进行积累。如何积累？一是从工业中积累。可是，轻工业比重不大，并且由于受到轻视而限制了发展，这也限制了积累的增加。重工业几乎是在“空地上”新发展的部门，在起步时不仅不能增加积累，而且需要巨量资金投入。二是从农业中积累。农业劳动力多，农业净产值占国民收入比重大，在实行合作经济的条件下，有可能提供一定的积累。但由于农业劳动生产率低和抚养自身人口多，又限制了农业净产值和农业积累的增加。在这样的情况下，如果选择主要从工业中积累，则必须大力发展轻工业，并降低重工业发展速度。如果选择主要从农业中积累而又用于工业，特别是重工业的高速发展，则势必加重农业积累负担。这不仅限制农民生活的改善，也限制农业的发展，最终也限制工业和整个国民经济的发展。

（三）在市场开发上的特殊性。从农业国向工业国转变的过程，也是国内市场，主要是工业和农业互为市场的发展过程。我国在这一过程中，由于生产社会化和商品化程度不高，一方面农业自给性生产的比重大，难以向工业和城市提供越来越多的商品粮食、副食品和原料，因而也难以扩大农业发展的市场；另一方面，工业在重工业优先发展的情况下造成了“自我循环”，也难以更多地向农业提供所需要的农业机械、化肥、农药等生产资料，使工业发展的市场亦受到限制。

综上所述，我国国情的特殊性，决定了二元经济结构矛盾的特殊性，以及二元经济结构发展所展现的手工劳动向大机器生产、农村人口占大多数向城市人口占大多数、封闭的经济发展状态向开放的经济发展状态转变趋势的特点。由于我们选择并长时间实行了脱离这种特殊性的传统经济发展模式，不仅影响了国民经济持续、稳定、协调发展，也增加了解决二元经济结构内在矛盾的难度。

二、我国新旧发展模式在转换中的摩擦和出现的新问题

在党的十一届三中全会以后，随着工作重点转向发展社会生产力，也

相应地实行了经济发展模式从粗放型向集约型转换。在转换中，传统经济发展模式的格局已经打破，新的经济发展模式的框架正在建立。但由于在指导思想上仍存在急于求成的毛病，追求速度、粗放发展、自我封闭的倾向在不同情况下仍表现得很严重，致使经济发展十多年来多次出现“过热”的现象，反映了新旧两种经济发展模式在转换中的摩擦还比较厉害。

（一）在产业倾斜方式上的摩擦。传统经济发展模式的突出特点是优先发展重工业。这种产业倾斜方式，重视重工业在国民经济中的特殊地位和作用，强调了社会主义国家必须建立自己强大的物质基础，应当肯定。但在传统理论观点和急于求成的思想指导下，却把重工业的地位和作用片面化了。一是脱离了国民经济综合平衡，特别是脱离了同农业、轻工业之间的平衡，造成了比例关系严重失调；二是在重工业中又片面发展钢铁工业和一般的机器制造工业，形成了“为重工业而发展重工业”的自我循环。近十多年来，随着经济体制改革的推行，我国在从这种旧模式向新模式转换中，进一步重视农业的发展，并加快了轻工业的发展步伐，强调重工业发展要转到为农业和轻工业服务的轨道上，因而农轻重的比例关系逐步趋于合理。三者之间由 1978 年的 24.8∶32.4∶42.8 调整到 1983 年的 29.9∶34∶36.1。由于在改革中实行的地方财政包干和企业承包，在发挥其积极作用的同时，也产生了利益结构向地方、企业、个人倾斜的弊病，致使传统经济发展模式的影响在新形势下又有抬头。地方资金多是投向有利于局部和短期利益的一般加工工业，重复建设，盲目发展。农业在 1984 年达到人均粮食 800 斤后又有所忽视，投资锐减，这又出现了农业生产连续几年徘徊不前。一般加工工业过热，基础工业、基础设施越来越成为“短线”，地区结构趋同、企业组织结构分散、产品结构单调等新的产业结构畸形化又开始出现。

（二）在生产扩大方式上的摩擦。传统经济发展模式的一个基本特点，是以新建扩建的外延扩大再生产为主。这种生产扩大方式，在社会主义建设初期，百废待兴，是必要的。但当经济发展有了一定基础，工业体系基本形成，就应转到以内涵扩大再生产为主的轨道上来。我国直到 1978 年以后，才明确提出转轨。1978—1988 年用于更新改造的资金共 5229 亿元，为前二十六年总和的 3.7 倍。同时，固定资产折旧率也有所提高。但是，上新项目、铺新摊子的思想和做法并没有根本扭转。由于粗放式的外延扩大再生产，既适用于集中大量资金进行技术水平较高的大中型项目建设，又适用于集中一定资金搞技术水平较低的小型项目。结果，在实行国家统一投资的条件下，是争投资、争项目，而在宏观控制乏力、地方又有一定投资权限的情况下，又出现盲目投资、重复建设的倾向。从 1981 年到 1988 年，国家预算外投资为同期预算内投资的 5.3 倍，占投资总额的比重由 1986 年的 63.8% 上升到 1988 年的 91%。在国家预算内资金中，用于企业更新改造的资金虽有增加，但占总额的比重仍然不多，1981 年为 3.41%，1988 年又降为 2.76%。目前我国主要工业设备属于国内一般水平和落后水平的仍高达 65% 以上。

（三）在发展目标上的摩擦。传统经济发展模式的再一个重要特点是追求高速度。这种追求产值、追求速度的做法，尽管在一定的或特殊的时期也推动了社会生产较快地发展，但内在的“为速度而追求速度”，是以压消费、高积累、重生产、轻生活为前提的。我国从 1953 年到 1978 年，重工业平均每年增长 13.6%，积累率从 1958 年以后大多数年份占 30% 以上，而一些主要经济效益指标却在滑坡，或短暂上升又降了下来。在新旧经济发展模式转换中，虽然多次提出要以提高经济效益为中心，但由于连续出现“复制古董”、重复建设的一般加工工业投资热，客观上仍然是追求速度、忽视效益。从 1982 年到 1988 年，加工工业的产值占工业总产值的比重，由 38.1% 上升到 43.9%，同时期积累率大多数年份也是在 30% 以上，可是经济效益在 1984 年以前略有提高后又在徘徊中下跌。当前经济效益低下已成为诸多经济矛盾的症结所在。

总之，新旧经济发展模式在转换中的摩擦，说明了转换的复杂性和艰难性，也说明了实现转换的重要性和紧迫性。因此，在转换过程中，必须切实从我国国情出发，使所建立的新模式具有反映现阶段二元经济结构内在矛盾特殊性及其发展趋势的特点。只有这样，才能从根本上克服旧的经济发展模式的弊端和影响，促使国民经济走上以提高经济效益为中心的良性循环的轨道，保证“八五”计划和十年规划胜利实现。

三、在 90 年代进一步完善和确立新的经济发展模式的基本方向和特点

为了实现第二步战略目标，必须遵循十年规划和“八五”计划纲要所制定的基本指导方针：“坚定不移地保持国民经济持续、稳定、协调发展，始终把提高经济效益作为全部经济工作的中心。要坚持总量的基本平衡，努力优化经济结构，加速科技进步，改善经济管理，千方百计地提高经济整体素质和效益。”这个基本指导方针，指出了经济发展的基本方向和任务，同时也体现了新的经济发展模式进一步确立和完善的基本方向和内容。也就是说，从经济发展模式的基本点上实现了效益提高、结构优化、总量平衡，也就实现了从粗放型向集约型转轨。为了使这个转轨真正切合和反映我国现阶段的历史条件和现实情况，需要我们进一步探讨由此形成的新模式框架内容的基本特点。在这里谈谈我个人的看法。

第一，向新的经济发展模式转轨，就是要转到以满足人民需要为前提，同适度匀速增长相统一的、经济效益不断提高的轨道上来。

鉴于历史的经验，我们在国民经济发展中，要防止出现大起大伏、忽热忽冷，必须彻底克服旧经济发展模式那种追求产值、追求速度的弊端和影响，真正转到以提高经济效益为中心的轨道上来。经济效益是所投入的活劳动和物化劳动同所产出的产品和价值之间的比较，它是社会生产力发

展最有代表性的标志。投入少、产出多的实质在于节约劳动时间。在生产资料公有制的基础上，它意味着通过节约活劳动和物化劳动的消耗，创造出更多的国民收入和社会净产品，以保证不断满足人民日益增长的物质文化生活需要，同时为每个劳动者提供日益增多的自由时间去从事全面发展的活动，这是社会主义生产实质的表现。根据我国当前的条件和今后十年的任务，具体来说就是要保证全国人民从温饱型生活水平提高到“小康”型生活水平。因此，要使经济发展真正从粗放型转到集约型的轨道上来，必须以节约劳动时间为中心，在宏观上合理配置资源，保持主要比例平衡；在微观上要求各个生产经营单位努力降低劳动消耗，提高产品质量，加快资金周转，增加盈利。

以提高经济效益为中心，不是不要速度，而是要正常的速度，与比例、效益相统一的适度匀速增长的速度。这是现阶段客观条件所决定、所要求的。一方面，我国虽经四十多年建设，有了一定的物质技术基础，但现在还没有完全改变贫困落后的面貌。而且世界仍然动荡不安，帝国主义在加紧对社会主义国家实行“和平演变”，两种社会制度的对立和斗争已成为当代的主要特点。在这种形势下，我国广大人民迫切希望按照三步走的战略部署，千方百计地把国民经济搞上去，量力而行地加快现代化建设步伐。另一方面，我国人口多、底子薄，人均资源占有量不多，资金短缺，生产技术落后，特别是农业劳动生产率和商品率仍然很低，这些因素又制约着经济的增长。因此，要建成社会主义现代化强国需要有一定的速度，但又不能盲目地追求高速度，必须把速度同比例、效益统一起来，既保持经济按一定速度增长，不大起大落，又促使经济效益不断提高，人民需要不断得到满足。没有效益的速度是徒有虚名而无实惠的速度；没有速度的效益，也很难使经济很快发展。我国的十年规划和“八五”计划纲要提出今后十年国民生产总值平均每年增长 6%，这是符合以提高经济为中心的客观实际的，也是经过努力一定能够实现的。

第二，向新的经济发展模式转轨，就是要转到向农业、基础工业、基础设施以及新兴产业适度倾斜的，产业结构逐步优化的轨道上来。

要以提高经济效益为中心，保持国民经济持续、稳定、协调发展，很重要的一方面是建立合理的产业结构。这要求产业结构的调整，既符合国民经济各部门向现代化发展的方向，又符合我国现阶段二元经济结构转化的实际情况。十年规划和“八五”计划纲要的内容反映了这种客观要求。

首先，大力加强和发展农业。我国国情决定了我们不是一般重视而是要特别重视农业的发展，要牢牢树立农业是基础的思想。农业状况如何，不仅制约着工业和整个国民经济的发展，还关系着 11 亿多人民的生活、社会的安定和国家的富强。要看到，我国农业面临着对农产品需求不断增加而生产能力又不可能很快提高的突出矛盾，并且还承担着现代化发展需要提供较多积累而大量农村过剩劳动力又难以转移的沉重压力。因此，必须把大力发展农业放在首位，认真实施纲要中改农、兴农、利农的一系列重大措施，促使农村经济全面发展，保证在今后十年粮食产量再跨上两个台阶。

其次，加强基础工业和基础设施建设。这既是当前调整工业内部不合理的结构的紧迫任务，也是实现现代化长远战略的重要环节。因此，必须集中必要的财力、物力，有计划有步骤地加快能源、交通、通信、重要原材料和水利等重点建设项目的建设，同时积极改组改造和提高加工工业，特别是要注意提高精加工和附加值高的加工工业。

最后，重视新兴产业部门的发展。为赶上并加入当代技术革命的行列，在继续完成传统产业革命的同时，必须重视电子、核能、激光、航天、海洋、生物工程等新兴技术的应用和新兴产业部门的发展。根据我国现在的条件，当前主要是要把发展电子工业放在突出的位置，使之成为促进产业结构和整个国民经济现代化的带头产业。

第三，向新的经济发展模式转轨，就是要转到在市场供求活动中以财政、信贷、外汇、物资平衡为重点的，总量动态平衡的轨道上来。社会主义商品经济条件下的总量平衡，必然表现为有计划的商品供应总量和有计划的商品需求总量的动态平衡。这种平衡，在价值形态上主要表现为财政平衡、信贷平衡、外汇平衡；在使用价值上主要表现为物资平衡。这些价值和使用价值的平衡，都是通过市场供求关系反映出来的。由于商品价值和使用价值在市场供求活动中有背离的一面，在国民经济运行中，用于积累和消费的总额超过了国民收入的总额，或者信贷投入总额和财政支出总额过大，市场货币流通量过多，或者生产资料和生活资料的价值形态同实物形态背离太大，就会出现总量失衡。结果，必然导致通货膨胀，经济混乱。因此，今后十年，必须采取积极措施，保持市场供求活动中的财政、信贷、外汇、物资的各自平衡以及它们之间的综合平衡，以实现总量平衡。这是以提高经济效益为中心，保持国民经济持续、稳定、协调发展，避免出现大的波折的关键。

认真学习五中全会精神　加快经济增长方式转变*

党的十四届五中全会，把实现经济体制和经济增长方式两个根本性转变，放在实现“九五”和2010年奋斗目标的关键性战略决策地位。这是有其深刻的现实意义和历史意义的。现着重对经济增长方式转变作些初步的探讨。

一、我国经济增长方式转变的当前形势

纵观现代经济发展的历史，随着科学技术进步和生产有机构成提高，经济增长方式从粗放型向集约型转变，是客观的必然趋势。适应这种趋势，哪个国家在条件具备时转变得快，经济发展就走到前列；哪个国家贻误时机转变得慢，经济发展就裹足不前。当今世界，不论是发达国家，还是发展中国家，无不把提高生产要素质量和经济增长质量，作为在国际经济竞争中占据优势地位的主要筹码，作为追求和加快自己国家经济发展的首要因素。选择适合国情的新的经济增长方式，已成为全世界各国关注的热点。

* 原载《改革与理论》1996年第6期。

我国在传统计划经济体制下，延误了这一转变。党的十一届三中全会在作出具有重大历史意义的将工作中心转移和实行改革开放的决策同时，也把采用先进技术、加强科学教育、实现现代化列为发展方向。党的十二大明确提出了“把经济工作转到以提高经济效益为中心的轨道上来”的战略指导方针。党的十三大进一步指出“归根到底，就是要从粗放经营为主逐步转上集约经营为主的轨道”，揭示了经济增长方式转变的实质。党的十四大又进一步明确指出要“走出一条既有较高速度又有较好效益的国民经济发展路子”。直到这次五中全会，不仅更加明确地提出实行经济增长方式转变，而且更加强调转变的重大战略意义，把对这一转变的认识和实践都提到了新的高度。

因此，改革开放十六年来，随着我国经济体制改革的不断深化，经济增长方式也出现了许多新的变化。

——推动经济增长的资源配置方式发生了变化，已由指令性计划配置为主的方式向市场配置为主的方式转变。到 1994 年，指令性计划在商品零售总额的比重已降到 5%，在工业企业销售的生产资料中的比重已降到 18%。市场形成价格的机制和配置资源的机制已初步建立，开始引导资源向效益最好的环节流动。

——推动经济增长的产业结构发生了变化，由忽视发展第三产业向积极发展第三产业转变。从 1982 年到 1994 年，在国内生产总值中占的比重，第一产业由 34% 下降到 18.8%，第二产业由 46% 上升到 48.5%，第三产业由 20% 上升到 32.7%。国民经济体系门类齐全，支柱产业和新兴产业有了一定基础。产业结构的变动顺应了我国经济现代化的发展。

——推动经济增长的科技因素发生了变化，由工业化初期的技术向现代工业化技术转变。1994 年我国国有单位的专业技术人员达到 1865.9 万人，企业的科技人员占到 44.4%，国民经济一些部门采用了世界 80 年代末 90 年代初的先进技术，技术因素对经济增长的作用占到 30%。科技是第一生产力的作用越来越明显。

——推动经济增长的人民生活水平和消费需求发生了变化，由实现温饱向实现小康转变。改革开放以来，人民生活水平有了大幅度提高。由于人民生活水平提高，消费需求结构也发生了变化，用于食品消费的比重下降，用于中高档衣着、耐用消费品、住宅、交通通信消费的比重上升。消费的扩大和质量的提高，要求高质量的商品和服务不断扩大和提高。

——推动经济增长的市场环境发生了变化，由封闭型的国内市场向开放型的国内外市场对接转化。我国进出口总额从 1978 年的 206.4 亿美元增加到1994 年的 2367.3 亿美元，在世界贸易的地位由32 位上升到11 位。利用两种资源、两个市场对加快我国经济发展起了明显作用。

这些变化，一方面表明我国经济增长方式已开始从粗放型向集约型转变，促使转变的各种因素有了一定发展，特别是经济体制改革已取得了重大成就；另一方面也表明，经济增长方式还没有从根本上转变过来，在整体上仍未摆脱以粗放型为主的方式。

当前我国的经济增长仍然处于高投入、高消耗、低质量、低产出的状态。一是经济效益长期低下。从宏观上看，总增加值率（国内生产总值占全社会总产出的比率）从 1978 年的 47.93% 下降到 1993 年的 37.16%。从微观上看，独立核算国有工业企业的资金利税率从 1978 年的 25.2% 下降到 1993 年的 10.3%；二是社会生产的扩大，主要热衷于铺新摊子，上新项目，固定资产投资规模过大已成了长期难以有效控制的痼疾；三是产业结构虽有调整，但不合理的格局没有重大改观，生产技术虽在不断进步，但工业技术水平大约落后世界先进国家十五至二十年；四是企业技术改造迟缓，物质消耗大，商品附加值低，市场竞争能力弱；五是通货膨胀成了困扰经济顺利发展的突出问题。粗放型经济增长方式所带来的这一系列问题和矛盾，又都和传统计划经济体制有关。经济体制没有根本转变是最大的制约因素。

现在到了转变经济增长方式的具有决定意义的历史时期。当前我国经济发展的形势，既突出地显示出必须实现根本转变的紧迫性和重要性，也显示出有了实现根本转变的必要条件，特别是建立社会主义市场经济体制的改革已取得了重大进展。若再拖延，势必将严重影响国民经济持续、快速、健康发展，影响今后十五年奋斗目标的实现。党的十四届五中全会，审时度势，正是在这关键性的历史时期作出关键性的战略决策。我们必须站在跨入二十一世纪的历史高度，来看待这一战略决策的历史作用。

二、转变经济增长方式是实现跨世纪宏伟目标的战略保证

实现经济增长方式根本转变，实质上是切切实实地把经济工作转到以提高经济效益为中心的轨道上来，走出一条既有较高速度又有较高效益的国民经济发展路子，变高投入、高消耗、低质量、低产出为低投入、低消耗、高质量、高产出。这是能否保证"九五"计划和2010年远景目标实现的关键。

第一，只有实现经济增长方式转变，才能有效地合理地利用资金，少投入，多产出，保证今后十五年奋斗目标的实现。我国经过四十多年的建设，固定资产投资累计达到44万亿元，国民经济已有了相当大的规模。由1980年算起，前十五年的固定资产投资近9万亿。要实现今后十五年的发展目标，如果不转变经济增长方式，仍按现在投入产出的效益计算，需要的资金将大幅度增加，相应的财政收入也必须大幅度增加。到2000年时，当年需要的财政收入1万亿元，若没这么多收入，需要发行6000亿元国库券才能弥补赤字。这是根本不可能的。如果转变经济增长方式，仅就企业技术改造和新建企业的对比来看，1984—1994年，我国进行技改每投入1元，则产出2元，创利税0.4—0.6元，比新建相同规模的企业，资金

可节省一半，建设工期可缩短一半，产出和创利税要高出一倍以上。所以，走集约型经济增长的路子，从资金投入来说是事半功倍的路子，是解决资金短缺的根本出路，是用可利用资金保证今后十五年发展目标实现的根本途径。

第二，只有实现经济增长方式转变，才能有效地合理地利用物质资源，少投入，多产出，保证今后十五年奋斗目标实现。由于我们现在的经济增长仍未摆脱粗放式的框架，生产同量产值的产品消耗大量能源和原材料，资源浪费很大。每万元国内生产总值的能源消耗相当于日本的 5 倍，美国的 2.6 倍；钢材的消耗相当于美国的 5.8 倍，日本的 2.7 倍。依现在的物耗测算，要在“九五”期间保持 8% 的增长速度，到 2000 年需要钢产量达到 1.3 亿吨以上，煤产量达到 20 亿吨以上。这无论在资金上还是资源条件上，都是难以办到的。唯一的出路是转变经济增长方式，提高经济效益。从国外来看，也是有先例的。美国在 1953 年的钢产量就超过 1 亿吨，近四十年每年大体保持这个水平，但国民生产总值却增长 10 倍以上。日本 1973 年的石油消耗量为 2.5 亿吨，近二十年每年的消耗量也基本维持这个水平，有时还低些，但其国民生产总值却在成倍增长。如果我们转变了经济增长方式，减少投入，减少消耗，必将使全社会的经济效益大大提高，完全可以利用国内市场上的资源和国际市场上有能力交换来的资源，支持 8% 的增长速度，实现今后五年以及十五年的计划目标。

第三，只有实现经济增长方式转变，才能积极有效地进行技术开发和技术改造，以科技为先导，少投入，多产出，保证今后十五年奋斗目标的实现。在世界发达国家中，科学技术对经济增长的贡献占到 60% 至 70%，高科技产业的产值也占到较大比重。1971—1986 年，西欧高科技产业产值由 50 亿美元上升到 2000 亿美元，美国由 90 亿美元上升到 4100 亿美元。而我国目前科学技术对经济增长的贡献不及发达国家一半，1993 年高科技产业产值仅为 500 亿美元，在工业产品中只占 8%。之所以出现这样大的差距，主要是我国科技事业发展比较落后，企业中科技人员占的比重只相当于发达国家的1/ 2左右，科技成果转化为生产能力只相当于发达国家1/4左右。因此，我们必须把发展科学技术作为促进经济增长的第一要素，加大对科技的投入，加强科技开发和改造的力度，加速科技成果的转化。如果我国工业技术水平提高50%，产品技术含量增加到50%，就等于节约大量的资金、能源、原材料等生产要素，增加一倍以上的产值，对实现跨世纪的目标具有决定性意义。

第四，只有实现经济增长方式转变，推进农业集约化经营，少投入，多产出，才能有效地加强农业基础地位，保证今后十五年奋斗目标的实现。我国现在人口达到12亿多，预测1995年粮食总产量将达到9100亿斤，按照“八五”时期人均占有粮食水平计算，预计到2000年人口将达到13亿左右，粮食总产量必须达到9800—10000亿斤，2010年人口将达到14亿左右，粮食总产量必须达到11500—12000亿斤。这意味着平均每年需要增产粮食近200亿斤。真正的难点在这里。而且现在既不能像旧体制下靠农业为工业积累资金，也不能从工业拿出大量资金支援农业。唯一的出路也在于农业经济增长方式有较大的转变。这需要切实实行“科技兴农”，积极推进集约化经营，加快农业现代化步伐。走这条路子，我们完全能够靠自己的力量解决今后人口增加所需要的粮食。目前，科技在我国农业发展中的贡献比工业大，占到35%。如果能进一步提高这一比重，再加上农业改革深化和机械化程度提高，实现到二十世纪末和二十一世纪初的粮食总产量目标是有把握的。国家科委计划到“九五”时期末使科技对农业的贡献达到50%。著名水稻专家袁隆平透露，他正在研究世界最新的两系法杂交水稻新品种，一旦推广开来，全国每年可增产稻谷100亿斤。农业专家沈桂芳算了一笔账，如使现有的10亿亩中低产田采用生物措施、技术措施进行治理，每亩至少增产50公斤，全国可增产粮食500多亿公斤。仅这两项科技成果，如能实现，就可以保证粮食总产量再上一个大台阶。所以，转变经济增长方式，不仅是工业发展的根本途径，也是农业发展的根本途径。

三、积极推进经济增长方式转变

党的十四届五中全会所制订的“九五”计划和2010年远景目标，既是鼓舞人心的，又是有科学根据的。为了保证这一跨世纪的奋斗目标的实现，必须遵循党的基本理论和基本路线以及基本方针的引导，在积极推进经济增长方式转变中，下大气力抓好以下主要环节：

（一）加快经济体制改革的步伐，向改革要效益。实现经济增长方式从粗放型向集约型转变，虽然要受资源、技术等多种因素制约，但很大程度上取决于经济体制采取什么模式。一般来说，有什么样的经济体制就有什么样的经济增长方式。只有通过改革，建立起社会主义市场经济体制，在国家宏观调控下充分发挥市场配置资源的基础性作用，才能有效地改变高投入、高消耗、低质量、低产出的经济增长方式。改革是解放生产力，是提高经济效益的根本途径。在当前来说，深化经济体制改革的重点和难点是深化国有企业改革，加快转换经营机制，建立现代企业制度。国有企业特别是大中型企业能否搞好搞活，关系到当前社会经济生活中各种深层次矛盾的解决，关系到社会主义基本制度和市场经济能否真正实现结合，关系到能否优化社会经济资源配置，关系到能否把经济工作转移到以提高经济效益为中心的轨道上来。因此，必须按照“抓住大的、放开小的”，搞活整个国有经济的新思路，加快国有企业特别是大中型企业转机建制，逐步形成有利于节约资源、降低消耗、增加效益的经营机制，并围绕国有企业转机建制这个中心环节，全面配套，整体推进，到2010年建立起比较完善的社会主义市场经济体制。这必将有力地开辟经济增长方式转变的道路，有效地增强国民经济的活力。

（二）加快产业结构调整的步伐，向结构优化要效益。产业结构直接制约着社会经济资源的分配和社会经济效益的提高。产业结构合理，资源就会按合理的比例关系配置到各个生产部门，这是社会时间最大的节约。产业结构不合理，必然扭曲社会经济发展的比例关系，影响社会总供求平衡，造成社会时间的最大浪费。我国在传统的经济体制和粗放型经济增长方式的影响下，产业结构不合理，长线过长，短线过短，地区产业趋同，产品生产重复，这是当前经济效益不高的主要原因之一。因此，要使经济增长走高速度、高效益的路子，必须着力优化产业结构。这是今后十五年经济建设的一项重要任务。在实现这一任务中，我们必须坚持着力加强第一产业、调整和提高第二产业、积极发展第三产业的方向。首先要切实加强农业，确保粮食稳定增产，努力实现到2010年使农业综合生产能力、农村经济和农民收入水平再上一个新台阶。其次，要继续加强基础设施和基础产业，培育高技术产业，大力振兴机械、电子、石油化工、汽车制造和建筑业，使之尽快成为带动整个经济增长和结构升级的支柱产业。在调整国有工业结构中，要结合改革和改造，实现资产存量优化重组。2万亿国有工业企业资产存量结构合理化，对优化产业结构具有极其重要的意义。最后，积极提高第三产业在国内生产总值中的比重，形成与第一、二产业相适应的规模和结构。在实行中，要重点发展为社会生产和广大群众基本生活服务的行业，规范和发展金融业，引导房地产业健康发展。

（三）加快提高科学技术发展的水平，向科技进步要效益。科技是第一生产力。在历史上，科学技术发展的每一次重大革命，都引起生产力发展的一次新的飞跃。当今世界新的科技革命正在引起社会经济结构、生产方式和消费结构发生重大变化。科技进步已经成为各国经济增长的主要推动力。我们要积极推进经济增长方式转变，必须以发展科技为先导，加强对国民经济特别是国有经济的技术改造，加速科技成果向现实生产力转化，努力提高科技在产值形成中的比重，把经济增长置于主要依靠科技进步和提高生产要素素质的基础上。这就需要优先发展教育，造就大批科技人才，强化技术的开发和推广，积极发展高技术及其产业，加强基础性科学研究，切实走出一条科技兴国的路子来。

（四）加快改善和提高经济管理的水平，向科学管理要效益。管理也是生产力，同时也是生产关系实现形式的一种表现。要实现经济增长方式从粗放型向集约型转变，无论是促进科学技术进步，提高生产要素质量，还是调整产业结构，实现经济体制转轨，都离不开管理。特别是如何改善作为市场主体和资本经营单位的企业管理，不仅直接关系到微观经济效益能否提高，而且关系到生产和流通总和的宏观经济效益能否提高。因此，在转变经济增长方式中，必须狠抓科学管理。要在坚持那些行之有效的管理制度、管理方法的同时，努力按照社会主义市场经济的要求，赋予经济管理以新的内容、新的形式。要创造性地学好用好马克思主义科学管理理论和管理艺术，积极学习和吸取国外经济管理的科学思想和方法，认真总结自己的经验。要强化企业管理，努力实现管理规范化、科学化、现代化。提高经济管理水平的关键是提高经济管理干部的素质。必须大力培养管理干部队伍，加强领导班子建设，把我国的经济管理提高到一个新的水平。

归结起来，要转变经济增长方式，首先必须转变经济增长的传统观念。特别是要改变在经济建设和发展生产中“只追求数量，不注重质量，只追求速度，不讲求效益”的传统观念。通过认真学习十四届五中全会的精神，深刻认识转变经济增长方式的重要意义，以破除传统观念领路，全力推进经济增长方式转变，保证今后十五年奋斗目标的胜利实现。

国有企业在两个根本转变中的难点及对策 *

党的十四大以来，我国国有企业改革的基本方针已经明确，试点工作已经全面展开，并取得了初步成效。但是，当前遇到的困难也显得更突出，主要表现在：一是试点工作进展缓慢，大部分试点企业虽然按照设计方案进入实施阶段，在实践中仍被许多难点困扰，举步维艰；二是全面推进的企业战略性改组尚未形成气候，有些企业活也难，死也难；三是企业效益低，亏损严重；四是企业规模结构水平低，技术落后，大多数企业形不成规模经济，市场竞争力差。由于技术落后，产品老化，销售困难，产成品资金占用额日益增大；五是债务繁重，社会负担繁多。目前国有企业实际资产负债率已超过 80%，富余人员至少占 1/3，仅承担的养老保险费一项就占全国企业工资总额的 23%。

上述情况表明，当前国有企业正处在一个非常关键的时刻。在改革和发展中所遇到的困难正是新的经济体制、新的增长方式在建立中遇到来自旧的经济体制、旧的增长方式的各种阻力的集中表现。出现这些阻力和困难的具体原因是多方面的，其深层次原因是两个根本性转变在国有企业中引发的尖锐矛盾所致。两个根本性转变的共同内容、共同要求是：企业必

---

* 原载《前进》1997 年第 1 期。

须以资本增值为轴心，进行资本优化配置，并把资本配置同宏观调控下的市场优化资源配置相对接、相统一，促进生产力高效益、高速度的发展。根据这一共同内容、共同要求，国有企业必须进入市场，成为市场主体；必须建立资本增值机制和制度，成为资本运营主体；必须明晰产权，成为法人财产主体。而当前国有企业在改革和发展中所遇到的阻力和困难，主要是没有着力于两个根本性转变的共同要求，没有在这方面进行重大突破。

首先，企业的生产经营活动还不是完全根据市场需求，企业还没有真正成为市场主体。国有企业产品销售难，产品卖不出去，既无盈利，又返不回成本，占用大量资金，严重者连续数月发不了工资，长期还不了银行贷款，再贷款，又加重了债务。出现这个问题，主要是企业还不能跟着市场走。不仅生产什么，生产多少，不根据市场需求，所需资金、原料等各种生产要素也往往不靠市场。追求生产增长不是以市场为导向，优化资本配置，而是靠扩大投入来支持。企业不能面向市场，以市场为导向进行经济活动，其更深层的原因是没有形成灵敏反映市场供求变化的经营机制。

其次，企业的生产经营活动还不完全是以资本增值为轴心，企业还没有真正成为资本运营的主体。在市场经济中，具有科学含义的企业，不是单纯的商品经营者，而是资本经营者，经营的轴心是资本增值。资本经营是把用于企业活动的每一种资源、每一种生产要素，都作为价值增值的资本，通过合理利用和优化组合，在运营中力求以最小的投入，取得最大的产出，创造出更多的新价值、更多的利润，使原有资本不断扩大。因此，只有以资本增值为轴心，强制而又自觉地优化资本配置，才能建立既有强大动力，又有强大约束力的经营机制，才能实现企业制度创新和经济增长方式创新，才能面向市场，接受市场的引导，在市场竞争中得到生存和发展。当前企业改革和发展出现的问题，从根子上说，都同不重视资本经营，没有形成资本经营机制有关。由此造成资本利润率低，负债率高；大量的投资没有形成相应的固定资产；分配缺乏有效约束，过多地向个人倾斜；

国有资产流失严重，浪费惊人。据1995年对14.8万户国有企业清产核资统计，全部资产损失和资金挂账达1968亿元，占资产总额的9.5%。这一系列问题都背离了企业经营活动必须紧紧围绕资本增值的法则，结果必然陷入难以自拔的困境。

最后，企业的生产经营活动还不完全是以法人财产为基点，企业还没有真正成为法人财产主体。国有企业不能进入市场，不能以资本增值为轴心形成强有力的动力机制和约束机制，更深层次的原因是产权关系还没有理顺，政企还没分开。政企不分，成了一直在喊而又一直难以消除的痼疾。在当前企业经济运行中，行政权力配置资源的力量和市场配置资源的力量相互抗衡仍然是矛盾的焦点，斗争的天秤往往是向行政力量倾斜。多头的行政领导部门插手企业经营仍未根本改变。在进行公司制改造中，行政性的挂牌公司不断改头换面，现在许多行业又打出办控股公司的旗号。产权不明确，谁对国有资产保值增值负责，依然是没有实际答案的疑问。产权不能明确界定，企业自主权也难以全面落实。不仅行政性挂牌公司的法人财产权徒有其名，许许多多不规范公司的法人财产也多是名不符实。产权主体缺位，必然使企业的资本经营缺乏产权的激励和约束，企业难以真正成为自主经营、自负盈亏的法人实体。负债多大也不怕，亏损多少也无所谓，产品卖不出去照样生产，资不抵债照样经营。如果这样的企业还能给国家创造越来越多的财富，还能在市场竞争中越来越有活力，那倒是天大的奇迹。

把两个根本性转变扎扎实实落实到国有企业，使国有企业成为实现两个根本性转变的主阵地、主战场，这是对实现十五年奋斗目标具有战略意义的举措。我们必须从这个思路出发，紧紧抓住企业资本优化配置和市场资源优化配置相对接、相统一这个体现两个根本性转变的共同点，在建立现代企业制度中，针对当前面临的重大难点，以国有资产管理体制改革为突破口，以构建资本经营机制为着力点，以完善市场体系、市场机制，把企业推进市场为重要条件，根据实际情况，有针对性地采取多种形式、多种措施，力求在实现企业制度创新和经济增长方式创新中，有新的突破，迈出新的步伐。具体抓好以下几点：

第一，明确界定产权，形成多元产权主体的国有资产出资人制度。在社会主义制度下，国有资产属于代表全体人民利益的国家所有。所有权只有一个，不能分裂，不能改变总体性质。这是全民所有制性质决定的。在国有经济中，出资者是多元的，包括县以上各级政府。每一级政府所出的资本都是国有总资本的一部分。每一个出资者都是一个产权主体，拥有所出资本的产权。这样，在同一所有者的国有经济中，存在多元产权。国家所有者权益和各个出资者权益，既是相互联系的，又是分开的。国家所有者拥有最终所有权，包括国有资本收益权、监督权、处置权；出资者按投入企业的资本额享有重大决策权、资本增值收益权以及破产企业偿还债务后的财产归属权等。明确产权，主要明确出资者产权。受产权委托的国有资产经营者必须对资产保值增值负责。各个出资者注入企业的资本金在法律上成为统一整体的法人财产，归企业法人所拥有，独立支配使用。出资者产权和法人财产权分离是理顺产权关系的关键。产权代表要进入企业，行使所有者的决策权、控制权、监督权和企业主要经营者的选择权，保证在产权控制下以法人财产为基础建立科学的企业组织机构和资本经营机制，建立有效的资本运营和监督制度。以国有资产管理体制改革为突破口，实行国家统一所有、政府分级监管、企业自主经营的体制，建立奖罚分明的国有资产经营责任制，以此推进政企分开，推进政府职能转换和现代企业制度建立。

第二，提高资本经营的关切度，建立健全以资本增值为轴心的经营机制和管理制度。要明确企业经济运行和管理的轴心是资本增值。企业不搞资本增值就不是企业。我们必须按照社会主义市场经济的发展要求，在思想认识上实现从商品经营到资本经营的第二次飞跃。在推动企业实现两个根本转变中，要以制度创新为目标，建立强有力的资本经营决策机制、动力机制、竞争机制、发展机制、约束机制、监督机制，保证企业生产围绕销售转，销售围绕市场转。在市场优化资源配置的引导下，实现企业资本优化配置，以最小的资本投入，取得最多的资本增值。在资本经营中，投资也好，改造也好，资产重组也好，经营方向改变也好，等等，凡有利于资本增值的就干，不利于的不干，并建立以考核资本利润率、资本周转速度为主要指标的效益目标体系，切实改变偏离资本增值的短期行为和长期亏损状况。

第三，加大存量资产流动的力度，推动企业结构调整。资本只有在运动中才能增值，才有活力。我国工业企业 3 万多亿元固定资产，如何根据市场优化资源配置的规律，使它们流动起来，活起来，是当前企业改革和发展的重要环节。要根据“抓大放小”原则，采取多种形式，既要促进大中型企业股份制发展，促进企业集团发展，又要促进小型企业股份合作制发展，促进兼并、破产的发展。要加大兼并、破产的力度，多兼并，少破产。在企业结构调整中，既要鼓励同一地区、同一行业的企业联合、兼并、股份化，也要支持跨所有制的企业产权重组。有条件的地方，要充分利用级差地租，紧密结合城市发展规划，支持企业通过搬迁改造和转产改造，建立适应市场需要的新企业。通过企业存量资产重组，引导社会资源向优势产业、优势企业、名牌产品集中，并结合企业技术改造，促进企业组织结构、产品结构、产业结构走上新的高度化。

第四，推进企业技术进步，提高企业整体素质。现代企业制度是现代生产力发展的产物。科学技术是推动现代生产力发展的首要因素。只有把制度创新同技术创新结合起来，才能为增强企业活力提供强大的动力和崭新的物质技术基础。一定要把国家投资重点放在企业技术改造上，在财政、税务、银行、科技、海关等部门的大力支持下，加大企业技改力度，鼓励建立科技开发中心，使企业真正成为技术开发和创新的主体。要以改革总揽全局，从实际出发，重新建立和进一步完善企业积累积聚机制，充分利用国内外先进技术，紧紧围绕产业结构和产品结构调整，有计划有步骤地进行技术开发和技术改造，积极促进产品更新换代，不断提高产品质量，努力增大产品附加值。同时，结合技术创新，加强职工技术培训，加强管理，全面提高企业素质。

第五，逐步解脱企业的沉重包袱，把占用的大量非经营性资本转为经营资本。由于历史原因，国有企业承担着各种社会保险、社会福利、社会服务以及过度债务的负担，成了拖累建制转机的沉重包袱。这不仅分散了管理精力，干扰了资本经营目标，而且大量占用了可用于生产经营活动的资本，成了改革和发展的一大难点。因此，必须在建制转机中，采取内外结合、全面配套的办法加以解决。要继续深化企业内部的劳动、人事和分配制度改革，在加强科学管理、优化资本配置中，使分流的富余人员通过自谋职业、退休养老、待业培训、重新就业等各种方式得到妥善安置。要加快建立多层次的社会保障体系。进一步扩大社会统筹和个人账户相结合的养老保险、医疗保险和失业保险覆盖面，积极探索多途径筹措保险资金的办法。有些企业可把评估后的国有资产适当划出一块作为养老保险金。企业办社会的各项事业，可采取逐步剥离的办法，有些交给地方政府，有些转向独立核算、独立经营。对企业的过度负债，可根据不同情况，分别采取挂账停息、债权转股权、死账冲销等多种办法恰当解决。企业逐步解脱这些历史包袱，就可以把用于这些方面的一大笔资本投入到生产经营活动中去，增添新的活力。

经济规律和经济工作 *

为了贯彻落实十五大精神，不久前召开的中央经济工作会议在确定和部署 1998 年经济工作的总体要求和主要任务中，特别强调要按经济规律办事。这是在新形势下提出的一项根本性举措，对我国社会主义经济改革和经济发展具有深远的意义。

一、做好经济工作，必须按经济规律办事

邓小平一再谆谆教导我们："我们要按价值规律办事，按经济规律办事。搞得好，有可能为今后五十年以至七十年的持续、稳定、协调发展打下基础。"① 按经济规律办事是做好经济工作的基本原则和基本要求，特别是在中国经济以崭新的姿态迈向二十一世纪的重要历史时期，坚持这一基本原则和基本要求，是每一位经济工作者的历史性职责。

经济规律是不以人们意志为转移的客观过程。经济规律的客观性，在

* 原载《燧石》1998 年第 2 期。

① 《邓小平全集》第 3 卷，人民出版社 1993 年版，第 130 页。

于它赖以存在的物质世界是客观的，赖以产生的经济条件是客观的。由于物质世界是独立于人们意识之外的，物质世界的规律也是不以人们意志为转移的。由于任何社会的生产力和生产关系以及由此决定的各种经济关系是物质世界的一部分，只要存在着某种经济运动的条件，就必然存在着与之相适应的经济规律。例如，只要存在商品经济及其运动，价值规律就必然存在并发生作用。所以，规律的存在和发生作用是客观过程，不管你承认还是不承认，喜欢还是不喜欢，它都是客观存在的，“我行我素”“顺者昌，逆者亡”。谁违背它，谁就会受到惩罚。

其次，经济规律是经济关系运动内在的本质联系。经济关系的联系，有外在的联系与内在的联系，非本质的联系与本质的联系。列宁说：“规律是宇宙运动中本质的东西的反映。”[①] 可是，在日常经济活动中，往往是外部的表面的联系掩盖内在的联系，具体的非本质的联系折射本质的联系，甚至还会出现假象。这就需要由表及里、由此及彼、由感性认识上升到理性认识，揭示经济事物内在的本质联系，认识它的规律性，掌握它的规律性。这样才不会被现象所迷惑，不被假象所欺骗，也不会在各种各样的复杂矛盾面前束手无策，也才会在工作中减少盲目性，增强自觉性、主动性，尽量不犯错误或少犯错误。

最后，经济规律是普遍的重复出现的一种必然趋势。经济活动的现象是各种各样的、千变万化的、偶然展现的，而经济活动的规律却是同一的、普遍的、稳定的、巩固的、重复出现的东西。认识规律的这些特点，才有可能认识经济活动背后埋藏着的必然联系。这种必然联系是一种不可抗拒的强制力量，强迫人们必须接受它、尊重它、服从它。同时，也才有可能认识经济活动中蕴含的必然趋势。掌握这种必然趋势，才能尊重规律，驾驭规律，自觉地按经济规律办事。正如恩格斯所说：“社会力量完

① 《列宁全集》第 38 卷，人民出版社 1986 年版，第 160 页。

全像自然力一样，在我们还没有认识和考虑到它们的时候，起着盲目的、强制的和破坏的作用。但是，一旦我们认识了它们，理解了它们的活动、方向和影响，那末，要使它们愈来愈服从我们的意志并利用它们来达到我们的目的。”①

上述情况表明，规律是事物内在的本质的必然的联系，是不以人们意志为转移的客观过程。这种固有的性质和特点，无论是经济规律，还是自然规律，都是一样的。但二者也有不同：一是与自然规律不同，经济规律的存在和发生作用，是通过有意识有目的的人的生产活动实现的。所以，任何经济规律都是作为社会主体的人类自身的经济活动规律，它只能通过人们的生产实践活动才能发生作用；二是与自然规律不同，经济规律的大多数不是长久存在的，而是依一定社会经济条件存在而存在，在一定社会历史时期发生作用；三是与自然规律不同，经济规律是社会的经济利益关系变化的规律，它的活动，它的作用结果，必然涉及不同的阶级、集团、个人的物质利益，会触犯既得利益，也会遇到他们自觉不自觉地抵触和反抗。因此，我们在认识和运用经济规律时，既要理解和顺应它们固有的本性，又要掌握不同情况下的活动特点。

在一切经济活动中，反映不同经济关系在不同经济领域的经济活动，有不同的经济规律。有的经济规律在各个社会形态都存在，如生产关系一定适应生产力发展的规律；有些经济规律是几个社会形态都存在的，如价值规律；有些经济规律为一个社会形态所特有，如社会主义社会的基本经济规律、按劳分配规律。尽管各个经济规律受不同经济条件所制约，在不同经济领域存在和发生作用，反映了不同经济活动的特点，但它们都共处在同一社会经济运动之中，形成统一的经济规律体系。所以，在实践中必须以系统论的观点，从统一的规律体系去认识和运用它们。要掌握各个经

① 《马克思恩格斯选集》第3卷，人民出版社1972年版，第319页。

济规律作用的特殊性，也要掌握各个经济规律同时作用于同一经济活动的关联性。不能混沌一片，分不清各个规律作用的特点，也不能孤立地片面地强调某一规律的作用，忽视其他规律的作用和相互交织的联系。

在学会怎样按经济规律办事中，我们强调规律的客观性，强调不能以主观的意志去代替客观规律，并不意味着人们在规律面前无能为力，无所作为。由于经济规律发生作用所通过的人是有意识有目的的人，是社会的人，具有一种主观能动性，因而能够认识规律，运用规律。什么是主观能动性？毛泽东告诉我们；“思想等等是主观的东西，做或行动是主观见之于客观的东西，都是人类特殊的能动性。”[①] 由于有这种特殊的能动性，才能使主观反映客观，认识客观，认识客观事物内在的规律性。主观能动性，不仅表现在人们的认识活动中，更重要的还表现在人们的做或行动中，即表现在实践中。实践是认识的基础，只有在变革世界的实践中才能发现规律，了解规律，获得客观规律的知识和理论。而且往往一次或几次实践不能全面甚至不能认识规律，需要多次实践，反复实践，即实践—认识—再实践—再认识，才能对客观规律达到理性认识。科学理论是在实践中获得规律性认识的总结，是指导新的实践的行动指南。马克思主义、毛泽东思想、邓小平理论是最先进的科学理论，是在实践中认识规律、利用规律最锐利的武器。我们要把人的主观能动性和经济规律的客观性统一起来，必须坚持以马克思主义、毛泽东思想、邓小平理论作指导。

经济规律的客观性和人的主观能动性相统一的关系，也就是“必然”和“自由”的关系。经济规律在未被认识和掌握之前，是自发起作用的“必然王国”，而当人们认识了它，掌握了它，并利用它为自己服务，就由“必然王国”进入“自由王国”。正如恩格斯所指出的：“自由不在于幻想中摆脱自然规律而独立，而在于认识这些规律，从而能够有计划地使自然规

---

① 《毛泽东选集》第 2 卷，人民出版社 1991 年版，第 477 页。

律为一定的目的服务。”[1]但是，由于客观世界是不断发展的，其内在规律性是逐渐表现出来的，人们认识规律、掌握规律，要有一个过程。因此，认识和掌握规律的“自由”也是相对的，不是绝对的。它不仅受客观条件的限制，也受主观条件的限制。这需要在从“必然王国”向“自由王国”飞跃中，不断地实践—认识，不断地在改造客观世界中改造自己的主观世界。[2]

二、按经济规律办事，是实现跨世纪战略任务的重要保证

党的十五大为加快建设有中国特色的社会主义，针对跨世纪的两个重大的经济课题和下个世纪的经济发展目标，在邓小平理论和党的基本路线指引下，制定了一系列重大的战略决策。要把这一系列战略决策和战略部署付诸实现，积极推进经济体制和经济增长方式转变，按照预定的目标把我国建设成为一个富强、民主、文明的社会主义国家，除了坚持党的基本理论和基本路线、切实加强党的领导外，很重要的一条就是按照经济规律办事。

回顾我国社会主义经济发展的过程，特别是近二十年来在改革开放中建设有中国特色社会主义的过程，对如何按经济规律办事提供了正反两方面丰富的经验。邓小平在总结这一历史时期的经验教训时指出：“我们最成功的是社会主义改造。……后来，在一九五八年，我们犯了错误，搞大跃进，开始不尊重经济规律了，这就使生产下降了。以后经过三年调整，发生了变化，又较好地发展起来，但接着又搞文化大革命，这是一场灾难，

---

① 《马克思恩格斯选集》第 3 卷，人民出版社 1972 年版，第 153 页。

② 参见《毛泽东著作选读》（下册），人民出版社 1986 年版，第 824、833 页。

经济方面完全乱了。”所以，“现在强调要按经济规律办事”[①]。以党的十一届三中全会为新的里程碑，邓小平在全面总结历史经验的基础上，在新的历史条件下重新认识和探索社会主义经济规律，用以指导我国经济体制改革和现代化建设的过程。在重新认识和探索社会生产力运动规律方面，邓小平强调社会主义的根本任务是发展生产力。并通过拨乱反正把党的工作转移到以经济建设为中心的轨道上来，科学地制定了“三步走”的经济发展战略。在实践中，根据当代世界经济发展的必然趋势，第一次揭示了“科学技术是第一生产力”[②]的规律，在南方谈话中又进一步阐明“发展才是硬道理”[③]这一永恒的原理，为我国现代化经济的持续、快速、健康发展奠定了坚实的理论基础。在重新认识和探索社会主义生产关系运动规律方面，邓小平从我国还处在社会主义初级阶段的实际出发，首先指出必须改革传统的计划经济体制，“改革也是解放生产力”[④]，“是社会主义制度的自我完善”[⑤]，“是中国的第二次革命”[⑥]，同时指出：在坚持公有制为主体的前提下，鼓励个体、私营、外资等多种经济成分共同发展[⑦]，这是理论上的一个重大突破。目前我国所有制结构正出现适应现阶段生产力发展要求的重大变化，促进了生产力以历史上从未有的持续的高速度向前发展。在公有经济改革中，邓小平十分重视国有企业改革，强调“企业改革，主要是解决搞活国营大中型企业的问题”，要实行“企业下放，政企分开”，要“用多种形式把所有权和经营权分开”，“要搞企业联合，……形成企业集团”[⑧]，

① 《邓小平文选》第 2 卷，人民出版社 1983 年版，第 314 页。
② 《邓小平文选》第 3 卷，人民出版社 1983 年版，第 274 页。
③ 《邓小平文选》第 3 卷，人民出版社 1983 年版，第 377 页。
④ 《邓小平文选》第 3 卷，人民出版社 1983 年版，第 370 页。
⑤ 《邓小平文选》第 3 卷，人民出版社 1983 年版，第 142 页。
⑥ 《邓小平文选》第 3 卷，人民出版社 1983 年版，第 113 页。
⑦ 参见《邓小平文选》第 3 卷，人民出版社 1983 年版，第 138 页。
⑧ 《邓小平文选》第 3 卷，人民出版社 1983 年版，第 192—193 页。

证券、股市“允许看，但要坚决试”[①]。概括起来说，就是要进行企业制度创新和机制转换，探索公有制多种实现形式。这是生产关系理论又一新的发展。沿着这个崭新理论所开辟的道路，以党的十四大为标志，我国国有企业改革从政策性的利益关系调整进入了制度创新的新阶段。党的十五大进一步总结了改革的新经验，指出：“公有制为主体、多种所有制经济共同发展，是我国社会主义初级阶段的一项基本经济制度。”“公有制实现形式可以而且应当多样化。”[②]这一新的论述是邓小平理论的丰富和发展。在重新认识和探索商品经济规律方面，党的十二届三中全会的决定总结了历史经验，明确了社会主义经济是商品经济，邓小平高度评价了这一理论上的重大突破，称《决定》“是马克思主义基本原理和中国社会主义实践相结合的政治经济学”[③]。随着我国商品经济发展，邓小平在强调按经济规律办事中特别强调“要按价值规律办事”，必须重视市场配置资源的基础性作用，反复地指出：“社会主义也可以搞市场经济”[④]，“市场经济不等于资本主义”，“计划和市场都是经济手段”[⑤]，解决了公有制与市场经济能否统一这一长期困扰人们的认识问题，科学地创立了社会主义市场经济理论，为加快我国经济体制改革和现代化经济建设提供了崭新的理论武器。在重新认识和探索社会主义分配规律方面，邓小平根据社会主义初级阶段的特点，在明确提出所有制结构调整方向的同时，也明确指出：“一定要坚持按劳分配的社会主义原则”[⑥]，实行多种分配方式并存，要承认差别，打破平均主义的“大锅饭”，“让一部分人、一部分地区先富起来，以带动和帮助落后的地

---

① 《邓小平文选》第 3 卷，人民出版社 1983 年版，第 373 页。
② 《中国共产党第十五次全国代表大会文件汇编》，人民出版社 1997 年版，第 21—22 页。
③ 《邓小平文选》第 3 卷，人民出版社 1983 年版，第 83 页。
④ 《邓小平文选》第 2 卷，人民出版社 1983 年版，第 236 页。
⑤ 《邓小平文选》第 3 卷，人民出版社 1983 年版，第 373 页。
⑥ 《邓小平文选》第 2 卷，人民出版社 1983 年版，第 101 页。

区，……根本目标是实现共同富裕”[①]。党的十五大在进一步总结实践经验的基础上指出：必须坚持这一分配制度，并且要“把按劳分配和按生产要素分配结合起来”，“允许和鼓励资本、技术等生产要素参与收益分配”[②]。这是邓小平理论的又一重大丰富和发展。此外，在重新认识和探索社会主义经济规律中，邓小平还十分重视社会主义生产目的的实现，强调“要大幅度发展社会生产力，逐步改善、提高人民的物质生活和精神生活”[③]；十分重视处理好速度和效益的关系，“经济要发展得快一点”，但“不是鼓励不切实际的高速度，还是要扎扎实实，讲求效益，稳步协调地发展”[④]；十分重视农业的基础作用，强调“农业是根本”，农业的发展“要有两个飞跃”[⑤]；十分重视国内市场和国际市场的对接，强调“中国的发展离不开世界”，要实行“对内经济搞活，对外经济开放”[⑥]，等等。

在邓小平理论的指引下，随着建设有中国特色社会主义实践的发展，我们能够比较自觉地按经济规律办事，使我国现代化经济建设取得了举世瞩目的成就，特别是近几年的经济发展进入了历史上的最好时期。但是，从面临的历史任务来看，从深刻检查当前经济工作中存在的问题来看，以主观意志代替客观规律的现象还不断出现，违背经济规律、给工作造成重大损失的事情屡有发生。因此，在新形势下仍有许多老问题和新问题值得我们深思再深思。

——为什么在一些地区、一些部门还没有把科技放在第一生产力的地位？说起来重视科技，实际上对科技的投入却不足。为什么仍然忽视企业技术创新，而习惯于数量扩张？

---

① 《邓小平文选》第 3 卷，人民出版社 1983 年版，第 155 页。
② 《中国共产党第十五次全国代表大会文件汇编》，人民出版社 1997 年版，第 25 页。
③ 《邓小平文选》第 2 卷，人民出版社 1983 年版，第 251 页。
④ 《邓小平文选》第 3 卷，人民出版社 1983 年版，第 375 页。
⑤ 《邓小平文选》第 3 卷，人民出版社 1983 年版，第 355 页。
⑥ 《邓小平文选》第 3 卷，人民出版社 1983 年版，第 78—79 页。

——为什么产业结构长期出现“大而全”“小而全”“地区趋同”？80年代的彩电大战、冰箱大战还没完全过去，现在又都争着上汽车、上信息产业、上VCD机。尽管一直强调农业是基础，落实到具体工作中却又认为“搞农业不赚钱”。追求速度、忽视效益的倾向是否还存在？导致经济过热的根源是否都消除？

——为什么调整所有制结构有些进展就惊呼“国有经济比重下降削弱了公有制”，“搞股份制是私有化”，实行股份合作制使“劳动者丧失了共同占有的生产资料”？为什么目前有些地区的多种所有制经济发展不快？

——发展商品经济、发展社会主义市场经济虽已成为共识，为什么实际中“政企分开”仍是大难题，不少企业仍是“半靠市场半靠市长”？虽然早就提出建立统一开放的市场体系，为什么实际中市场割据、地区封锁仍不断发生？价格涨落是市场供求变化的必然结果，可是有人却总是不理解，总是在价值规律面前犯错误。优胜劣汰是市场竞争的必然结果，可是有些企业仍然优不能胜、劣不能汰。兼并联合是企业竞争、发展的必然结果，可是却有些行政“长官”偏偏爱搞“拉郎配”。

——反了多年的平均主义和分配不公，为什么在实际中仍存在不同形式的平均主义和分配不公？思想上认为把按劳分配和按生产要素分配结合起来是理论上的一大突破，为什么实际中却反对职工持股和技术参股，也不赞成对经营者实行年薪制？

——为什么在经济工作中总是克服不了“长官意志”“瞎指挥”？主观主义、盲目性造成的损失够大的了，交的学费够多的了，为什么还不以为然？能说是“交了学费”就完了吗？

从违背经济规律的种种事例可以看出，我们不懂的、不熟悉的东西依然很多，未认识或未被完全认识的“必然王国”依然很大，在前进的道路上还会不断遇到新情况、新问题、新矛盾。经济规律运动的表现形式和作用特点也会随着条件的变化而变化，而工作中的“唯意志论”还占据很大阵地，还时常作祟。由此可见，面对新的形势、新的历史任务，如何提高按经济规律办事的自觉性，取得由“必然王国”向“自由王国”飞跃的主动权，是摆在每一位经济工作者面前应当认真解决而且力争尽快解决好的一项不容推诿的任务。

三、高举邓小平理论的旗帜，自觉地按经济规律办事

党的十五大确立了邓小平理论为全党全国一切工作的指导思想，为我们认识和探索经济规律提供了新的锐利武器。十五大在理论上的一系列新突破，在经济改革和经济发展上提出了一系列重大决策，为揭示和运用经济规律撰写了新的篇章。在这种新形势下，我们必须遵循十五大精神，高举邓小平理论旗帜，彻底改正凭热情、凭感觉、凭狭隘经验办事的旧习惯，坚决克服主观主义、官僚主义、形式主义的坏作风，以对党对人民负责的科学的实事求是的态度去做好每一件经济工作，自觉地按经济规律办事，努力掌握经济工作的主动权。

第一，加强理论学习，不断提高自身素质。理论是对客观事物规律性认识的科学总结，又是指导认识客观规律的科学工具。在学习如何按经济规律办事时，我们的眼力不够，要借助于科学理论的洞察力，我们的智力不够，要借助于科学理论的思维能力。这就需要很好地学习建设有中国特色社会主义运动规律的科学理论——邓小平理论。邓小平理论是毛泽东思想的继承和发展，是马克思主义发展的新阶段。用邓小平理论作指导，是做好各项经济工作的根本保证。同时，学会按经济规律办事，还需要有丰富的社会科学和自然科学知识。应当结合本职工作，有计划地学习经济学、哲学、科学社会主义学、文学、管理学、历史学、地理学、物理学、化学、航天学、海洋学、电子计算机技术、农业科学技术等等。邓小平说：“按经

济规律办事，就要培养一批能按经济规律办事的人。”① 我们应当努力学习科学理论和广泛的科学知识，不断提高自己的政治思想和科学文化素质。

第二，深入实际，调查研究。要认识和掌握建设有中国特色社会主义的经济规律，必须深入到我国经济体制改革和现代化经济建设的实际中，去调查、去探索、去研究。实践是认识真理的基础。实践是检验真理的标准。只有在实践—认识—再实践—再认识的循环往复过程中，才能不断提高自己按经济规律办事的能力。从实际出发，实事求是，是马克思主义的重要原理。毛泽东在阐述这一原理时指出：“‘实事’就是客观存在着的一切事物，‘是’就是客观事物的内部联系，即规律性，‘求’就是我们去研究。”② 所以，从实际出发，认真进行调查研究，比较正反两方面的实践经验，通过去粗取精，去伪存真，由感性认识上升到理性认识，才能比较自觉地认识规律，揭示规律，尊重规律，利用规律。如果脱离实际，不实事求是，自以为是“天才”，可以随心所欲地让“规律”跟着自己走，那么，不是陷入空想，就是在客观规律面前碰得头破血流。

第三，大胆解放思想，不断破除陈规旧律。邓小平指出，“解放思想，就是使思想和实际相符合，使主观和客观相符合，就是实事求是。”③ 由于经济规律是一种社会规律，是通过有意识有目的的人的生产活动实现的，必然受人们的思想观念的影响。先进的思想，革新的观念，会积极引导认识规律、运用规律；陈旧的思想，传统的观念，会竭力阻挠按客观规律办事。进一步看，旧的思想观念往往是保守的利益关系的反映，反过来又维护着这种利益关系。而经济规律的运动必然涉及不同人的物质利益。同经济规律运动相一致的利益关系，会积极借助规律的运动去实现自己的利益；同经济规律运动相悖的利益关系，会竭力阻挠规律的实现以维护自己的既得

---

① 《邓小平文选》第 2 卷，人民出版社 1983 年版，第 196 页。
② 《毛泽东选集》第 3 卷，人民出版社 1991 年版，第 801 页。
③ 《邓小平文选》第 2 卷，人民出版社 1983 年版，第 364 页。

利益。再进一步看，传统的观念、保守的利益关系又是同一定的经济体制的形成相联系的，反过来又靠这种旧的经济体制加以保护。新的经济体制会积极为经济规律的实现创造条件；传统的经济体制会愈来愈阻挠经济规律的实现。由此可见，要学会自觉地按经济规律办事，除了深入实际，掌握经济规律赖以存在和发生作用的条件外，还必须改变妨碍经济规律正常运行的传统观念、既得利益以及与之相联系的旧的经济体制。

第四，相信和依靠群众，走群众路线。经济规律是社会的劳动者进行生产活动的规律。人民群众特别是劳动群众，既是社会生产力的创造者，又是生产关系的承担者。他们处在生产实践第一线，他们的物质利益同先进的生产力和先进的生产关系运动方向相一致，直接反映社会各种经济矛盾运动的状态和趋势。所以，人民群众的实践也就是经济规律活动的实践，人民群众的要求也就是客观经济规律要求的反映，人民群众的利益也就是经济规律运动取向的利益。因此，要真正自觉地按经济规律办事，就必须切实树立人民群众是历史创造者的世界观，放下臭架子，甘当群众的小学生，扎扎实实地为群众办实事，实事求是地进行调查研究，虚心听取群众意见，勇于支持群众的创造性，坚决维护群众利益，全心全意为人民服务。这就要求必须克服高高在上、不深入群众、不了解群众愿望的官僚主义，必须改变追求表面文章、摆花架子、不讲实效的形式主义，必须杜绝虚报浮夸、强迫命令、损害群众利益的坏作风。邓小平针对经济工作中的不良倾向深刻指出："经济工作要按经济规律办事，不能弄虚作假，不能空喊口号，要有一套科学的办法。"[①] 科学的方法，就是从群众中来到群众中去、集中起来坚持下去的方法，就是一般和个别相结合、领导和群众相结合的方法。这是马克思主义的方法，实事求是的方法。

① 《邓小平文选》第 2 卷，人民出版社 1994 年版，第 196 页。

革新和发展社会主义经济理论（代结束语）*

社会主义市场经济理论是邓小平同志关于建设有中国特色社会主义理论的重要组成部分，是对马克思主义经济理论，特别是对社会主义经济理论的新发展、新贡献。学习和研究邓小平同志的经济理论，应当着重学习和研究他的社会主义市场经济理论。这是理论工作者和经济工作者责无旁贷的重要任务。

如何认识和阐述社会主义市场经济理论对马克思主义经济理论的新发展、新贡献？这是一个需要深入探讨才能进行科学回答的问题。由于对这个问题的探讨刚开始，大家在认识上并不完全一致。有的认为是对市场理论的重大贡献，但意义远不在于此。有的认为是对有计划商品经济理论的新发展，但限于此也是不够的。我认为，社会主义市场理论的确立，必将引起社会主义经济理论体系的全面革新，从而建立一个符合社会主义实际的崭新内容的理论体系。

社会主义市场经济是坚持社会主义基本制度，在国家宏观调控下发挥市场配置资源基础性作用的经济。它所形成的科学理论为深入地认识社会主义政治经济学的对象和方法以新的启迪。

---

* 原载《谋略与对策》1993 年第 3 期。

社会主义政治经济学所研究的对象是社会主义生产关系的运动规律。而所揭示的规律是在生产关系与生产力、经济基础与上层建筑的矛盾的辩证关系中展现出来的。社会主义市场经济理论表明：生产关系要适应生产力发展，必须使它的实现形式，即在社会化大生产的商品经济条件下以市场为配置资源基础的经济运行方式和经济体制适应生产力发展；同时，它的实现形式要适应生产力发展，还必须在上层建筑的反作用下，即在社会主义国家对市场配置资源的宏观调控下才能实现。这种研究方法的深化是以往社会主义政治经济学所从没说明的，是对马克思主义政治经济学方法论的新贡献。

科学分析社会主义政治经济学的研究对象是科学揭示它的运动规律的前提。过去长时期把生产关系看作是不分层次的整体。改革以来，特别是突破社会主义公有制经济同商品经济不能兼容的传统观念以来，从理论上认识到社会主义生产关系的本质内容同它的实现形式不同。改革不是改变社会主义生产关系的本质内容，而是改变它的实现形式。不仅改变社会主义生产关系各个方面不适应生产力发展的实现形式，而且改变各种实现形式在总体上所形成的社会经济运行方式和经济体制。当社会主义市场经济理论确立后，进一步明确了社会经济运行方式和经济体制的核心问题是资源配置方式问题。从旧体制向新体制转变，核心是从传统的计划配置资源的方式向市场配置资源的方式转换。只有这个问题解决了，才能真正找到适应生产力发展的社会主义生产关系的实现形式，才能真正在社会主义上层建筑的反作用下实现生产关系的自我完善、自我发展。这是关系社会主义前途和命运的经济活动的根本问题，给马克思主义理论宝库增添了极为重要的新内容。

社会主义市场经济的活动，是通过市场竞争的供求变化所引起的价格变化，实现资源的合理配置，达到社会经济高效率、高效益的发展。它的特点是社会化、竞争化、高效化。这会促使社会生产各个领域发生新的变化，从而导致社会主义政治经济学理论体系各个方面发生新的变革。

在生产过程中，社会主义市场经济的发展，必然要求建立起与社会化、竞争化、高效化相适应的新的所有制结构和产权关系。因此，在坚持以公有制为主体的前提下，必须进一步发展个体、私营、外资经济，使各种经济成分所占比重更符合现阶段实际，各种所有制的企业在市场竞争中都处于平等地位。同时，在坚持公有制根本性质的前提下，进一步理顺国有资产的产权关系，转变政府职能，明确划分属于国家的最终所有权、属于企业的法人所有权以及在企业内部属于经理的经营权，相应地建立新的资产管理制度、资产经营制度和新的企业制度，转换企业经营机制。企业的活动采取多种经营方式，适合建立股份制的主要采取有限责任公司、股份有限公司的法人形式。使产权主体具有旺盛的活力，保证公有财产增值扩大化。

在流通过程，社会主义市场经济的发展，必然要求建立起与社会化、竞争化、高效化相适应的新的市场体系和市场制度。因此，需要进一步发展商品市场和金融、劳动、技术、信息、产权、房地产等各种生产要素市场，形成全国性的统一、规范、开放的市场体系。同时，要进一步建立多种经济成分、多种经营方式、多条流通渠道，商业、物资、外贸相互融通的流通体制。把国内市场同国际市场对接起来，使市场竞争成为国际性的竞争，市场价格向国际价格靠拢，最终形成大流通、大市场的格局。

在生产总过程，社会主义市场经济的发展，必然要求建立与社会化、竞争化、高效化相适应的宏观调控体系和分配制度。市场配置资源也会因本身的弱点和缺陷，难以保持和实现总量平衡、产业结构优化和社会利益格局合理化，需要国家主要运用经济手段，必要时辅以行政手段，把计划和市场结合起来，进行强有力的宏观调控。调控的中心和基础是利益关系。在初次分配中，根据个别劳动形成社会劳动的不同，讲求效率原则，拉开收入差距，使劳动贡献大的个人和经济效益好的企业、地区先富起来。在再分配中，坚持公平原则，通过税收等各种手段对市场分配进行调节，并鼓励先富的人和地区帮助和带动后富的人和地区，同时加快建立社会保障体系，防止两极分化，实现共同富裕。

总的来说，社会主义市场经济理论全面革新和丰富了社会主义经济理论体系的内容。这个革新和丰富具有重大的理论意义和实践意义。

第一，社会主义市场经济理论，为我国经济体制改革进一步确立了正确的方向和目标模式，同时也确立了新体制的基本框架。这必然会加强改革的信念，加快改革的步伐，动员全国人民进一步投身改革，坚持改革，在预期的时间内建立起社会主义市场经济新体制，大大促进建设有中国特色的社会主义的进程。

第二，社会主义市场经济理论，为我国实现社会主义现代化找到一条富有活力的宽阔的道路。这就是实现以市场为基础的、计划与市场相结合的资源合理配置，达到社会经济高速度、高效益地发展。靠这条道路，将使我国以强大的社会主义国家立于世界之林，为人类作出更大的贡献。

第三，社会主义市场经济理论，为我国社会主义制度的巩固和发展提供了强大的思想武器。中国改革成功了，现代化实现了，将充分显示社会主义制度的优越性。中国的社会主义制度巩固了、发展了，证明马克思主义和共产主义运动富有强大的生命力。社会主义最终必将代替资本主义是任何人也阻挡不了的。